精通

股价运行逻辑与操盘成败关键

宇子老谏

—— 编著 ——

中国铁道出版社有限公司

CHINA RAILWAY PUBLISHING HOUSE CO., LTD.

图书在版编目（CIP）数据

精通股价运行逻辑与操盘成败关键/宇子，老谏编著. —北京：
中国铁道出版社有限公司，2022.9
ISBN 978-7-113-29136-5

Ⅰ.①精…　Ⅱ.①宇…②老…　Ⅲ.①股票交易-基本知识
Ⅳ.①F830.91

中国版本图书馆CIP数据核字（2022）第079990号

书　　名：精通股价运行逻辑与操盘成败关键
　　　　　JINGTONG GUJIA YUNXING LUOJI YU CAOPAN CHENGBAI GUANJIAN
作　　者：宇 子 老 谏

责任编辑：张亚慧　　编辑部电话：（010）51873035　　邮箱：lampard@vip.163.com
封面设计：宿　萌
责任校对：焦桂荣
责任印制：赵星辰

出版发行：中国铁道出版社有限公司（100054，北京市西城区右安门西街8号）
印　　刷：三河市宏盛印务有限公司
版　　次：2022年9月第1版　2022年9月第1次印刷
开　　本：700 mm×1 000 mm 1/16　印张：18　字数：245 千
书　　号：ISBN 978-7-113-29136-5
定　　价：79.00 元

前　言

十年磨一剑。此书是我和宇子呕心沥血之作，凝结着我们十年以上的汗水，是我们学习、实战和思考的结果。其中，宇子是行为金融学硕士专业出身，不仅有扎实的理论功底，而且长期观察、体验和研究普通人的股市行为心理。我有十年以上的股市实践历练，坚持学习、摸索、实战和思考股市成功之道。本书从最初有写作的想法到动笔，酝酿了近三年时间，从动笔到初步定稿，花费了近五年时间。我曾全盘否定一部完整书稿，因为它没有从根本上写清楚股市亏损的原因，直到与宇子探讨这个问题之后，认识才有了升华。本书初稿完整地被修改完善了三遍，都是建立在实战体验的基础之上，这些努力保证了本书具有很高的实战指导价值。实战者通常是不愿意进行这种写作的，原因不言而喻，那么，我们为什么要这样做？

为广大股市投资者而写作。我最初的愿望是为至亲好友写作。看到有的至亲好友工作太辛苦，期望能帮助他们从股市获得收益。我还了解大多数普通投资者长时间走不出操作误区，结果亏损累累。之所以如此，与很多人读错书有关，虽然他们知道通俗说的"炒股"需要学习专业知识，而且也非常认真地对待学习这件事情，但很少从证券图书市场上得到那种专门为他们写作的书籍。为此，我产生了强烈的写作动机，真诚地为各位朋友和广大股市投资者写作一本有较高实战指导价值的书。

我常对至亲好友讲"要多读书，更勉励孩子要好好读书。如果实在不适应为考试而学习，那就赶快学做生意"。在了解股票成败根源之后，我进一步讲"股票就是做生意，比其他生意易起步，而且不需要花费多少时间和精力，做得对，不会影响上班或其他生计，一定要尝试一下，看自己是否适合、胜任股票交易？否则，就错失或许能让自己生活得更好的机会。"这些也更想对广大股市投资者讲。现在，本书即将面世，我更有信心对广大投资者说："如果你自愿决定尝试股票交易，那就跟着本书学习吧。"如果错过这本书，那或许就真的是错过了股票投资的良师益友。

入市之前是需要充分学习的。我一开始就认为股票值得尝试，那是在 A 股设立之初，苦于生活远离大城市而无法参与。在知道可以互联网交易后，我立即买书、阅读，寻求"股票"的成功之道。因为我一开始就认为交易股票必须学习专业知识，清楚如何操盘后才能实战。当我来到一家书店时，发现股票类书籍寥寥无几。若干年过去了，再回到那家书店，股票类的书籍摆满一大片书架，种类许许多多，封面花花绿绿，书名奇奇怪怪，让我无从选择。我曾先后购买 100 本以上股票类书籍，并认真阅读其中的每一本。不过，如果现在让我重新选择，那么我愿意购买的不会超过 10 本。为什么？因为它们的内容大同小异，其中有些书曾经还把我带入误区。这些教训促使我严肃对待本书的写作，保证本书不会让读者误入歧途，而且在指导实战方面，与同类书相比，让读者感受到此书值得拥有。

本书包含大量股市操盘的真知灼见。当建议别人尝试股票时，一定会有人说"这不是害人吗？"我理解他们为什么这样说。他们有过股市惨痛的经历，或者听说过"谁，谁，谁，买股票亏了很多钱"之类的话。其实，他们之所以会这样想，根源是他们没有对股票进行充分了解和思考。那些有过股市惨痛经历的人是否思考并真正知道自己亏损的原因？我太了解这种情况，他们都是盲从入市，很少对股市操盘有过一定的思考和判断。那些相信道听途说的人更不会思考。可以说，对股市和操盘不进行独立思考是股市失败者的重要特征。

在股市，没有人没亏损过，甚至有人会亏掉所有本金。为什么？首先直接原因是网上买卖的操作过程简单快捷。我把大多数人的股票操作过程概括为"三个一、3秒钟"，即"一闪念、一激动、一弹指，3秒钟完成操作"，也就是从看到一只股票走势，到买入或卖出这只股票，往往都是在3秒钟内完成的。就是由于这么简单快捷，容易频繁买卖，从而导致极高的犯错率，很快"亏光"本金。

除了用"三个一、3秒钟"概括操作过程外，还可以把普通人的股票交易概括为"盲目入市、临时起意、冲动买卖"。股市时时刻刻传播着各种信息，市场中有成百上千只股票，价格随时都在跳动。这些信息强烈地刺激着人们的神经，撩拨着人们的心思，频繁地改变着人们的想法，使情绪剧烈波动，时而冲动地买入，时而冲动地卖出。本来准备持币观望，却鬼使神差地买入；本来准备持股待涨，却鬼使神差地卖出。为什么称为"鬼使神差"？因为这些操作都是本能反应，不受操盘者自己意识的控制。

曾听过一位股友这样叙述自己的体验，"当产生一股买入冲动时，在没有买入前，十分急切地要买入，一秒钟都不能等，否则就急躁不安而痛苦；当产生一股卖出冲动时，在没有卖出前，极其强烈地要卖出，也是一秒钟都不能持有，否则恐惧不安，在卖出一瞬间如释重负。往往在完成操作后，就知道自己犯错了，但当初就是无法控制自己的思维和操作。"他说得非常贴切，很多人都是这样，我自己也有无数次这样的体验。为什么会那么急躁或不安？为什么无法放弃错误操作？为什么操作真的像"鬼使神差"？如果阅读本书，那么读者一定能获得满意的答案。

怎样才能不让情绪频繁失控？答案是对股市操盘有着全面正确的认识，对操盘过程有着完整正确的思路。有了这些认识和思路，提前精心制订操盘计划，盘中严格执行，就能排除瞬息万变的信息的干扰，才能不出现"三个一、3秒钟"那种情况。如何制订操盘计划？如何才能严格执行计划？如果愿意阅读本书，那么就能得到这些问题的答案。

对股票建立正确系统性认识是走向股市成功的起点，在此基础上，形成清晰的股票操作思维，否则，或许会与股市成功无缘。比如说，股市操盘往往需要忍受暂时小幅度亏损，才能博取更大幅度盈利；在上涨趋势没有改变的情况下，要忍受利润暂时回吐的不安和痛苦，等待趋势继续向上，争取博取更多利润；在发现趋势大概率已走坏的情况下，要忍受认错和亏损所带来的痛苦，克制侥幸心理，果断承认错误，接受亏损等。本书还有很多这样的个人体会，它们对获得股市成功极其重要。

不少人股市惨败的直接原因是，在入市不久就发生巨亏，导致无法在股市"东山再起"。为什么入市不久就发生巨亏？因为他们在错误的时机入市。他们往往在牛市后期入市，并且资金越投越多，犯了入市两个大忌，其一，不该在牛市后期入市，其二，不该越涨投入资金越多。在牛市后期或末期，到处传来股市"暴富"的消息，人们纷纷跟随他人入市，而此时正是股市即将大跌的前夕，这时开户入市焉能不亏？在大跌之前，一些人侥幸获利，欣喜若狂，于是投入更多资金，越投越多，如此投入资金焉能不巨亏？以前的人们通常在证券营业部买卖股票，在牛市末期，那些最不敢的人都纷纷入市，包括那些在营业部门前摆摊的，这些人的结果可想而知。

据说，有一位大妈悟出了买卖股票的"秘诀"，那就是"在营业部人员稀少时买股票，在营业部人员密集时卖股票"。无疑，如果真能如此买卖股票，确实可能成功，可惜现在的交易不需要到营业部，无法依靠这种信号买卖股票。买卖股票确实需要选择正确时机，这是股市获利不可忽视的条件。当然，我们不仅需要选择"好时机"，还要选择"好股票"。大多数人买卖股票是"三个一、3秒钟"，如此草率，焉能买对时机和买对股票？如何选择"好时机"和"好股票"？如果阅读本书，那么读者一定会知道如何选择"好股票"和"好时机"。

本书是不是已把股票交易亏损的原因说得比较明白？而且通过学习本书，可以把导致亏损的因素的影响降到很低。是不是该争取通过股票给自己带来额外的收入？我知道，即使这样，有人还会坚持说"反正股市有风险，不能碰"。那么，资金不用是不是就没有风险呢？不是！如果让资金闲置，那就面临通货膨胀所带来的贬值风险。

普通人学会通过投资获得财产性收入，一方面也是为了抵御货币贬值风险。只要不贪婪，不妄想短期暴富，投资股市相对简单。通过本书内容的学习，学会选择"好股票"，拿出准备存在银行的一部分资金，以"好价格"买入，并长期持有到需要用这笔钱的时候，有很大概率是会获益的。

普通人要积极去认识股市。就目前而言，这种投资对资金规模要求很低，比如几千元就可以"开门试营业"了，经验可以通过读书和训练慢慢学习摸索，比如，根据本书的知识，用很少资金反复模仿尝试，就能逐步学会股票操盘。本书的目的就是使一些不可避免的小幅亏损成为长期盈利的相对低廉的成本。所以，朋友们，好好跟随本书来尝试股票交易吧！阅读本书，相信你会找到股市成功之路。

投资股市先要学会内归因。懒惰而不愿学习股市专业知识是失败起因，缺乏一定自制力是根本原因。如果想早日踏上不断迈向成功的股市之路，那么，普通投资者一定要先从自身寻找原因。股市成功只属于少数愿意学习和自我克制的人。

本书将告诉读者获得股市成功的美好愿景，这样读者才甘愿学习股市专业知识，甘愿进行长时间训练和修炼，从而成为股市稳定获利者。如何训练和修炼？读者会从本书中获得答案。

股市操盘有两种策略，其一是股市投机，其二是股市投资。股市投机是利用上涨趋势获利，一段值得参与的上涨趋势通常持续十天以上，这还仅指上涨趋势中的上涨波段。对普通投资者来说，相对更稳健的是投资性策略，即选择"好股票"，以"好价格"买入，长期持有。本书将为读者分别提供股市投机和股市投资操盘的具体策略、方法和所需要的技术工具，以及不可不知的操盘理念。行文至此，前言是否已帮助读者解答了一些存在已久的疑惑? 如果是这样，那么读者就更有理由相信本书值得一读。任何投资都有风险，股票投资风险犹甚，在做投资前，请一定慎之又慎。

老　谏

2022 年 6 月

| 目　　录 |

第一篇　股市操盘亏损的解决方案

第二篇 基本分析工具和方法

第三篇 技术分析工具和方法

第一篇

股市操盘亏损的解决方案

　　始终保持高度自律是决胜股市的关键。本篇内容阐述了个人在股票操作过程中的外在行为方式和内在心理机制。从根源上分析了在股市无法摆脱亏损和失败的根本原因。在此基础上，讲述了普通投资者如何通过训练和修炼改善这种状况，如何彻底或快速走出这种困境。如果说股市投资有秘诀，那么秘诀就在这些内容中。

第一章

股市成功者的成长之路

　　成为股市成功者是许多人所梦寐以求的。在每一次"牛市"高潮阶段，受赚钱效应影响，许多人会贸然冲入股市，然而结局往往是怎样狂热，就怎样惨败。一个股市门外汉蜕变为股市成功者是十分艰难的。因为知识、方法、技巧可以传授，而心态锻炼和改善是无法靠传授直接获得的。操盘技能终究无法通过成功者面授而拥有，手把手地传授可能没有效果。错误和亏损必须自己去体验、感受和认识，然后从中吸取教训，并不断完善认知；糟糕的操盘心态及其后果必须由学习者亲自经历和承受，才能从内心深处改变自己。股市成功是一步一步获得的，是一个极其漫长的过程。

第一节 学习股市专业知识阶段

"没有金刚钻，不揽瓷器活"。股市专业理论就是股市操盘的金刚钻。股市操盘专业性很强，需要精通很多专业知识。只有用专业股票原理结结实实地"武装"好自己，才算踏上股市成功之路的起点。很多人认为"炒股"不过是看着股价低买高卖，股票操盘不过是敲敲键盘。其实，敲敲键盘背后有着复杂的思维活动，这些思维活动贯穿在操盘的所有环节中。

简单地说，操盘可分为三个环节：其一，收集信息或观察指数或股价走势；其二，用一定方法分析信息或走势，并对市场未来变化做预设；其三，根据预设对操盘策略、方式和方向作出决策。每一个环节具体又如何进行呢？收集哪些信息？用什么方法分析和运用这些信息？根据分析的结论怎样作出决策？这些决策如何实施到操作中？如果没有学习必要的知识，那么可能"无师自通"吗？可以说，缺乏这些知识，将寸步难行。那么，操盘者究竟需要学习哪些知识呢？

"由心开始，次正理念，再次策略，最后技术"。这句话就显示了专业操盘理论的基本组成及各部分的重要性。其中，"由心开始"意味着学习股票操盘知识，首先要从学习有关心态与操盘关系的知识开始。心态是人性、思维活动和情绪的综合状态。通过学习这部分内容，读者会认识到要通过锻炼心态、增强白律等方面的努力来提高操盘能力。

"次正理念"意味着接下来要学习股票操盘的基本理念，这里指人们对股票的重要认识，这些认识已经过实践检验，对投资行为有重要的指导价值。人们对股票操盘有过许多认识，实践证明了的正确认识，其重要性犹如引航灯，指引着股市操盘者走向成功。

"再次策略"意味着接下来是学习操盘策略，这里指完成操盘的大概思路。

股市操盘策略总体分为投资策略和投机策略，然后又进一步再细分出更具体的策略。如果没有学习这些策略，那就不可能知道如何正确应对操盘的各种困境。

"最后技术"意味着在掌握以上知识之后，最后还要学习"技术"。"技术"是指在实施策略时所用到的方法及工具，比如财务分析、公司分析、宏观经济分析、股价走势的技术分析等，它们是实施策略所需要的。

以上四部分是股市操盘知识的最基本内容。缺乏其中任何一部分，或者任何一部分掌握得不够深入充分，都会限制投资者的顺利成长。那么，如何得到并学习这些知识呢？当然主要依靠买书和读书。

那么，如何判断一本股票书的质量？读者可以根据"由心开始，次正理念，再次策略，最后技术"所表达的内容组成及其重要性来判断。本书就是遵循这个标准来写作的，充分掌握本书知识，读者就基本可以充满信心地进入股市成功之路的第二阶段。

第二节　股市操盘模拟训练阶段

"跳进水里学游泳。"学游泳者，不喝几口水是学不会游泳的。学操盘者要尽可能地减少开始阶段亏损。那么，怎样才能减少开始阶段亏损呢？那就是在具有股市操盘知识之后，不要急于实战，而要进行一段时间的模拟训练。

所谓股市操盘模拟训练，就是在熟练掌握一定的股票操盘基本知识之后，为了进一步理解消化这些知识和为股市实战培养一定操盘技能，把所掌握知识与股市实际行情走势相结合，模拟买卖股票。也可以说是结合股市实际行情走势，模仿成功者的操盘方法方式，模拟买卖股票。

这个定义包含了模拟训练的目的和意义。其一，巩固第一阶段成果，进一步加深对所掌握知识的记忆和理解。因为模拟训练就是将所学知识运用于模拟训练中，这样有利于使知识掌握更牢固、理解更深刻，把知识变成投资思维。其二，学以致用，把知识转化为行动，初步培养操盘技能。其三，验证所学知识的实践价值。这样，学操盘者通过模拟训练没有以亏钱为代价而获得了进步。

一些投资者往往急于进入实战阶段，没有耐心进行模拟训练，他们认为股市"每时每刻都有赚钱机会"，早一天实战，就早一天获利。如果告诉他们，把所学的操盘知识一一通过模拟训练来巩固、验证和上升为操盘思维需要三五年时间，那么他们一定认为完全没有必要，这要错过多少获利良机、少赚多少钱。实际大量事实已经说明，那些贸然进行实战的人，大多会以失败告终。如果这些人重视并认真地对待模拟训练，那么他们将继续走在股市成功的道路上。如何进行模拟训练呢？

按照模拟训练的载体来分，可分为"纸上"模拟训练和"网上"模拟训练。最初，操盘模拟训练只能"纸上谈兵"。在有了互联网之后，模拟训练就可以在网上进行。无论哪种载体上的模拟训练，模拟训练者都要尽可能地写清楚是如何分析判断和决策的，如何完成这些操盘环节的，也就是要写清楚自己的观察感受、分析思路和模拟操作方案与计划，记录好实际执行情况，如买入价格、买入多少、止损理由及止损价格和亏损额度，或者持有的理由、最后卖出时间和价格、一次操盘的盈利情况等。最后，还要对一次模拟做总结和反思。除了没有真实的买卖股票外，与实战操盘一样，要求分析判断、买卖决策都要遵循所学的操盘知识。

笔者建议，读者不要放弃"纸上谈兵"，要先进行"纸上"模拟训练，熟练后再进行"网上"模拟训练。其实，"网上"模拟训练就是"纸上"模拟训练实施到"网上"，学习者一定要经过足够的"网上"模拟训练，因为这种模拟训练更接近真实操盘，更有利于实现模拟训练的价值。因为模拟交易平台所提供的模拟交易系统是根据股市实盘交易规则设计的，使模拟股票买卖的规则同证交所规定的基本一致。读者可以从网上下载模拟仿真操盘系统，如通达信仿真模拟操盘系统，按照系统所提供的方法就可以进行模拟训练了。

按照操盘所依据的策略来分，可将模拟操盘训练分为投机性操盘模拟训练和投资性操盘模拟训练，前者就是模拟股市投机，后者就是模拟股市投资。无论哪种策略的操盘模拟训练都要模拟买入和止损，或者买入、持有和卖出等一些操作，只不过分析判断所运用的理论逻辑和方法工具不同，决策依据不同。本书在后文将详细地介绍一些投机或投资策略及其操盘方法、步骤。等读者在学习掌握这些内容之后，自然知道如何操盘和如何模拟训练。

按照模拟时操盘者的心理压力来分，可将操盘模拟训练分为独自模拟训练、有人监督下的模拟训练和参加有奖惩机制的股票操盘模拟大赛。独自模拟训练基本没有承受外界压力，在这种情况下，模拟者态度容易不认真，不遵循所学的专业原理，随意模拟买卖和频繁操作，不注意控制风险，甚至毫无风险意识，满仓买满仓卖，甚至会做那些在实际操盘中绝对不能有的操作。因为不会面临盈亏所带来的心理情绪变化，更难激发起本能的思维活动。一句话，就是模拟缺少实际操盘的感觉，无法使操盘心态得到应有的锻炼。这也就是为什么有人会说模拟"完全没用！"那么，如何增强模拟操盘的效果呢？可以请人监督自己或者公开自己的模拟操盘，这样模拟者就会比独自模拟训练更认真，因为模拟绩效太差会伤自尊，谁都不愿意自取其辱。有奖惩机制的股票操盘模拟大赛使模拟操盘更接近实际操盘，模拟操盘的心态更加接近实际操盘的心态，因为当模拟盘出现严重亏损时将面临惩罚，这种压力会促进模拟者深入思考自己的失误，提高自己模拟操盘的成功率，培养操盘技能，在一定程度上能更好地锻炼模拟者的操盘心态。

总之，模拟炒股的价值是巩固和验证操盘者所学习的专业操盘知识，寻找和测试适合自己的操盘策略、方法和技术，培养训练者的操盘基本技能，是股市成功之路不可或缺的一个阶段。当这种模拟操作使所掌握的理论转化成清晰的操盘思路，知识有效地转化为操盘行为时，学习者就可以进入股市成功之路的第三阶段了。

第三节 股市尝试性实战训练阶段

股市中每一次显著进步都发生在"一次触及灵魂的亏损"之后。无论多长时间的模拟训练，都不如一次实战能给操盘者带来的深刻感受、体验和认识，一次实战能给操盘者的心态带来一次扎扎实实的锻炼。模拟竞赛也不可能给参与者带来实战那样的兴奋、刺激和紧张。只有在严格遵循专业操盘原理的前提下，通过一定时间的股市实战，才能使操盘心态得到有效锻炼，使人有所升华。

在参加模拟竞赛中，很多人模拟操盘的成绩名列前茅，从成千上万的参赛者中脱颖而出，一旦让他们进行实盘操作，立即变得患得患失，经常出现"鬼使神差"一般的操作，频频失误，连连亏损。这说明即使经过了充分的模拟训练，也不能草率地投入重金进行操盘实战。为什么？因为模拟操盘时的心理压力无法跟实际操盘相比。在模拟操盘时，基本能保持客观冷静，按照所学的操盘原理去分析判断和决策，可一旦真刀真枪地"拼杀"，往往会紧张得把所学知识抛到脑后。所以在经过充分操盘模拟训练之后，也不能立即放开手脚地进入实战阶段，而是要让自己再经历一个尝试性实战训练阶段。所谓尝试性实战训练，就是拿出少许资金进行实盘操作。少许资金是指投入计划操盘资金的一小部分，比如百分之几。那么，尝试性实战训练的目的是什么？

其一，通过尝试性实战训练，能够深刻理解专业理论的价值。每一次实战操作都面临着利益的得失，使操盘者频频感受到，只有严格按专业操盘原理所要求的那样操盘，才能获得盈利；反之，如果听任市场驱使，临时起意，随意操作，则必亏无疑。

其二，通过尝试性实战训练，能够真正实现知行合一。有的人股市操盘知识学得非常扎实，谈起如何正确操盘头头是道，一旦面临实盘操作，则手忙脚乱，把所学知识忘得一干二净，这就是不能做到知行合一。那么，如何才能做到知行合一呢？只有投入少量资金，让自己保持适度紧张和兴奋，才不会过度患得患失。通过多次尝试性实战操作，不断对照所学专业理论，反思和矫正自己的错误，使操作逐步接近专业理论所要求的那样，理解错误行为的根源，学会运用一定策略去遏制这些失误。再逐步增加资金量，形成一个逐渐适应的过程，操盘心态逐步健康而强大，错误行为逐步被遏制，就实现了知行合一。

其三，通过尝试性实战训练，能够形成自己的操盘系统。所谓操盘系统，是指操盘策略、方法和所依赖的技术工具的总称。股市成功者总结出众多操盘系统，这些操盘系统是由不同策略、方法和技术工具构成的。这是因为不同的成功者具有不同于他人的性格和面对不同的市场环境，他们能够投入股市的资金不同、生活方式不同。在这种情况下，在所掌握的操盘策略、方法和技术工具的基础上，结合自己的情况，选择适合自己身心状况和条件的股票操盘策略、方法和技术工具，形成自己的操盘系统。

每个人都要形成适合自己的操盘系统，否则就不能很好地运用自己所学的操盘理论，很容易恢复为未经训练的状态。比如，有的人非常适合运用投机策略操盘，依靠一定的技术分析，快速又准确地从包含巨量信息的市场行情中发现自己的机会，迅速正确买入，并对接下来的市场变化形成有效的应对方法。面对市场的瞬息万变，他们保持非常稳定的心态，操盘成功率非常高。反之，如果让他们采用投资策略，他们则感到非常痛苦，无法得心应手地操盘，因为他们缺乏适应投资策略的性格。没有最好的操盘系统，只有适合自己的操盘系统。那么，普通人如何进行尝试训练呢？

"师父领进门，修行在个人。"学习者分阶段选择不同的操盘策略、方法和所依赖的技术工具用于实战操盘，在检验它们有效性的同时，感受它们是否适合自己。对于投机性策略和投资性策略可以同时开展。每个人适合选择哪种操盘策略、方法和技术工具，只有通过反复尝试才能发现，通过一定时间的尝试性实战训练，从自己所知道的众多操盘策略、方法和技术工具中，逐个选择操盘策略、方法和技术工具，反复进行练习，判断哪一种组合更适合自己，用适合自己的策略方法技术工具组建自己的操盘系统。只有在形成适合自己的操盘系统之后，才可以进行全面的实战操盘。

第四节　股市心智的巩固和修炼阶段

在形成自己的操盘系统之后，普通人追求股市成功之路还要进入更加漫长的第四阶段，即巩固和修炼阶段。巩固就是不断强化上面所学所得，需要操盘者继续保持热爱学习的习惯，经常阅读那些曾经读过的有价值书籍。如果不巩固，那么市场的喧嚣很快就会冲淡知识记忆，丧失正确的操盘思维，分析、判断和决策的错误率就会逐步高起来。修炼就是改善自己性格、习惯和生活态度，锻炼和矫正自己的心态。

心态是操盘成败的关键。如果一个人想在股市保持长期稳定获利，避免财富得而复失，那就要戒骄戒躁，时刻防范市场风险，谨慎操盘。而要保持这种状态，就要做到时刻保持冷静、客观和富有耐心，就要克制贪婪、侥幸等冲动。必须在日常生活中进行全方位修炼，这样在操盘时，才容易保持良好心态。保持长期稳定获利状态的唯一途径就是从生活的各个方面严格要求自己。追求股市成功的人要督促自己形成良好的生活习惯，只有这样才可能克制那些有碍于操盘成功的反应。

为了获得并保持股市成功，股市操盘者通过生活的全方位修炼，要让自己始终保持勤奋好学，努力上进，不要好吃懒做，不思进取；要让自己始终保持谦虚谨慎，不要让自己盲目自傲；要让自己始终保持勤于分析思考，不要让自己沉溺冲动兴奋；要让自己始终保持心如止水，不要让自己心猿意马；要让自己始终保持反思内省；不要让自己推卸责任担当；要让自己始终保持节制自律，不要让自己贪婪侥幸；要在知识、技能和心性心态三个方面不断提升自己。

第二章

走向稳定获利的系统保障

"成功之道，由心开始，次正理念，再次策略，最后技术。"如果不懂自律，任性而为，理念就会被抛在一边；如果没有正确理念，操盘就很容易误入歧途。反之，如果能够保持客观、专注、冷静而富有耐心，那么就能严格执行那些经受过实践检验的操盘策略，从而有效应对市场的不确定性。什么是操盘策略？所谓股票操盘策略，就是为了实现某一个目标，根据预期出现的问题，操盘者提前制定的应对方案，在实现目标的过程中，根据形势发展和变化，不断及时调整方案，最终实现操盘目标。股票操盘有哪些策略？股票操盘策略很多，不同策略之间也有一定的内在联系，可以说，这些策略能构成一个严密的操盘体系，人们常称为操盘系统。笔者将操盘系统概括为"三部曲"和"三管理"。股票交易要做好操盘"三部曲"，要在"三管理"上下功夫。

第一节　股票交易三部曲

所谓"三部曲"，是指股票操盘过程中的三个步骤。

第一步，盘前分析市场、制订计划。"预则立，不预则废"。在很大程度上，每次买卖能否成功取决于能否提前精心制订操盘计划。能否提前制订计划既是盘中能否保持高度自律的一个重要保证，也是投资者自律水平的一个判断标准。制订计划，就可以显著降低盘中临时起意、随意操盘的可能性，就可以增强自制力，对克制不良情绪有显著作用，因为计划已经对市场多种可能的变化进行预设，并制定相应的应对措施，清楚地规定在什么情况下可买入或卖出及买卖多少。由于操盘者对市场未来走势有了多种预设，从而在很大程度上降低了心理压力，消除了紧张情绪，有利于保持专注。无论怎样强调计划的价值都不为过，所以操盘者要坚持"无计划，不开账（不打开账户、不看行情）、不操盘"。在临近开市时，还要考虑是否要调整计划。为了强化计划的执行力和强化计划对心理的有益作用，在开盘前要预习计划，从而强化计划执行意识，甚至可以让计划内容潜意识化。

第二步，盘中严格执行计划。严格执行计划是开市后的唯一工作。此时，只需保持"守株待兔"的状态。"守株待兔"就是对照计划观察走势，耐心地等待计划所预设的信号出现，然后严格按计划行动。成败的前提是有无计划，成败的关键是能否严格执行计划。为了保证严格执行计划，盘中最好状态就是全力保持客观、专注、冷静和耐心等待计划中所预料的信号出现。

第三步，盘后的反思和总结。要反思计划制订和执行方面的得失，检验计划制订的完备性，评价计划制订水平和计划执行质量，写操盘日记，并制订新的计划。在实际操盘中，很多人因为在盘中不是保持前面说的"守株待兔"状态，而是不停地寻机操盘导致过度紧张兴奋，从而使精神体力付出过多，而每当收市，立即有一种解脱感，对盘后这项工作毫无兴致、放任不顾。长期如此，使自己在认识上没有任何积累，在操盘上没有任何进步。如果没有反思，就不可能形成经验，认识就不会进步，这样的人只能在原地踏步。

在股市为什么会失败？看看这些失败者的股市交易是否实行"三部曲"即可知道答案。很多人的股市交易中只有"一部曲"，只有"盘中"，没有"盘前"和"盘后"，或者花在这两者上的时间和精力太少。在完成"三部曲"的过程中，伴随着"三大管理"，即自我管理、风险管理（包含资金管理）和市场管理。自我管理就是管理好心态，稳定好情绪，坚持做正确的事；资金管理就是合理投入资金，严谨防范发生严重亏损，这一点十分重要；市场管理就是分析市场，识别机会，回避风险，提高胜算。

第二节　自我管理策略

能否有效地自我管理是股票操盘成败的决定性因素。如何做到有效地自我管理？就是在操盘的各个环节上，让自己保持稳定而健康的良好心态，只有这样，才能对市场有良好判断，才能有良好执行力。良好心态是严格执行计划的内在条件。

1. 总体

时机不对，努力白费。操盘成败的关键在于抓住时机，在适当时机买进或卖出。如何才能抓住良机？让自己在开市期间始终保持"守株待兔"的状态，即对照计划，等待行情出现操盘信号，而不是盘中临时寻找买卖时机。这需要保持良好的总体心态，即"始终保持客观、专注、冷静和富有耐心"。

2. 止损

无止损，不建仓。在投资股票的道路上，止损是制动闸和安全阀。学会运用止损策略，能保证不会被一次错误判断搞得"人仰马翻"。什么是止损？止损即阻止亏损扩大。如果所买入的股票，非但没有出现所预期的上涨，还拐头向下，并大概率形成下跌趋势而使亏损继续扩大，那就在亏损初期卖出，否则亏损将进一步扩大。在实际操盘中，很多人不能及时止损，直接原因常是没有制订止损计划，或者有计划却没能及时执行，因为没有做好认错、认赔的心理准备，不具有执行止损的良好心态。

如何才能形成有利于执行止损策略的心态？其一，接受某些亏损是不可避免的事实，把它看成是股市获利应该付出的成本。其二，要强化止损意识，比如每天都要告诫自己"买错了，就要无条件止损、及时止损"，让及时止损意识成为自觉。其三，提前做好止损计划，在开盘前告诫自己"今天某股票出现什么情况时，我一定要止损"。其四，学会设置止损，提高设置止损的技巧。

3. 买入量

犯错是股市难免之事，而防止发生巨大亏损的方法就是控制买入量。在没有买入之前，要精心测算应该投入的资金量，不要让自己承受过大的风险，从而导致过大的心理压力。很多人知道要按专业原理所要求的那样控制买入量，但却无法做到知行合一。每当"看好"一只股票，就冲动地大量买入。"外重则内拙"，过重持股会降低接下来的分析水平，导致行情判断出错。成功者能严格控制好买入量，"该少买就少买，该大买时就大买"。

4. 买入

如果依靠技术分析去把握趋势，就要清楚这种分析只是一种概率分析，之所以买入一只股票，只是因为它大概率会上涨，而不是一定会涨。

良好的买入心态是不要过分看重买入环节，而是认真对待所有操盘环节。要做好买入后所出现的各种情况的心理准备，每一次买入既可能是对的，也可能是错的，如果买入是对的，那么就持有，并考虑加仓；如果买入是错的，那么就止损。选股不如选时，投机性买股票就是买趋势，买在上涨趋势启动时。

5. 持币或持股

股票操作包含买入、持有和卖出三个环节。不同环节，其难度和重要性不同。其中，持股的难度最大，因为持股心态最不稳定，大多数人即使知道应该持股待涨，却很难做到持股待涨。

因为持股随时面临利益得失，收益增长，则高兴开心，利益受损，则不安难受，所以，股价波动很容易激发卖出冲动，结果丧失后面更多获利。

如何才能保持良好的持股心态？其一，保持客观、专注、冷静和富有耐心；其二，相信专业原理，专业操盘原理告诉我们，趋势一旦形成很难逆转；其三，精心制订操盘计划，并在开盘前充分预习，烂熟于心。其四，在盘中，对照计划"守株待兔"，心平气和，无思无虑。保持等待和静心观察的状态，有利于执行计划。其五，交易要遵循一定规则。比如，操盘要遵循"忙在开盘前、闲在开盘后"的原则，每天收盘后或开盘前，要自我督促做功课，深入分析研究，精心制订计划；开盘后，就是守株待兔，不胡思乱想，不打听消息，不乱看其他个股行情走势。其六，熟悉掌握股市的一些理念，比如要"及时截断亏损，让盈利自由奔跑"，前者是指当价格回落触及计划中的止损价时，要坚决卖出清仓，防止亏损扩大；后者是指当上涨趋势没有改变时，要牢牢地持股待涨，承受和忍受震荡，不要因担心利润得而复失而卖出股票。

6. 卖出

俗语道"会买的是徒弟，会卖的是师父"。可见，做好卖出比做好买入更难。为什么？建仓后，股价变化直接带来收益或亏损。没有建仓时，人的心态容易保持稳定，一旦建仓，保持心态稳定就难了，容易激发各种冲动性的错误操作，这才是"会卖"比"会买"更难的原因。掌握了专业操盘原理，就能知道在什么情况下卖出，但是却难以做到知行合一，即知道应该卖出，实际却没有卖出，知道不应该卖出，实际却卖出。如何才能避免？其一，保持客观、专注、冷静；其二，精心制订计划，严格执行计划。

"会买的是徒弟，会卖的是师父"这句话还包含着卖出比买入更重要的含义。然而实际情况却是很多普通投资者更重视进场，把太多精力和情感都投放在进场，却忽视退出市场的重要性。这样在实际操盘中，他们表现出什么情况？要么是过早地离场，要么是过迟地离场。这样的结果是什么呢？总是"买对了却因过早卖出而错过后面更多利润，买错了却迟迟不止损把小的亏损拖成大的亏损"。要想避开"赚小亏大"，一定要做好卖出计划，明确当走势出现什么信号时，就应该卖出，或止损或兑现收益。光学会买入，却不会卖出，是不可能成功的。

总之，做好心态维护属于自我管理的主要内容。但个人总有一定的局限性，一次冲动性操作就可能导致重大亏损，失去很长时间积累的收益。那么怎样才能突破个人操盘时所面临的人性局限性呢？笔者在此呼吁普通投资者要告别散户"角色"，尝试走合作、合伙操盘之路。

7. 合作、合伙操盘

普通投资者独自操盘，一个人既要负责分析市场制订计划，又要负责执行建仓计划，还要负责执行止损或止盈计划。在每次完整的操盘过程中，需要在短期内面临着三个身份的转换，一般人很难顺利完成这种转换。

普通投资者合作、合伙操盘有着显而易见的意义，比如相互检查督促，及时发现各自存在的问题，严格按照专业操盘原理所要求的那样操作；再比如明确各自分工，提高效率，提升各项工作的质量，保证操盘有较高胜算。

必须承认，在普通投资者之间组建合作、合伙团队是一件很困难的事，但笔者依据经验，仍建议在条件允许的情况下，不妨试一试寻求合作。

第三节　风险及资金管理策略

"投资有风险，入市需谨慎。"股市的风险是指买入股票会面临资金发生损失的可能性。引发风险的因素很多，如宏观经济周期、利率变动、上市公司经营状况及市场参与者的情绪等。对股票市场的风险只能尽力规避。股市获利是成功避险的结果，成功避险是获利的必要条件。普通投资者如何控制和规避风险呢？

控制风险的主要途径是资金管理。资金管理目标是保护本金，防止本金发生深度亏损。要知道本金损失容易、恢复难，亏损50%，要涨100%才能扳回本金，亏损80%，要涨400%才能扳回本金。常有人说"宁可错过，也不能做错"，意思就是一定要爱惜本金，不要让本金轻易发生亏损。资金管理就是正确地使用本金，从资金使用上控制风险，对投入资金进行规模控制。如何控制好资金使用规模呢？需要从以下四个层次掌控本金的投放比例。

第一层次，控制股票账户的总资金量。可投入炒股的总本金必须限制在个人全部现金资产的一定比例内，如50%、30%。这要视个人家庭支出情况而定，要预估家庭未来的重大支出，确保账户上的资金不是未来某一段时间可能需要支出的资金。不能拿日常生活资金买股票，不能拿短期就要支出的资金买股票。

第二层次，控制股票账户中股票资产的比例。如何决定买入股票的资金量占账户总本金的比例？既要参考胜算，又要考虑个人承受风险的能力。比如，在胜算高时，投入可以适当多一些；在胜算低时，投入要少一些，甚至保持空仓等待。要根据风险承受能力，设计每一次操盘所能承受的最大亏损比例，再根据止损空间和所承受的亏损额度设计建仓量。按照这种方法设置止损和决定投入资金量，有利于普通投资者严格执行止损策略。

还要考虑资金能连续承受亏损的次数，不能把一次操盘所承受的最大亏损比例设计得太高，否则，如果发生连续亏损，就会导致资金发生重大损失。

第三层次，分散投入资金。"鸡蛋不能放在同一个篮子中"，也就是要同时买入或持有多只股票，这样可以分散风险，提高胜算。不要把资金只用于买入单一股票品种，也不要买入同一板块或行业的品种。因为同一板块的股票、同一行业的股票往往会同涨同跌。但也不要买入太多品种，股票品种太多会分散注意力，使人难以保持足够专注，一旦市场出现震荡时，容易造成情绪不稳。

通常，不管对某只股票的基本面有怎样的了解和看好，也最多在一只股票上投入总本金的20%，有的股市成功者建议不超过10%。

第四层次，分次逐步买入所"看好"的股票，并同步设置止损。依股价高低、股价和技术位的先后顺序，将买入操盘分为尝试性买入、跟随性买入、突破性买入和确认性买入。这些买入步骤与股价所处的技术形态位置所发出的信号强度有关。以双底形态为例来说明：第一次尝试性买入是在支撑位出现止跌信号时；第二次跟随性买入是在支撑位出现反弹向上的信号时；第三次突破性买入是在出现突破颈线信号时；第四次确认性买入是在确认突破有效时，也就是股价突破颈线后，会发生回抽而下跌，在下跌到颈线附近时获得支撑而反身向上，这就确认是真突破的信号。逐步买入减轻了买入的心理压力，有利于保持心态稳定。在不同价位买入，胜算大小不同，止损的空间不同。每一步买入量与所接受的止损空间和胜算都有关，如何平衡，视操盘者性格和操盘而定。如果是加仓性买入，那还要采用金字塔式加仓。

资金管理是防范风险的首要手段，是决定股票操盘成败十分重要的因素，如同指挥官指挥作战一样，用好兵力事关胜败。资金管理是否得当，不仅直接关系到本金的安全性，也会影响技术分析的发挥。

一些股市新手，没有资金管理意识，更谈不上资金管理技巧，轻易冒险重仓操盘，很快就把有限本金损失殆尽。要想避免这样的结局，从入市之初，就要懂得资金管理，掌握资金管理的方法技巧。股市的成功不是靠一次操盘获取巨大利润，而是靠在股市"活得"长久，靠长期稳定获利。

第四节　市场策略和依靠技术分析操盘策略

市场策略，就是寻找操盘机会。对于技术型投机性操盘者而言，就是以"以较小的亏损去博取更大可能的巨大盈利"为基本理念，运用一定的技术分析方法，对市场进行预期分析，寻找和识别操盘机会。市场时刻都在变化，未来走势具有很高的不确定性，运用"趋势"这个概念来衡量走势，能够提高技术分析对行情研判的有效性。但不管一个人在技术分析上如何下功夫，也不可能提前预知市场未来一定是上涨或是下跌。技术型投机性操盘者们设计了很多操盘策略，并用这些策略应对市场的不确定性，它们都是建立在技术分析的基础之上的。

1. 市场策略

市场策略就是股市操盘者用于分析市场，从而为操盘提供决策依据的方法总称。为提高操盘胜算，人们通过归纳总结形成了很多用于预期分析的方法。从总体上讲，这些方法被分为基本分析和技术分析。

基本分析是通过研究分析上市公司所处的宏观环境、行业环境及其经营状况，判断股票的投资价值，并对股票内在价值进行合理估值的方法总称。基本分析是在对估值与股价进行比较的基础上作出操盘决策的，如果股价高于估值，而且估值有可能下降，则卖出；反之，如果股价低于估值，而且估值将继续增长，则买入。

技术分析是从股价走势的历史图表入手，对股价走势进行分析，从而推测价格未来变动趋势的方法总称。技术分析的主要价值就是发现价格变化趋势，让操盘者在上涨趋势之初买入，在下跌趋势之初卖出。

在操盘分类上，以基本分析的结果作为主要操盘决策依据的称为投资性操盘，以技术分析结果作为主要操盘决策依据的称为投机性操盘。两种分析方法有显著不同之处。其一，从时效看，技术分析对市场变化能作出及时反应，能及时提供操盘机会，适合波段操作，能提高资金运用效率。基本分析无法对股价短期变化作出快速反应，如果根据基本分析操盘，那么操盘周期比较长，需要耐心。其二，从结果看，技术分析对未来判断也是一种概率分析，股价未来变化没有确定的结论。基本分析对股票内在价值有比较准确的把握，能对股价未来变化作出较长期的预测。其三，从学习难易程度看，技术分析对学习者的财务分析等专业知识要求低，基本分析需要学习者掌握很多其他专业知识。其四，从运用时所需要的条件看，技术分析普通投资者可依赖电脑提供的资料，基本分析不仅需要通过电脑查寻资料，还需要对上市公司进行实地或市场调研。可见，基本分析和技术分析各有长处和局限性，如何选择和运用它们呢？

最好把两者的长处有机结合起来，用所掌握的基本分析方法选股，把握长期趋势，用技术分析法把握短期走势，获得精确的买卖时机，努力提高操盘胜算。

2. 依靠技术分析操盘策略

笔者将众多技术成功者的操盘策略及其经验总结如下。

（1）首要操盘策略是"分析走势，判断趋势，顺势而为"。"分析走势，判断趋势"就是运用技术分析原理去分析判断市场行情走势是否形成趋势，趋势的方向是什么，趋势是否会持续，趋势已发展到哪一阶段。在分析判断的基础上作出决策，比如，是持币观望还是持股待涨？是买入还是卖出及买卖多少？如果实际走势与之前分析预设的不一致，那怎么办？等等。

"分析走势"，首先要分析大盘指数走势，要遵循"看指数，交易个股"策略；然后分析板块指数走势，要遵循"看板块，选个股"；最后分析个股走势，要遵循"看个股走势，选择买卖时机"。"看指数，交易个股"是一种安全性很高的操盘策略。因为指数情况代表大多数个股情况，如果指数向上，那么大多数个股也向上，如果在这时候积极做多，则胜算高。笔者不赞同"抛开指数交易个股"策略，因为抛开指数，对操盘胜算判断就失去一个重要依据，对资金控制也缺少一个重要依据。"看板块，选个股"意思是根据板块指数的强弱来确定选股范围，要在走势强的板块中选择强势股，这样选股的效率高，成功率也高。

"顺势而为"，就是顺着正在发生的主要趋势买卖，一定要等趋势被确认再操作，不要企图买在最低价或卖在最高价。如果一只股票当前主要趋势是向上的，那么只能寻机买入，哪怕是追价买入，不能卖出；反之，如果一只股票当前主要趋势是向下的，那么只能寻机卖出，哪怕是杀跌卖出，不能买入。

（2）操盘的第二策略或法则是"顺大势、逆小势"。所谓"顺大势、逆小势"就是判定主要趋势后，顺着主要趋势建仓，但要等待回撤的小趋势，在回撤的小趋势结束时建仓。不要担心错过主要趋势所提供的机会，而是耐心等待回撤结束再买入。要遵循"宁愿错过，也不要做错"的理念。

为什么要坚持"顺大势、逆小势"呢？因为只有坚持"顺大势、逆小势"，才能保证大多数技术分析和判断的正确率与大多数操盘的收益，即使分析判断错了，也只会导致小幅度亏损，这样才能实现"多赚少亏"和"赚大亏小"，实现长期稳定获利。

（3）股市投机性操盘的第三策略是"波段买卖"。所谓"波段买卖"，就是在一个上涨趋势的初期买入，中途寻机加仓，在上涨趋势的末期卖出，不参与任何波段的回落。如果不会对所持股票进行基本分析，那么普通人最好不要过长时间持有一只股票，不要把技术型操盘做成价值投资，而是采取"波段买卖"的策略，为什么呢？

其一，防止踩业绩的"地雷"。A股市场的监管体系在不断完善，市场监管水平在不断提高，在如此良好的市场环境中，上市公司业绩一旦爆雷，必定导致股价大跌。

其二，避免下跌波段侵蚀所获收益。股票的一个中长期上涨趋势往往包含多个涨跌循环，股价的上涨总是以"进三退二"的方式向上推进，而且"退二"的幅度往往比较大，使利润发生大幅回吐。采取"波段买卖"就可以避免这种获利回吐。

其三，提高资金的利用时效。如果想提高操盘效率，那么就不参与回落波段。如图2-4-1所示，在相对低点买入，如果持有较长时间，那么股价就会回到买入位置。

图2-4-1

　　"波段买卖"这种策略适合参与推动浪，一个推动浪通常含有三个上涨波段和两个下跌波段，下跌波段回撤幅度通常是上涨波段的20%以上。"波段买卖"策略就是不参与20%的回撤。如图2-4-2所示，如果从A处买入，并一直持有到上涨趋势线AB最后被跌破，那么其获利空间肯定比波段操盘要少得多。像在a处买入，持有到b处卖出，即只参与ab段，不参与bc段，这就是波段买卖。同样，只参与cd、ef、gh，而不参与de、fg、hi。如此操盘，总的获利比在A处买入后一直持有的获利要多得多。

图2-4-2

　　同样，如图2-4-3所示，如果从B处买入一直持有到CD最后被跌破，那么其获利空间肯定比波段操盘要小得多，而且时效也比较低。像在a处买入，持有到b处卖出，即只参与ab段，不参与bc段，这就是波段买卖。同样只参与cd、ef、gh，而不参与de、fg、hi，经过如此操盘，总的获利空间比BCD一直持有要大得多。

注意图2-4-3中虚线方框内的走势对应的就是图2-4-2中的走势。不难想象，与选择周K线进行操盘相比，选择日K线进行波段操盘，能够获得更大的盈利。

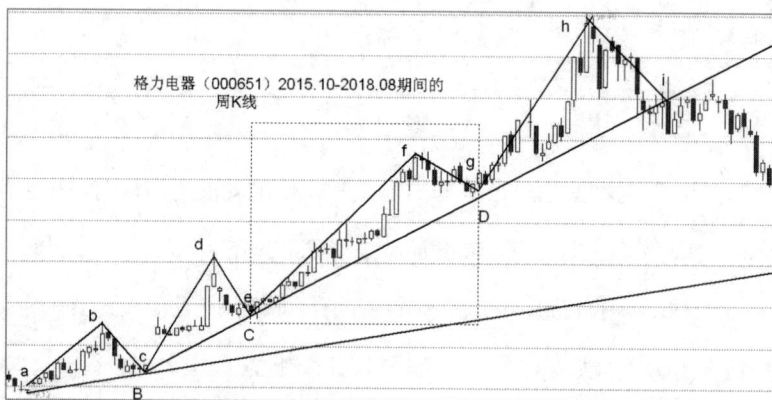

图2-4-3

如图2-4-4所示中的走势对应着图2-4-5所示中的虚线方框内的走势。可以根据自己管理情绪的能力和市场历练情况，自己选择和参与不同时间周期的波段操盘。

图2-4-4

图2-4-5的走势对应着图2-4-6的前一个虚线方框内的走势。图2-4-3中的走势对应着图2-4-6中的后一个虚线方框内的走势。普通人可以根据自己管理情绪的能力和市场历练情况，自己选择和参与不同时间周期的波段买卖。

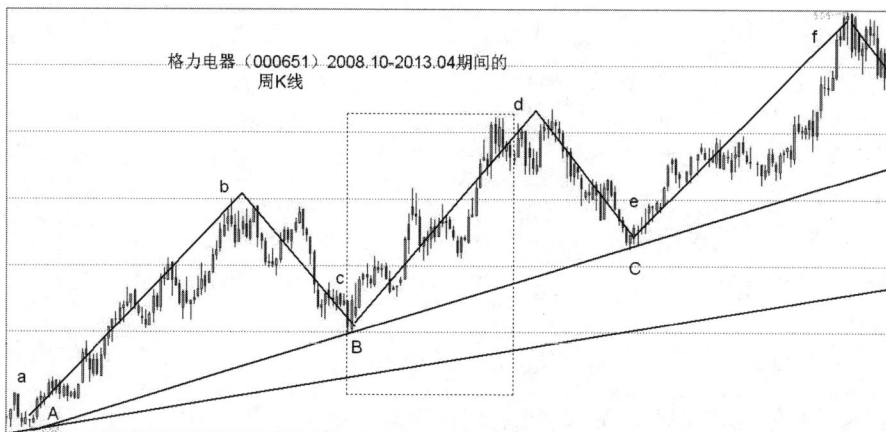

图2-4-5

如图2-4-6所示，是什么决定了股价在AB和BC趋势线上方发生波段涨跌循环？主要是市场情绪。在波段低位，由于市场主力率先买入，推动股价止跌回升，开启一波上涨，然后市场看涨的情绪进一步推动更多的普通投资者进场买入，把股价推向波段高位。在高位，主力主动抛售，引发市场看跌情绪，使越来越多的普通投资者卖出，推动股价回落。

是什么决定股价能一直维持在AB和BC趋势线上方？是公司的基本面。格力电器是国内空调行业优质龙头企业，掌握核心技术，重视产品质量。近十几年来，格力电器的净利润不断增长。由于普通投资者不能把握格力电器的经营状况，只能跟随股价波动进出，使股价在短期内上下波动。而主力则完全了解格力电器的经营状况，即净利润年年增长，使越来越多的机构持续看好格力电器，并不断加仓买入，推动股价不断上涨，股价重心不断被垫高，而近几年业绩更是高速增长，才有了BC段对应的趋势。如果没有对格力电器的基本面的深刻了解，那些大资金怎么会长期持有，并不断加仓呢？

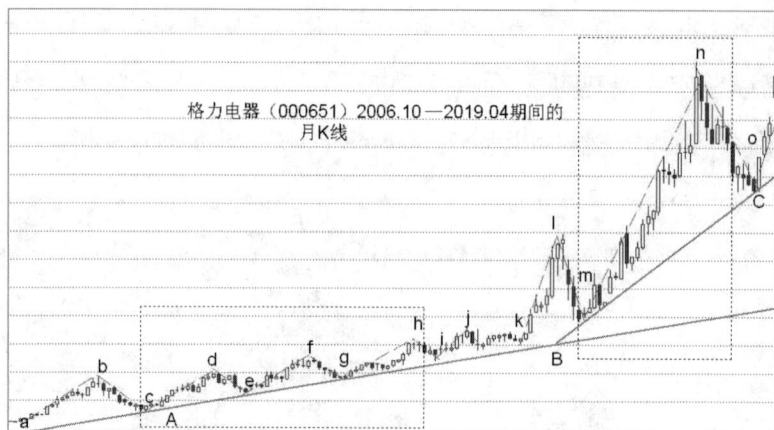

图2-4-6

（4）投机性操盘的第四策略是"板块轮动，滚动操盘"。如果"波段买卖"做得好，能够踩准节奏，那么就可以采取"板块轮动"策略。所谓"板块轮动"就是利用不同板块启动的先后次序，让资金轮番参与不同板块的操盘，争取参与所有板块所提供的波段机会，提高资金利用率。"板块轮动"对参与者的要求很高，处理不当，踏错节奏，会弄巧成拙，普通人要谨慎采用。如果无法同时照应多个板块，那就不要采用这个策略，而是把资金分成几部分，分别参与不同板块，每一部分资金固定参与特定板块。把资金分散在不同的板块中，这样做的主要目的是分散风险。所谓"滚动操盘"，就是把所获利润连同本金一起投入新的机会中，创造"复利"奇迹。具体操作是在低位买入股票后，经过一定时期或幅度的上涨，在高位卖出股票，然后用本金及其获利在低位再重新买入。"滚动操盘"要遵循资金管理原则，如果"滚动"不当，就会违背资金管理原则，结果会导致趋势越持续，投入资金越多，风险越大，稍不谨慎就会失去前面的获利。

3. 投机性操盘的技术策略

所谓投机性操盘技术策略，就是买卖的技术形态依据，是由某一种技术分析方法转化而来的。投机性操盘主要依靠技术分析方法寻找买卖机会。买卖时机的认定是依据一定的走势形态。当股价走势出现所认定的技术形态时就买入或卖出。

按照技术分析的原理，如果当前走势出现了某种技术分析的形态，那么可以对其接下来的走势做多种情况的预设，并对每一种方向的可能性作出估算。然后，在选择大概率方向作为操作方向的同时，对小概率的方向做好应对的预备方案。比如，按照价格移动平均线的技术分析原理，如果走势中出现"金叉"，那么接下来价格走势大概率将继续上涨，小概率将出现下跌。

以此观点为基础，设计出"双线金叉买入技术策略"，即只要走势出现"金叉"，不管未来实际走势将如何，都要执行买入操盘，但同时做好小概率下跌的准备，即如果在买入后股价不涨反跌，当股价跌破两条均线的交叉点的水平线或两条均线发生"死叉"时，则止损卖出；买入后不久出现"死叉"就是止损的技术依据，也就是止损的技术策略。如果在买入后，股价确实上涨，那么则持股待涨，直到出现死叉卖出离场。这时的"死叉"就是获利卖出的技术依据，也就是获利卖出的技术策略。

技术分析原理为投资者提供了许多技术策略，这让普通投资者面临着一个困惑，那就是面对众多技术策略，操盘者不知所措，无从选择，纠结不堪。有的人为了抓住所有机会，企图运用各种技术策略，结果导致操盘一团糟。这是心态不良的表现，会进一步影响自己的心态。那么普通投资者如何选择和运用技术模式呢？

4. 依靠一种技术策略

一招鲜，吃遍天。这个股市谚语意思是只运用一种技术策略，就可以立足股市。或许有人问，每个股市操盘者所运用的技术策略难道不是越多越好吗？这样不就可以适应各种市场环境和抓住各种机会吗？按照手表效应原理（即如果一个人带有两块显示不同时间的手表，那么他就不知道准确时间了）可知这种想法是错误的，因为选择多种操盘策略，就无法保持专注，就无法准确把握操作时机，而投机性操盘的关键是抓住时机。操盘者最好只选择某一种技术模式并长期坚持使用。很多普通投资者企图运用多种技术策略而想抓住各种获利机会，结果他们都失败了。

很多成功者都是坚持依靠某一种技术策略，长期获得稳定收益，靠积少成多而成。人们对他们的技术模式充满想象，认为他们掌握很多技术策略，或者有什么"独门绝技"？海龟法则的公开消除了人们的这种好奇心，让普通投资者感受"一招鲜，吃遍天"的可靠性。海龟法则来自一个著名实验。两个世界顶尖的金融操盘高手争论高超的操盘技能是天生的还是后天培养的？他们观点相反，并打赌，然后通过实验证明谁是正确的。因为他们在实验之前曾经参观一个海龟养殖场，于是就把这个实验叫作海龟实验。他们公开招募操盘新手，从1 000多报名者中筛选出少数的实验参与者。对操盘新手进行短期培训，教给买卖的走势技术依据，然后，交给每人一个50万~200万美元资金的操盘账户，要求按他们所学的买卖依据操作。最后这批操盘新手操盘业绩如何呢？在实验结束后，他们的策略从市场获得满意收益，有的人还获得高额收益。

5. 操盘流程

有了市场策略和操盘技术策略，就要学习操盘流程了，否则也无从下手操盘。那么，操盘过程有哪些环节或步骤？每个环节或步骤如何落实？有什么要求？

第一步，分析市场总体指数。要"看指数，定时机；看指数，定资金"，即观察分析指数，对市场状况作出判断，然后决定是否建仓及资金投入量。这是一个极其重要的操盘策略。能否长期稳定地从股市获利，取决于操盘的成功率，那么普通人怎样提高每一次操盘的成功率呢？重点在于能抓住股市系统性的盈利机会，并回避股市系统性风险。所谓系统性机会，就是指市场整体性上涨所带来的机会。当股市整体上涨时，市场人气一定旺盛，投入的资金量越来越大，必然推高市场的平均高度，这样很多股票都会上涨。如果在这种情况下买入，则成功率高。普通人要想提高自己操盘的成功率，就要根据指数的走势来决定是否建仓进场和投入资金多少。

看什么指数，选择什么指数成分股。按照不同目的和需要，证券交易所会选择不同类型的股票价格作为编制指数的基础数据，某种指数对应一定范围的股票，这个指数的走势只是相应股票走势平均的结果，这些股票中的大多数个股的走势会与指数走势相似。指数在涨，是因为大多数股票在涨；指数不跌，是因为有些股票在涨。那么，哪些股票在涨呢？

第二步，看板块，选个股。就是根据板块指数决定选股范围。先以技术分析为工具，观察分析板块指数，对不同板块的市场状况作出判断，然后决定在哪个板块中选择个股。市场具有板块效应，即同一个板块的个股往往会表现"同涨共跌"的特征。因此，按照"看板块，选个股"的理念操盘将显著提高操盘的成功率；反之，只根据个股情况决定能否建仓买入，那么胜算很低，因为即使某一个股的走势独立于趋势变弱的板块指数，它也容易受同属板块其他个股走势的牵累。按照"看板块，选个股"的理念操盘，不仅可以提高胜算，而且能提高选股速度。

第三步，看个股，定时机。就是根据个股走势决定买卖时机，也决定其买卖量。以技术分析为主要依据，从强势板块内选择一两只股票，制订好计划，以一定的技术策略为模式，跟踪观察分析，"守株待兔"地等待机会出现。个股买入量取决于止损空间。所谓止损空间，就是建仓买入价与止损价的差，两者之差越大的个股，买入量越小，反之则越大。是否买卖取决于个股走势是否出现某种技术策略所对应的走势特征，一旦出现，即买卖。

第四步，结合基本分析，进一步完善接下来的操盘计划。根据行业基本面，决定是否采取波段操作或持有时间，决定操盘风格是需要更保守或更积极。两者结合效果最好。

如果人们想使自己的操盘具有很高的成功率，那就老老实实地按照这样的流程来进行投机性操盘，做到有流程、按步骤、有策略、有计划，杜绝冲动性、随意性、临时性。接下来以本人常用的双线技术策略为例进一步讲解，该如何落实有流程、按步骤、有策略、有计划。

第五节　操盘的双线技术策略

首先，技术策略都包含一定的走势形态，称之为技术模式。双线操盘技术策略对应双线技术模式，主要作为买入依据，所对应的走势技术形态由两条线组成，用它们来代表价格波动阻力的边界。限制价格的阻力边界具有上下两个边界，其中上边界是卖压，下边界是买压。如果价格对上边界发生真突破，说明上方阻力最小，价格自然将进一步上涨；如果价格对下边界发生真突破，则说明下方阻力最小，价格自然将进一步下跌。而价格一旦突破某一边界，就会使原先误判方向的人士猛然改变操盘方向，使强大一侧变得更强，弱小一侧变得更弱，保证趋势持续一段时间，直至价格波动的上下阻力边界的力量达到新的平衡。因此，价格每一次对边界发生突破，就为操盘者提供一次进场参与博弈的机会。

双线操盘技术模式运用了哪些技术分析原理？其包含了什么技术意义、市场内涵和操盘逻辑？

无论上涨趋势，还是下跌趋势，卖压和买压同时发挥作用，当卖压大于买压时，则价格下跌；当买压大于卖压时，则价格上涨；当两者保持平衡时，则价格横向震荡。推动价格波动的力量来自市场的买入和抛售，前者构成买压，阻止价格下跌，并推动价格上涨；后者构成卖压，阻止价格上涨，并推动价格下跌。所谓"顺势而为"，就是顺着市场阻力最小方向和在推动力最大的时刻操盘。所谓"顺大势，逆小势"，就是既要顺着"两线"中较长的那根线所指的方向买入，又要逆着较短的那根线所指的方向买入。

双线操盘技术模式由哪些"双线"构成呢？有支撑水平线、阻挡水平线、百分比回撤水平线、整数价位水平线、跳空缺口水平线、趋势线及其反压线、管道线、斐波那契百分比回撤线、斐波那契比率目标线等直线，还有价格移动平均线等曲线。下文以具体走势图为例，感受双线操盘技术模式的价值，有的出现在买入操盘中，有的出现在卖出操盘中。

1. 两根趋势线构成的技术模式

如图2-5-1所示，图中ABD是由A、B两点连接而成的，是主要下跌趋势线，在D处发生一波靠近AB趋势线的反弹，可以绘制反弹上升趋势线CD，这样AD与CD就构成了双线卖出技术模式。

当价格临近两者交会处时，就需要密切关注价格将如何进一步变化，如果价格向下突破，则卖出；如果价格向上突破，则等待回落反压BD，在获得支撑时，等反身向上时，再伺机买入，这时呈现的是双线买入技术模式。

图2-5-1

2. 支撑或阻挡等水平线与趋势线构成的技术模式

如图2-5-2所示，图中AB、BC、BD、DE分别是先后不同波段的下跌趋势线，FG是第一波下跌低点所对应的支撑水平线。前者与后者构成多个双线技术模式。

如BC与FC构成了双线买入技术模式，当价格临近两根直线交会处时，要密切观察价格将如何进一步变化，当价格向上突破BC时，以FC为止损位买入。再如DE与FE、BD与FE也分别构成了双线技术模式。

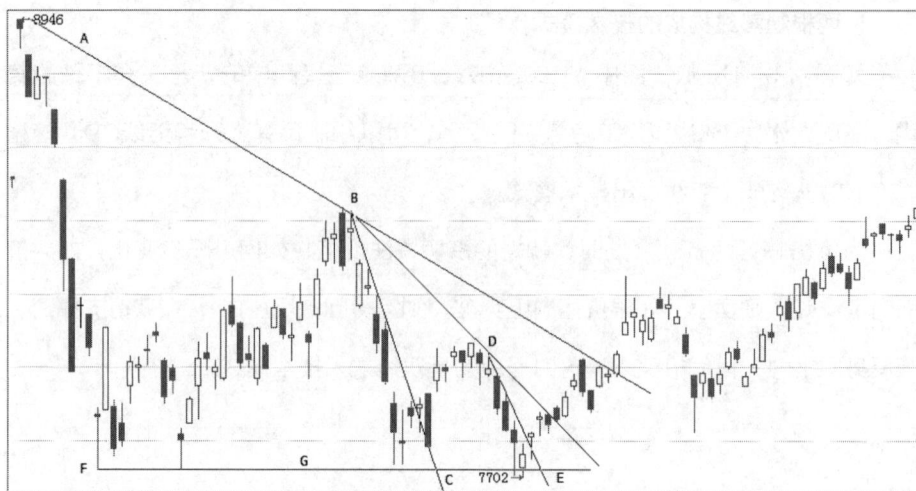

图2-5-2

3. 阻挡水平线与趋势线构成的技术模式

如图2-5-3所示，图中AB为上一波反弹的高点水平阻挡线，CD为其后一波反弹的上升趋势线。当价格临近AB与CD交会处时，操盘者要密切跟踪价格将如何进一步变化，当价格向下突破CD时卖出；如果价格向上突破AB，则等待回落反抽AB，在获得支撑时准备买入。

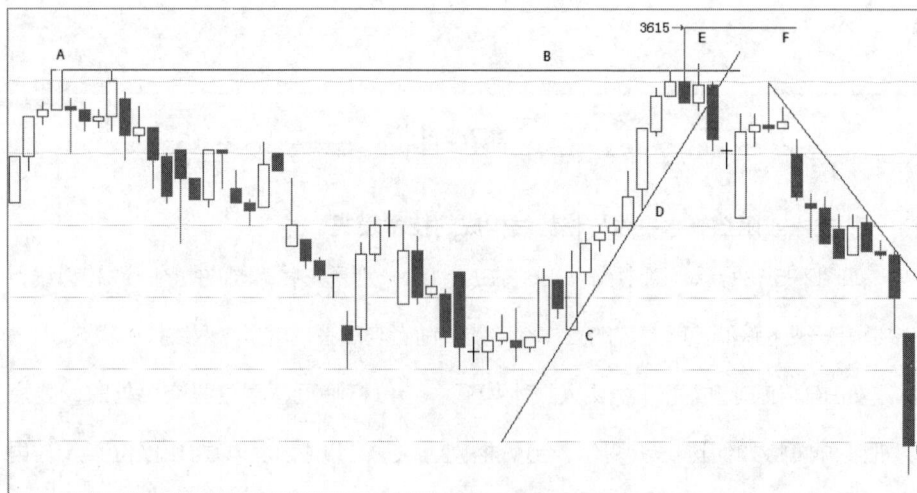

图2-5-3

4. 趋势线与价格移动平均线（以下都简称价均线）构成的技术模式

如图2-5-4所示，图中AB是上升趋势线，其上方为价均线。在D处之前不久，价格跌破均线并引起均线下行，这根均线与AD构成了双线操盘技术模式。当均线与AD即将交会时，要密切观察价格将如何进一步变化，当价格向上突破均线时，以前一日的均线所对应的价格稍下方为止损位买入。

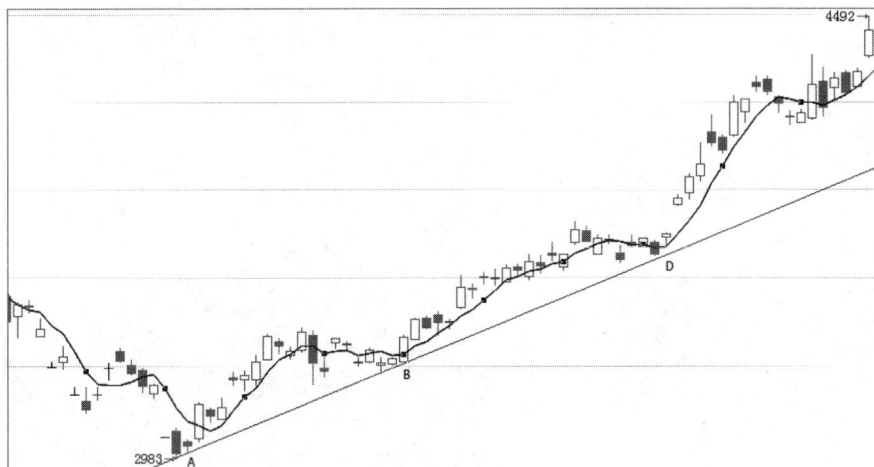

图2-5-4

5. 支撑线或阻挡等水平线与均线构成的技术模式

如图2-5-5所示。图中AB是之前回落低点的支撑水平线，在D处，伴随5日均线回落，价格接近AB线，这样下行的5日价均线与AB构成了双线技术模式。当价均线与AD即将交会时，要密切跟踪价格将如何进一步变化，当价格向上突破价均线时，以前一日的均线所对应的价格稍下方为止损位买入。

6. 价均线与价均线构成的技术模式

如图2-5-6所示。图中AB是伴随主要上升趋势的大周期价均线，ab和cd是伴随次要回落趋势的小周期均线。下行的ab和cd分别与AB各构成了双线技术模式。当下行的ab和cd分别与AB接近交会时，要密切跟踪价格将如何进一步变化，当价格向上突破ab或cd时，以前一日的小周期价均线所对应的价格稍下方为止损位买入。

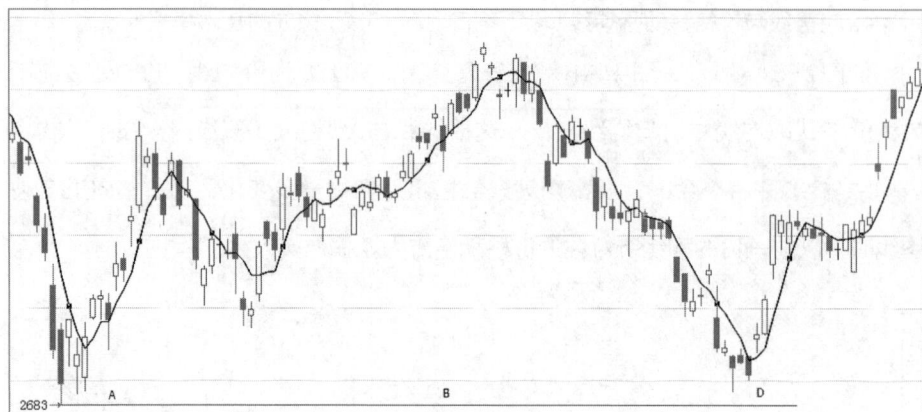

图2-5-5

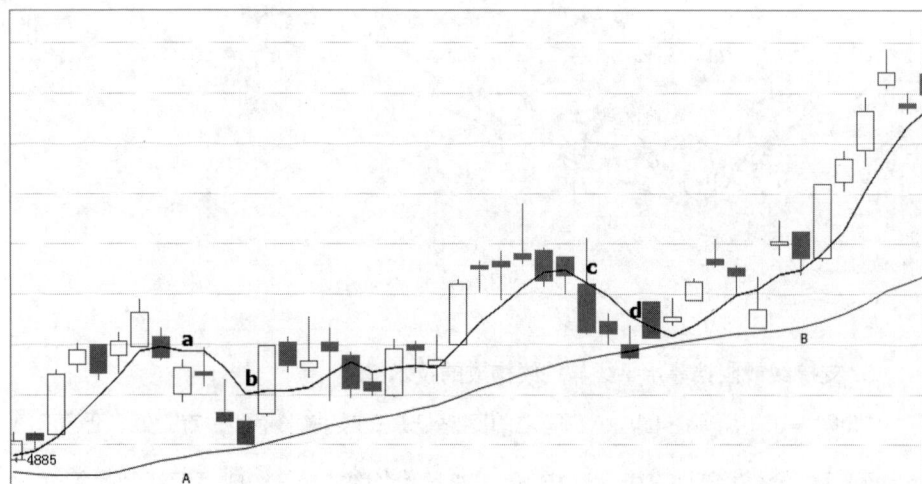

图2-5-6

7. 黄金回撤线与趋势线构成的技术模式

如图2-5-7所示，图中AB线是前一波下跌波段ab的某一黄金比率水平线，其后股价反弹，这样反弹的上升趋势线CD与AB就构成了双线技术模式，当价格接近交会时，要密切跟踪价格将如何进一步变化，当价格向下跌破CD时，寻机卖出。

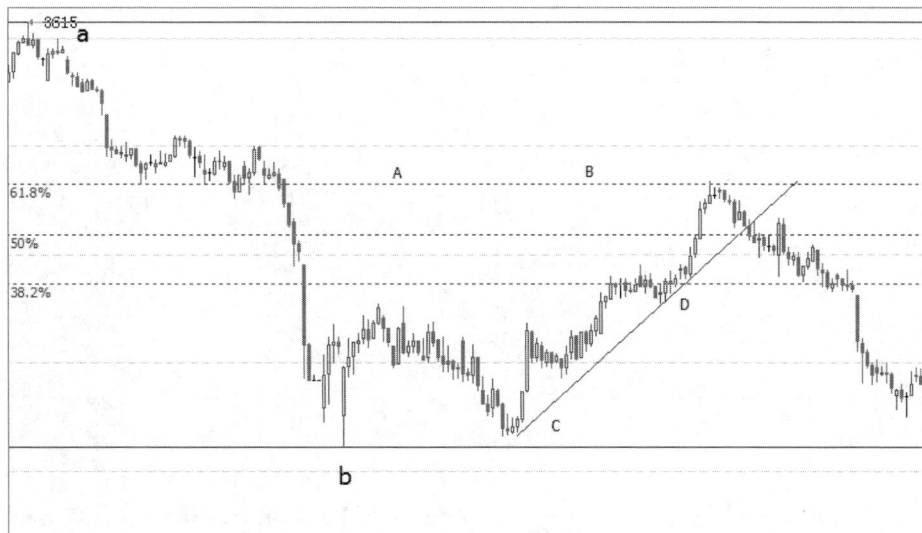

图2-5-7

第六节　双线技术模式的操盘过程案例

技术模式种类繁多，形态各异，既各有千秋，又各有局限。不管怎样，一个建仓技术模式应该包含进场技术模式和止损技术模式，为操盘者提供买入技术位和止损技术位，缺一不可。如果不能完整提供这些，那就不能称为建仓技术模式，因为"无止损，不建仓"。

下面以底部技术模式为例，结合具体图谱，重点谈谈如何完成一次买入操盘。

1. 底部双线操盘技术模式所适用的技术特征

当前走势是否在形成底部可以从四个方面判断和识别。

（1）经历中长期下跌或短期大幅下跌，目前股价在相对低位出现底部形态。如图2-6-1所示为双底形态。有关底部形态技术分析可参看第三部分有关内容。

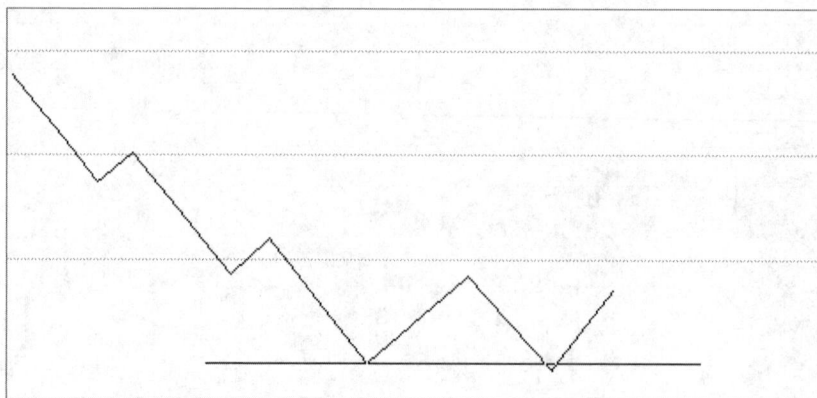

图2-6-1

（2）再看看是如何跌下来的。自形成下跌趋势以来，价格走势形态具有五浪模式或大级别的三浪模式的浪形，如图2-6-1、图2-6-2所示。其中，图2-6-2是多重底部形态。

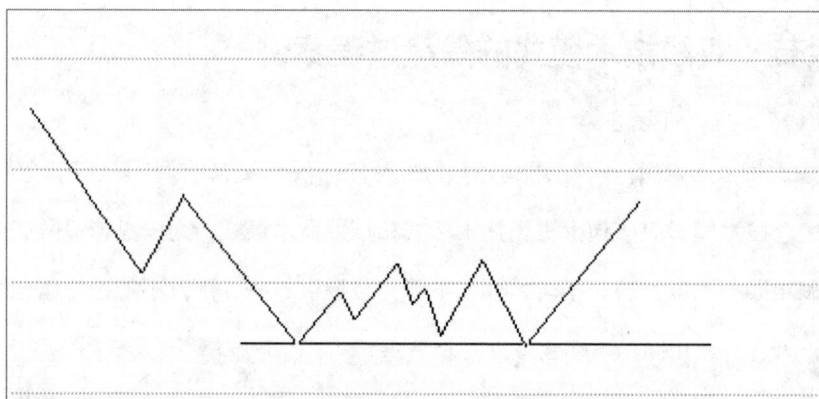

图2-6-2

（3）经过一波震荡反弹突破之前的中长期下跌趋势线，又再度回落，目前价格已回落到前期低点的水平支撑线附近，如图2-6-3所示为三角形底部形态。

（4）出现了止跌、甚至看涨的K线形态，如十字星、长上影倒锤头线、长下影锤头线、曙光初现、旭日东升、双阳夹阴、阳包阴、阳包星、早晨之星等（有关K线形态技术分析将在本书第二篇讲解，这里不赘述）。这些K线形态的出现，初步说明该水平支撑线有效，但还不能说一定反转向上。"阳包阴"出现在支撑线上方附近是支撑有效的强信号，如图2-6-4所示。

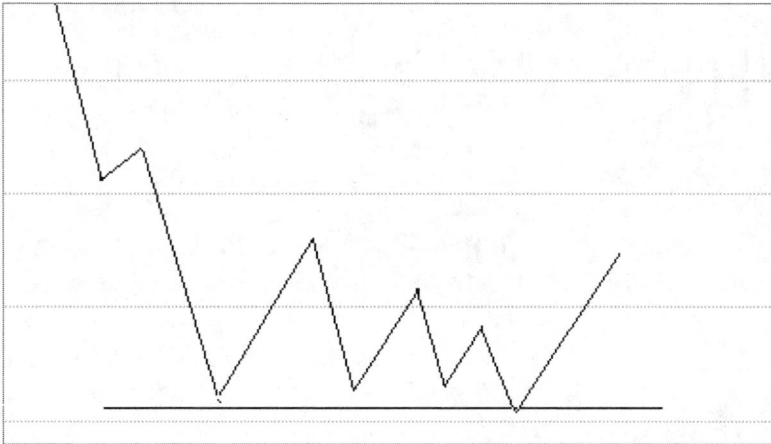

图2-6-3

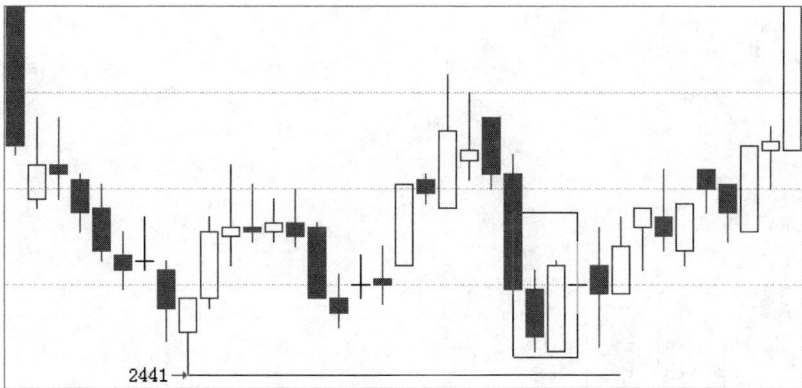

2441 →

图2-6-4

早晨之星出现在支撑线上方是支撑初步有效的最强信号，如图2-6-5所示。

母子线、红三兵出现在上升趋势线上方附近，是支撑有效的较强信号，如图2-6-6所示。

多个星线或红三兵出现在支撑线上方附近是支撑有效的较强信号，如图2-6-7所示。

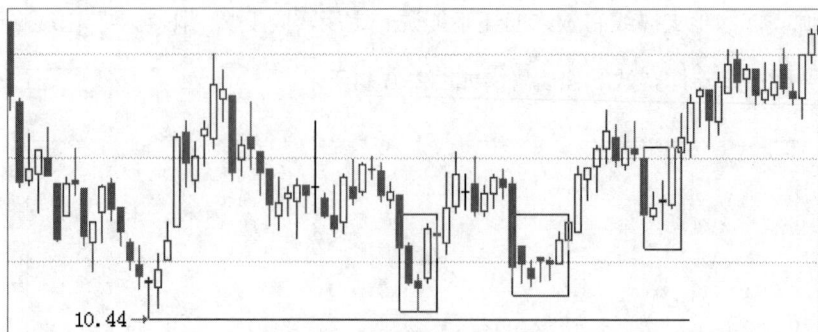

图2-6-5

图2-6-6

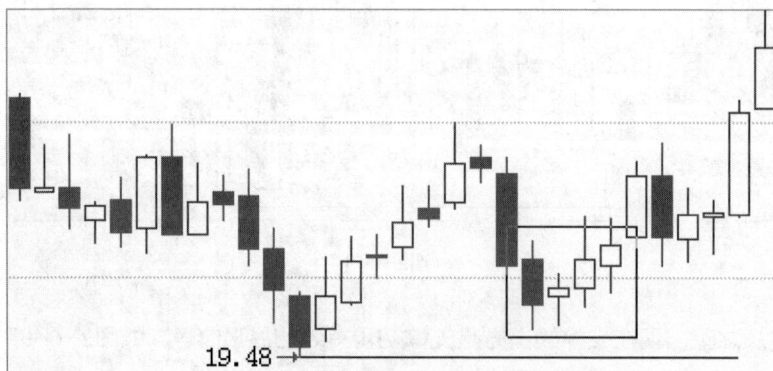

图2-6-7

　　子母线出现在支撑线上方附近是支撑有效的较强信号，如图2-6-8所示。

　　旭日东升、早晨之星、双阳夹阴等形态出现在支撑线上方附近也是支撑有效的较强信号，如图2-6-9所示。

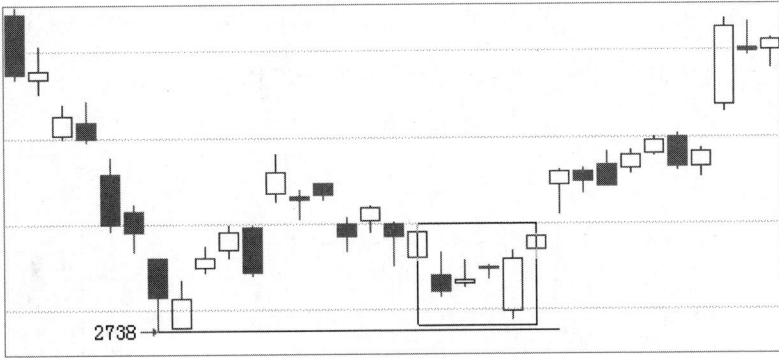

图2-6-8

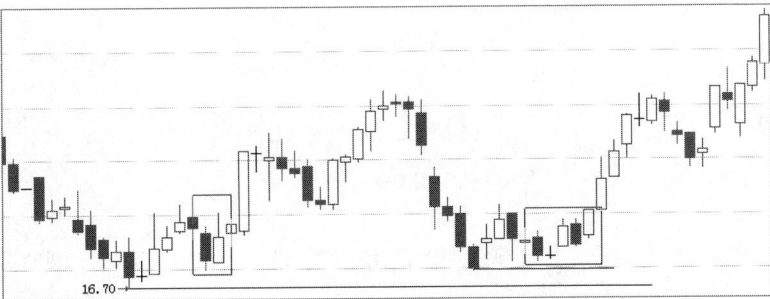

图2-6-9

螺旋桨及早晨之星等形态出现在支撑线上方附近是支撑有效的较强信号，如图2-6-10所示。

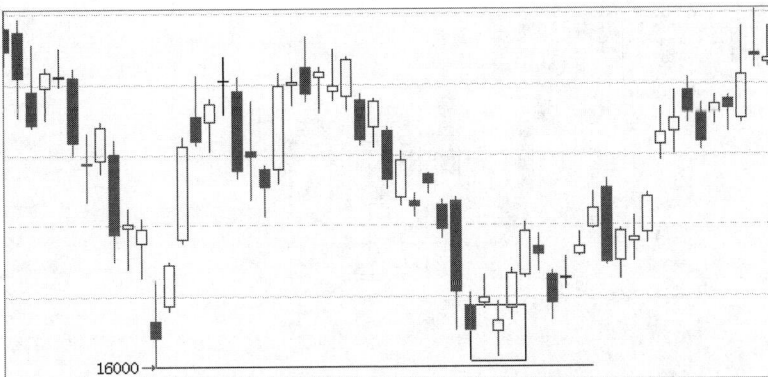

图2-6-10

十字星与小纺锤体、早晨之星、长下影锤头线、多个小纺锤体出现在支撑线上方附近，止跌向上的概率会明显增大，如图2-6-11所示。

图2-6-11

长下影的锤头线出现在支撑线附近，止跌向上的概率会明显增大，如图2-6-12所示。

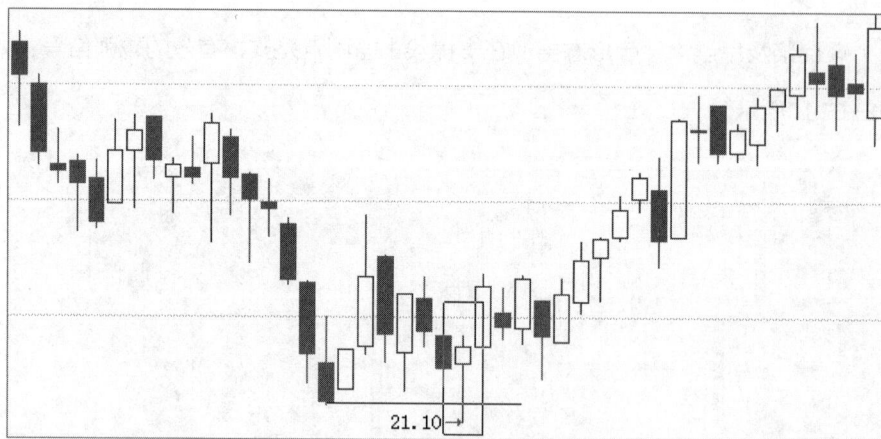

图2-6-12

长下影的锤头线出现在支撑线附近，止跌向上的概率会明显增大，如图2-6-13所示。

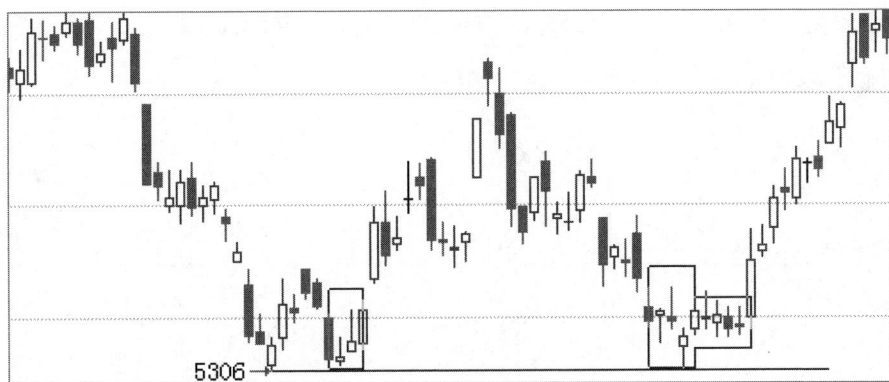

图2-6-13

综上所述，具有上述技术特征的股价走势很可能在构筑底部形态，可以得到其他技术分析方法的验证，如MACD的绿色柱状线出现底背离，进而出现红色柱状线等特征，成交量逐步放大，如图2-6-14所示。

图2-6-14

还有其他底部技术模式的形态模式，如图2-6-15～图2-6-18所示为"脚踏头涨"模式，也包含N形底部模式、V形反转模式及突破回抽模式。有关"脚踏头涨"模式的内容，可参考本书第三篇有关内容。

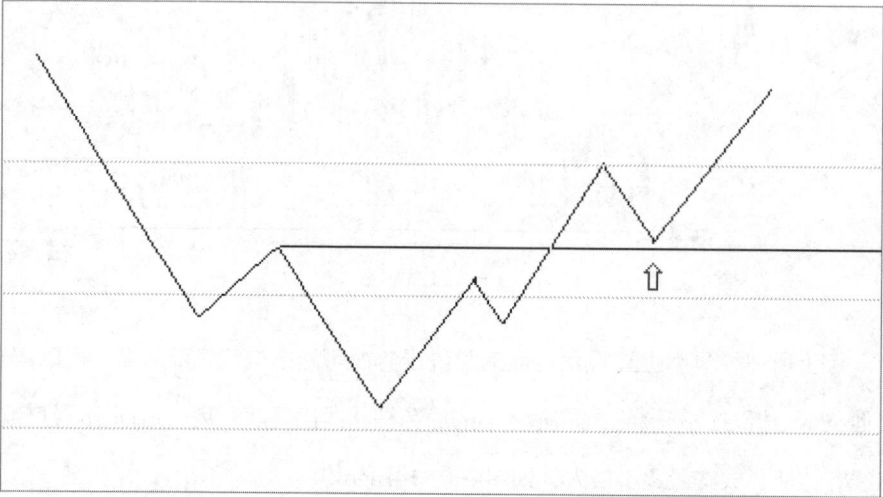

图2-6-15

图2-6-16

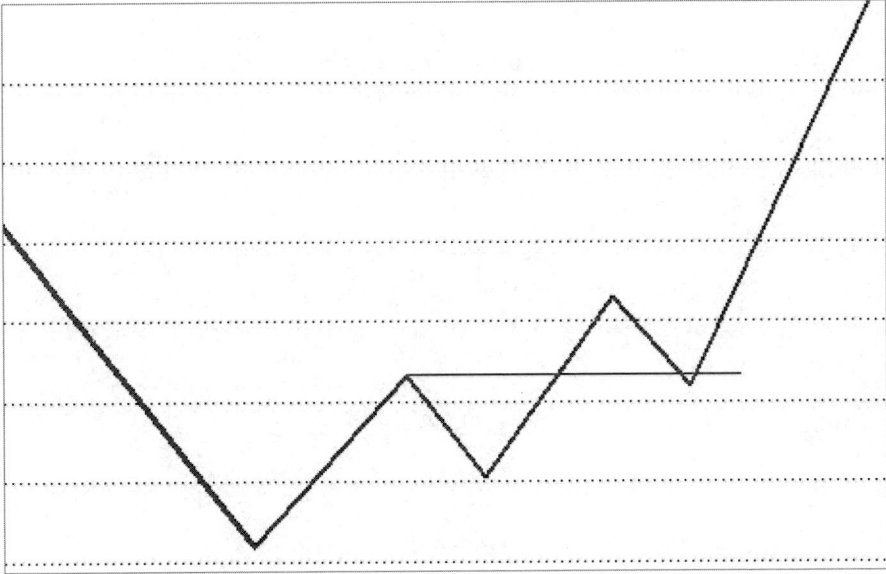

图2-6-17

图2-6-18

如图2-6-19、图2-6-20所示是头肩底技术模式。

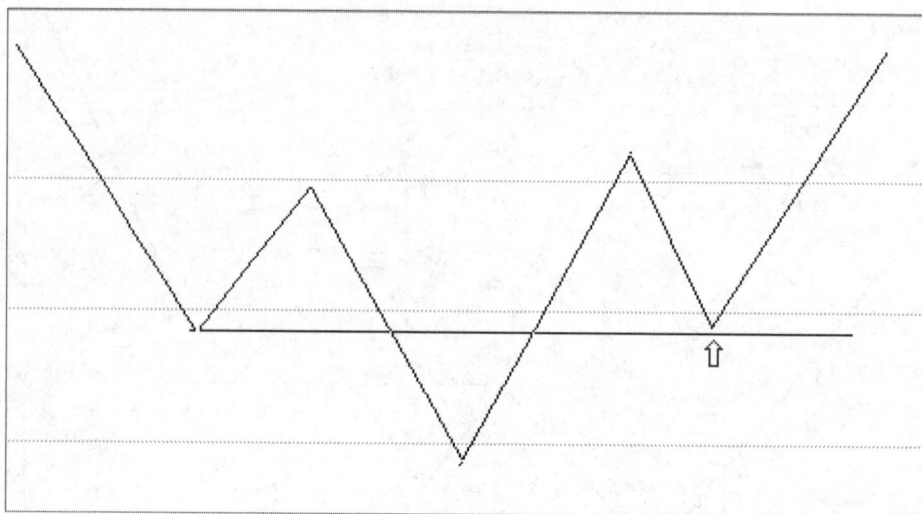

图2-6-19

图2-6-20

　　当在支撑线或其上方附近出现止跌或看涨的K线形态时，意味着趋势可能反转，可做试探性建仓。如图2-6-21～图2-6-24所示为上涨中途的双线操盘技术模式的形态模式。

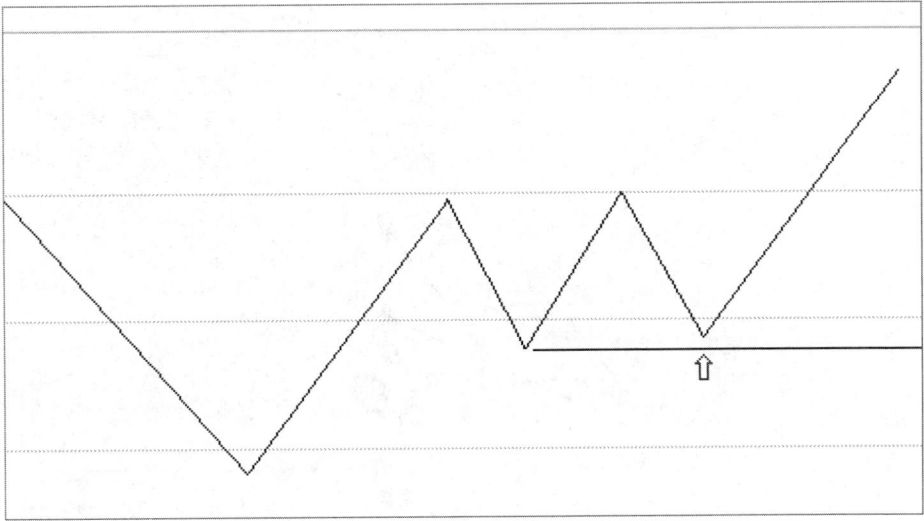

图2-6-21

图2-6-22

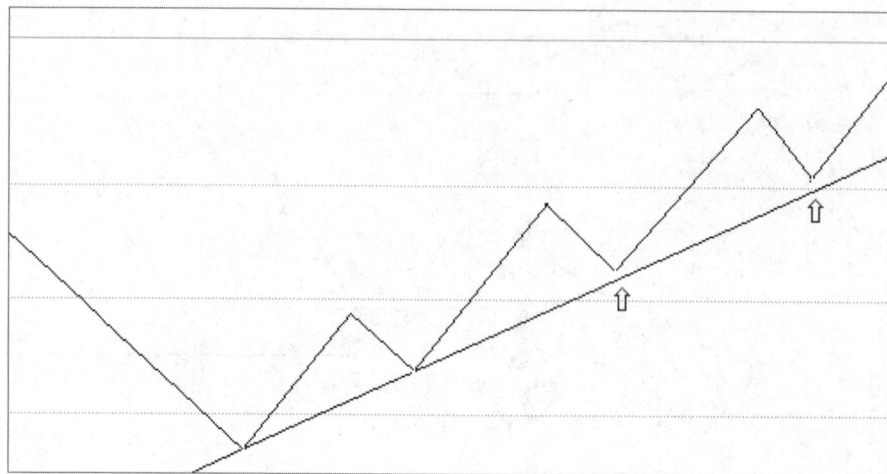

图2-6-23

图2-6-24

卖出操盘技术模式所对应的形态模式通常是买入技术模式的整体颠倒。如图2-6-25～图2-6-28所示。其中，图2-6-25左侧的是头肩底技术模式，右侧的是头肩顶技术模式，图中箭头所示位置为主要买入或卖出技术位。注意实际走势图中的切线画法。

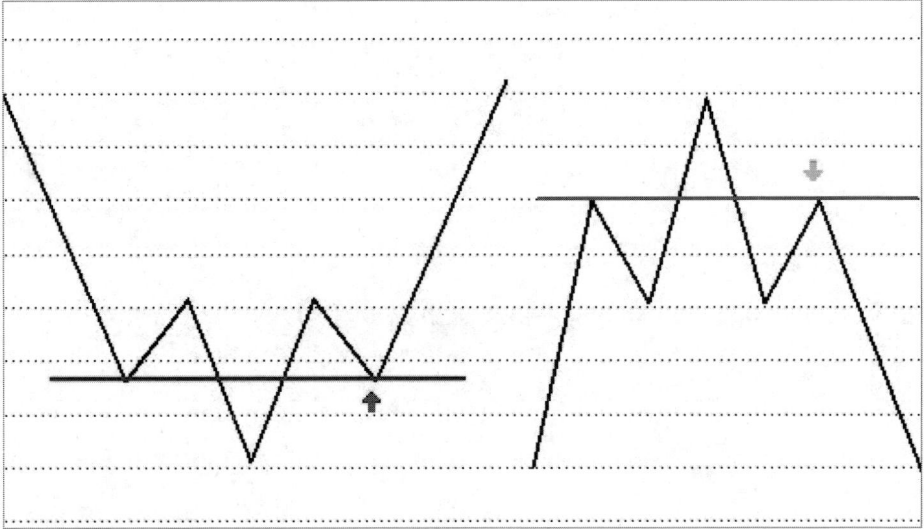

图2-6-25

图2-6-26

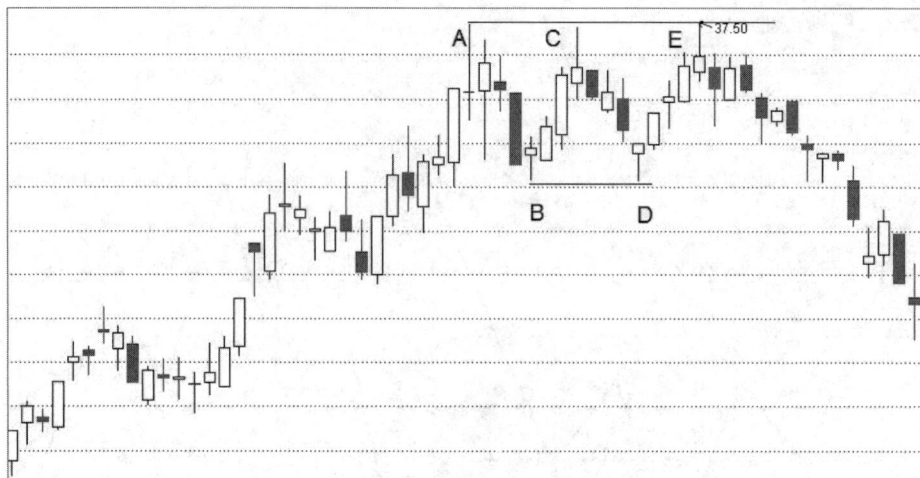

图2-6-27

图2-6-28

如图2-6-29所示的是下跌趋势中的反弹和上升趋势中的回落所出现的双线操盘技术模式。如图2-6-30所示为实际走势。

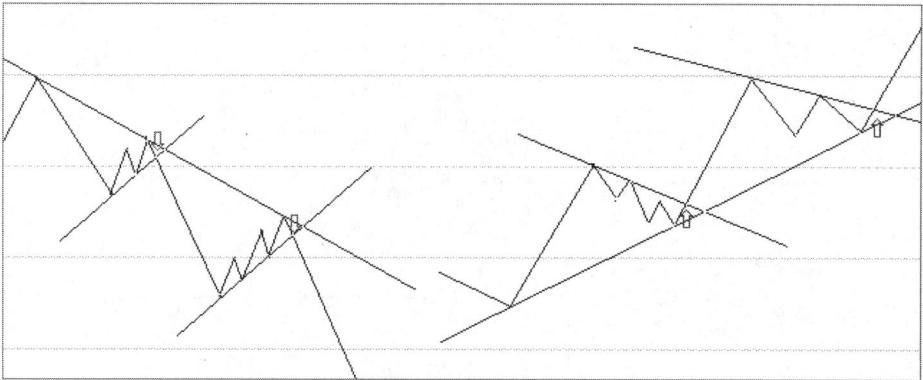

图2-6-29

图2-6-30

　　如图2-6-31所示分别是上升趋势中途的横盘矩形震荡向上突破后再回抽所构成的双线操盘技术模式和下跌趋势中途的横盘震荡向下突破后再回抽所构成的双线操盘技术模式。

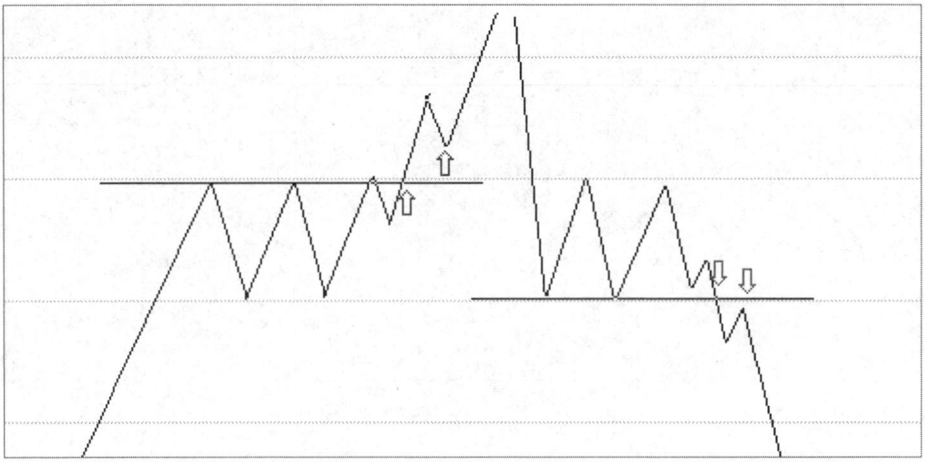

图2-6-31

如图2-6-32和图2-6-33所示为实际走势。其中，图2-6-32中的C、D处和图2-6-33中的B处出现双线操盘技术模式。在图2-6-32的E之前发生的是向下突破。突破也是一种技术模式，俗称突破买入或卖出法，不属于双线操盘技术模式，但在跌破后出现反弹就构成了双线操盘技术模式，E处是双线操盘技术模式的卖出位。图2-6-33中的突破回抽构成了双线操盘技术模式。这两个案例都没有画出"双线模式"，读者尝试补充画出。

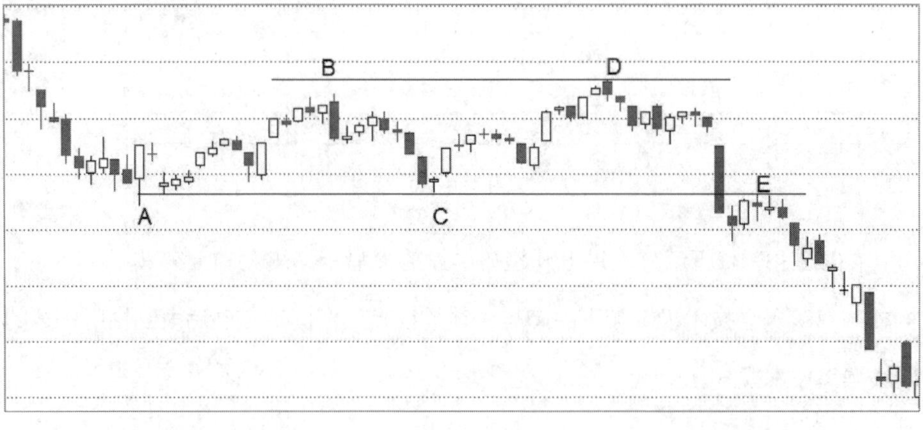

图2-6-32

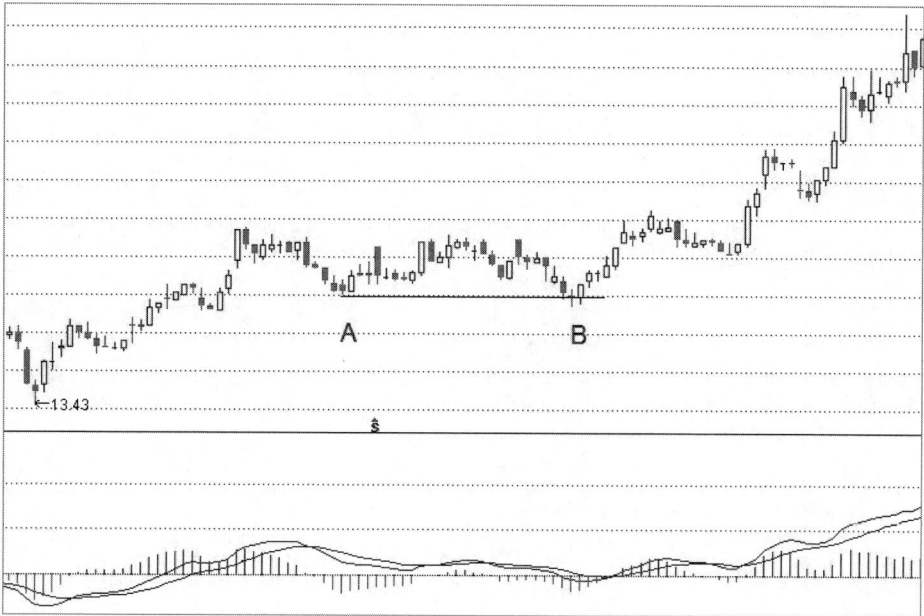

图2-6-33

如图2-6-34（左）所示是下跌趋势中途的三角形震荡所构成的双线操盘技术模式。如图2-6-34（右）所示是上涨趋势末期所出现的三角形震荡后反转向下模式，其中含有双线操盘技术模式。如图2-6-35所示为反转实际走势。如图2-6-36所示是三角形整理向上突破实际走势。

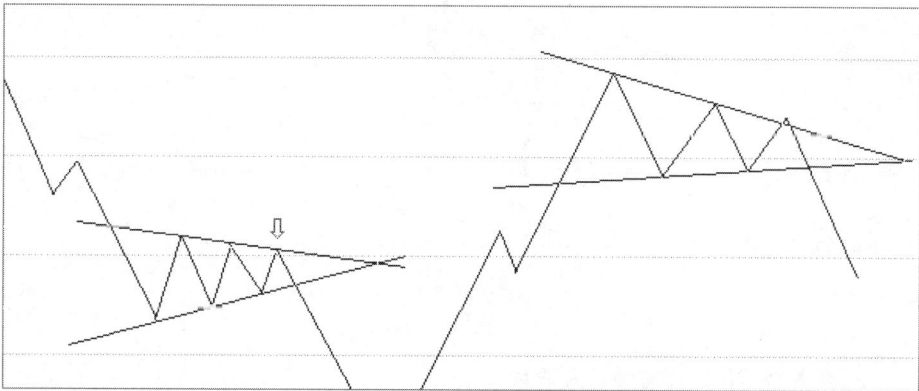

图2-6-34

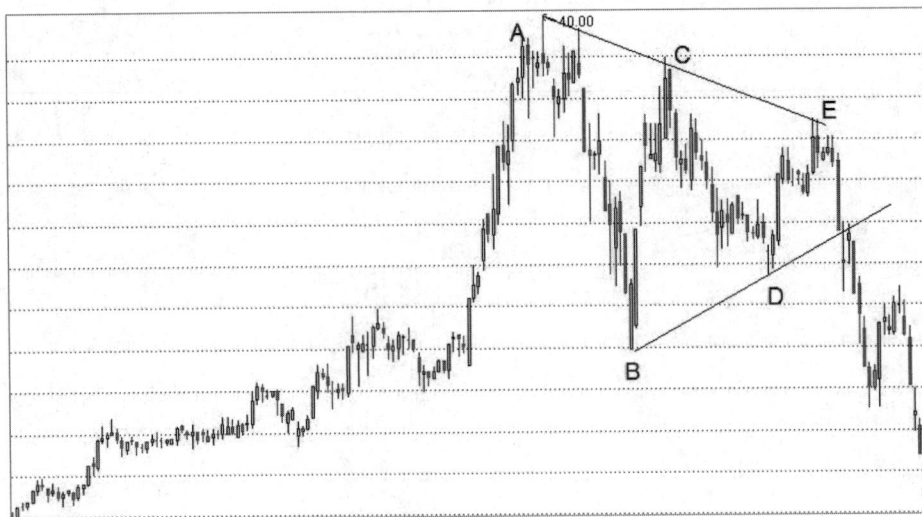

图2-6-35

图2-6-36

2. 买入技术位的形态特征及设置方案

在投机性操盘中，每一次买入的实质是什么？是试错，是用可能的"小亏"博取更大可能的"大赚"。"无止损，不买入。"在买入前，就要设置好止损，在心理上准备接受一次失败。如果买入后的实际走势证明买入是错误的，则止损；反之，则持有，并随后逐日做好止盈技术设置。

如图2-6-37所示为不同买入技术位的模式，供参考，实际走势中未必有这么多买入时机，比如在突破下跌趋势线后，就快速向上，接着就突破前期反弹高点水平线。

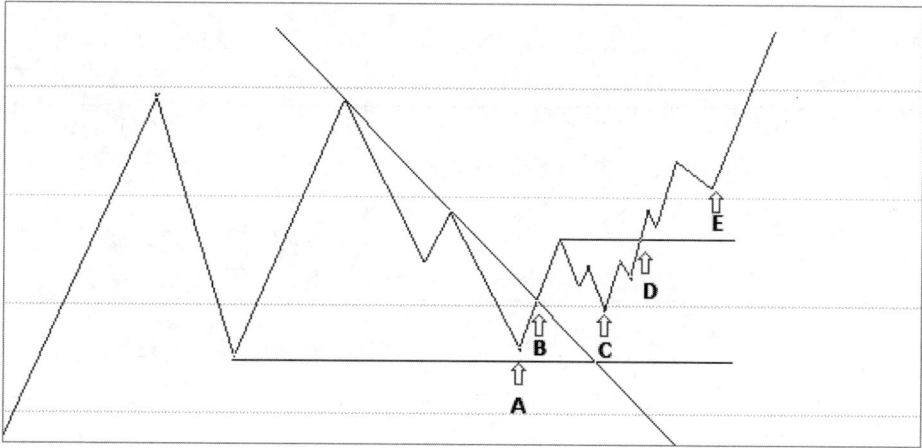

图2-6-37

显然，这是上涨中途的买入形态技术模式，底部形态与此相似。在前期低点的水平线附近，如图2-6-37所示的A位置，出现止跌或看涨信号；B为突破近期下降趋势线技术位；C为B突破后的回抽止跌（可以画突破回抽的短期下跌趋势线）技术位；D为突破回抽前的次级高点阻力水平线；E为突破后所发生的回抽技术位或短暂震荡回落技术位。

A为试探性买入位；B、C、D是主要买入位，其中最大建仓量可以放在C处；总的来说，A、B、C、D都处于新趋势初期，构成主要买入位置；E及其之后的相似技术位都是加仓或补仓技术位，属于趋势中途。趋势越向前，买入量要越小。A、B、C、D、E买入止损位不同，有的是买入点之前的低点下方，有的是突破技术线时的那根K线低点。

3. 设置止损的原理及其技术位的形态特征

如图2-6-38、图2-6-39所示，以W底部双线技术模式图为例，看底部买入技术位的设置和处理。底部形态通常全部或部分拥有如下几个买入技术位（模式图中的箭头所示为进场点和操盘方向），其相应的止损技术位就是N形转折的最低价稍下方。

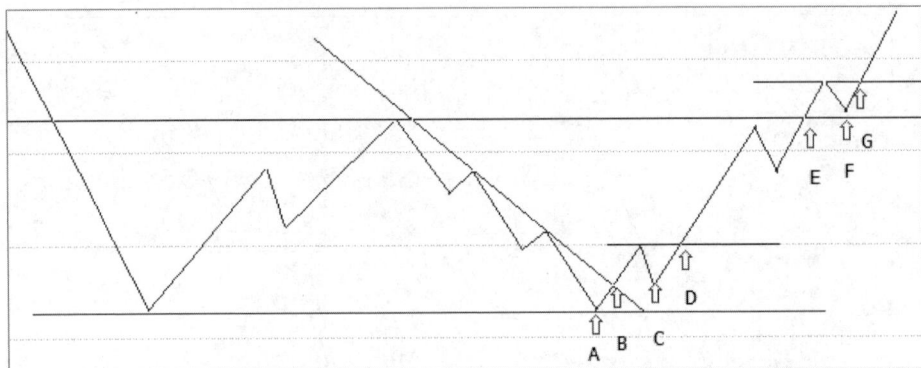

图2-6-38

A部位是位于反弹起点的支撑水平线附近的技术位，止损设在水平线稍下方；B部位为突破近期下降趋势线的买入技术位，止损没在突破K线最低价稍下方；C部位为突破后的回抽止跌技术位，止损位为N形转折最低点稍下方；D为突破前次级高点阻力水平线，止损位为突破K线低点的稍下方；E为突破双底颈线的技术位，止损位设在突破K线最低价的稍下方，F为突破高点后回抽的止跌向上技术位，止损位设在N形转折最低点稍下方，G为突破回抽前次级高点，止损位设在突破K线最低点的稍下方。

如图2-6-39所示为该技术模式的实例。与模式相比，实际走势既可能更简单，也可能更复杂。读者可尝试画出其余有关直线。

如图2-6-40～图2-6-42所示为上涨趋势中途的加仓技术位，向上箭头为建仓位置，Z_1、Z_2、Z_3稍下方为相应的止损点。

图2-6-39

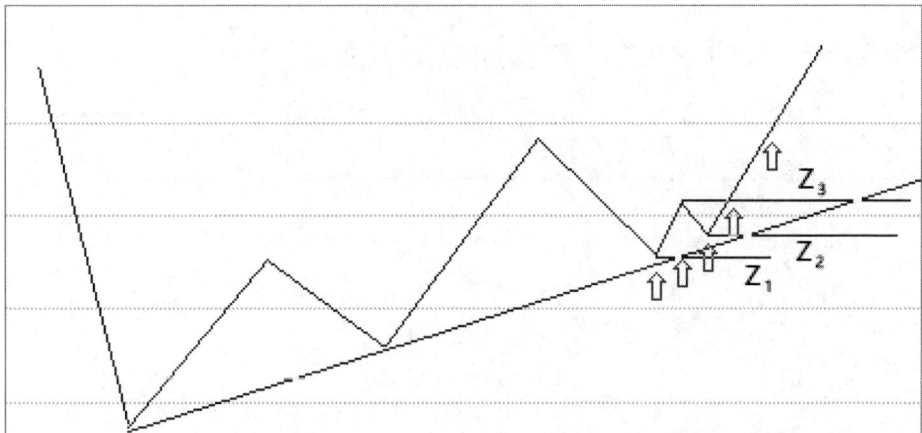

图2-6-40

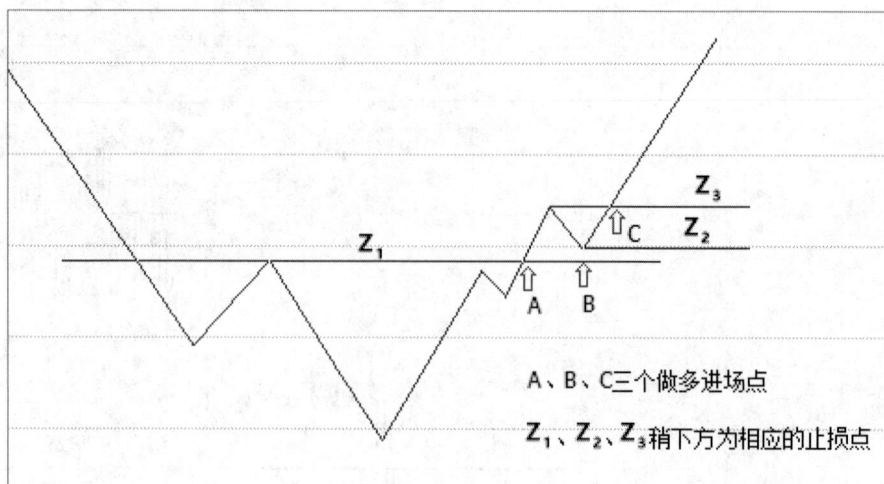

图2-6-41

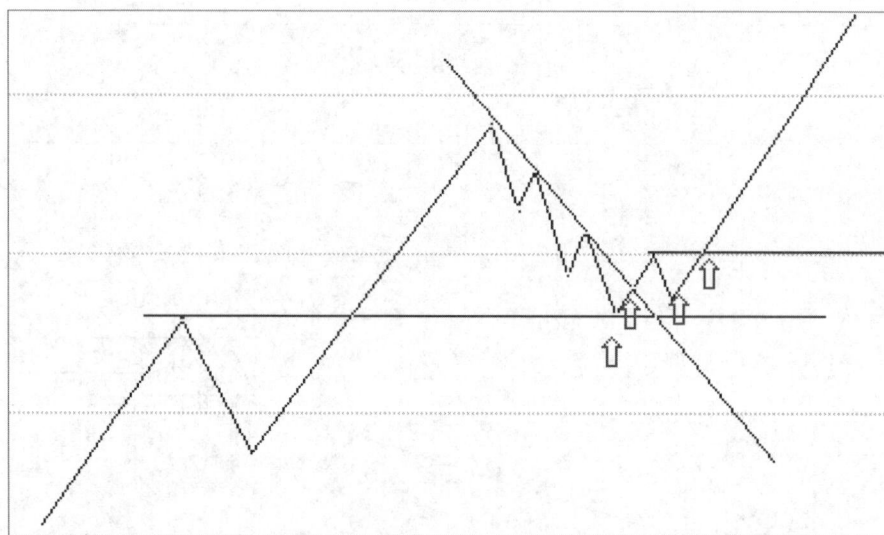

图2-6-42

　　如图2-6-43所示是实际走势中的上涨趋势中途的买入技术位的双线技术模式，B、C处包含双线技术模式，读者尝试画出"双线"的另一条"线"。

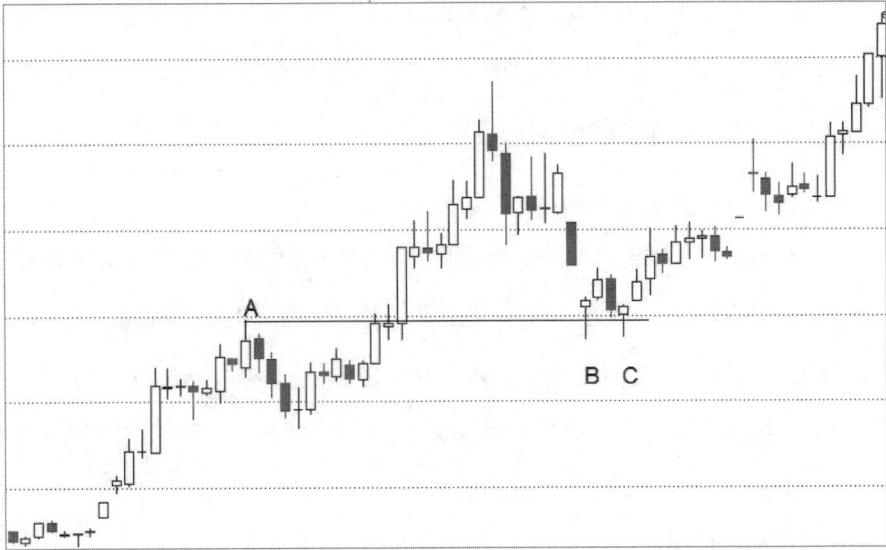

图2-6-43

4. 加仓技术位的形态特征及其止损技术位的设置

在上涨中途会发生多次横向震荡或短暂回撤，在没有触及"跟踪性止损"技术位的前提下，每次回落为加仓提供机会。如图2-6-44所示，突破A的水平压力线后，上升趋势确立，B处的形态构成加仓技术模式，属于双线操盘技术模式。

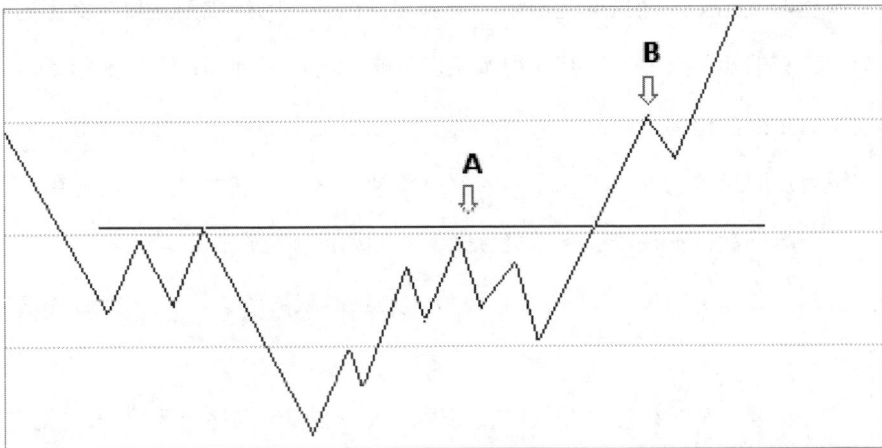

图2-6-44

这种加仓式的建仓要在突破震荡下降趋势线后及时跟进，建仓量是上一次建仓量的1/2或1/3以下，即金字塔式加仓。跟随止损设置方法是在突破震荡压力线的阳线的最低价稍下方和回落低点稍下方。

5. 跟踪性止损的操盘技术模式

在上涨过程中，操盘者要保护好盈利，防止得而复失，怎么办？设置跟踪性止损需要不断调整"跟踪性止损"，既要争取趋势所带来的更大利润，又要防范市场风险。笔者通常将这种跟踪性止损设置在如下两个形态技术位置。

其一，如果在某日临收盘前，价格跌破前一日最低价，形成看空的K线技术形态，并伴随着巨量，那么可以卖出部分。

其二，在临近收盘时，价格跌破上涨趋势线，再卖出部分股票。

其三，在形成顶部形态后，卖出其余股票。

6. 卖出操盘的技术模式

"会买的是徒弟，会卖的是师父。"这个俗语意思是一个股市新手，只有学会在何种情况下及时卖出，才能算是学成功。其实，这个成功主要体现在心理成熟和心态稳定上，因为持仓时的情绪比空仓时更容易发生波动，说明股票卖出操盘难度比买入操盘难度更大。可以说，很多人的失败都是败在卖出这个环节上，有的卖得太早，没有获得本来应该赚到的更多利润；有的卖得太迟，本应及时止损卖出离场，却"捂亏不动"，结果是小幅亏损被拖成大幅亏损；有的没有及时止盈卖出，失去原先大部分获利。这太迟或太早的综合作用结果是"每一次操盘，不是赚小，就是亏大，长期如此，无法保证总盈利大于总亏损"。对于很多人而言，做好这个环节才是获得成功的关键。如何避免这些情况的？

其一，要客观对待资金曲线的震荡性，认识到股价回撤是股价波动的正常表现。

其二，要培养和增强自己那种为博取更大利润而必须要承受一定风险的能力，风险与收益是相辅相成的。

其三，要精心制订完整的操盘计划，在计划中，要预判走势的各种路径，要写明止损的依据和明确止损卖出信号。可以说，详尽的计划可以孕育良好心态，保持情绪稳定。普通投资者不能不制订计划就操盘。

其四，掌握了一些卖出操盘技术模式，并能熟练运用它们，则有利于保持良好的卖出心态。那么，技术分析为卖出离场操盘设计了哪些技术模式？如何选择运用这些卖出操盘技术模式？

股票价格的涨跌往往表现出"涨难跌易、涨慢跌快"的风格。如图2-6-45所示为一个波段的涨跌情况，一波上涨缓慢曲折，走三步退两步，而下跌如同瀑布直泻而下，前后时间长度差距太大，这是股市常态。

图2-6-45

显然买入和卖出所面临的市场环境完全不同。既然市场环境不同，当然可以采取更加灵活的方法或技术策略作为卖出依据：万事俱备进场时，风吹草动离场时。离场与建仓的风格是不同的，但都是为了防范风险。那么，普通投资者究竟以什么技术模式为卖出依据？如果操盘者总体操盘策略是波段操盘，那么卖出操盘技术模式不要多，就一个"看到高位爆量赶快走"策略就足够了。这个卖出技术模式的盘面要求有三个。其一，股价经过一波上涨后，在相对高位急剧放量，即出现"爆量"。所谓急剧放量，是与之前一波上涨的平均成交量相比较，成交量明显放大。其二，先急剧放量，随后又迅速缩量。其三，股价处于一定的压力位，比如通道线附近、前期高点价格附近、重要均线附近等。在面临压力时，出现急剧放量，却没有突破，那么，下跌是大概率事件。

"高位爆量"这种情况一旦出现，普通投资者如何卖出股票呢？当日，可以根据分时图的走势，逐步卖出。其一，如果分时图中出现冲高回落，再反弹却不能再创新高，那么可以部分卖出。其二，在接近收盘时，再考虑是否全部卖出。波段操盘就是要快进快出，回避短期回落，提高资金利用率。但这种操盘，稍不留神，就会导致过度操盘。如果资金量大，又没有足够的市场历练，就不要这样，还是选择双线操盘技术模式买卖。

如图2-6-46所示，在急剧放量大涨的次日股价大幅低开低走。急剧放量的当日卖光所有股票是最好的，次日跌破前一日的阳线中分位，如此低开，毫不犹豫卖光余下筹码。

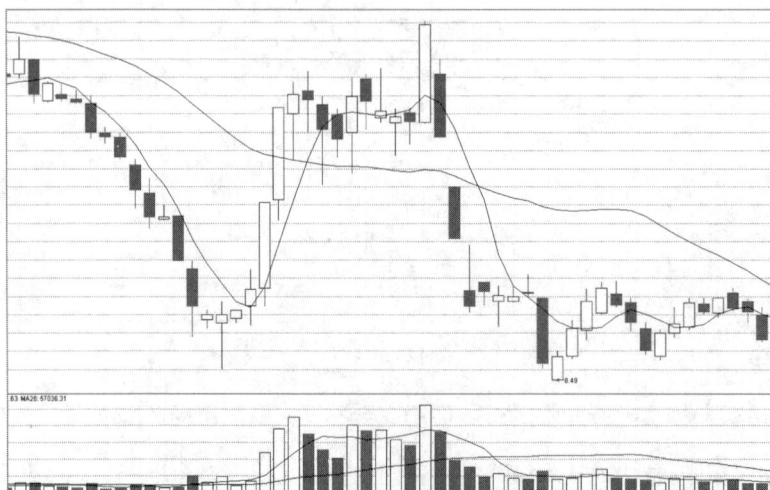

图2-6-46

如图2-6-47所示，在每一个波段上涨后，在临近上方通道线时急剧放量，随后就缩量回落。放量当日卖出，基本获得波段最大收益。

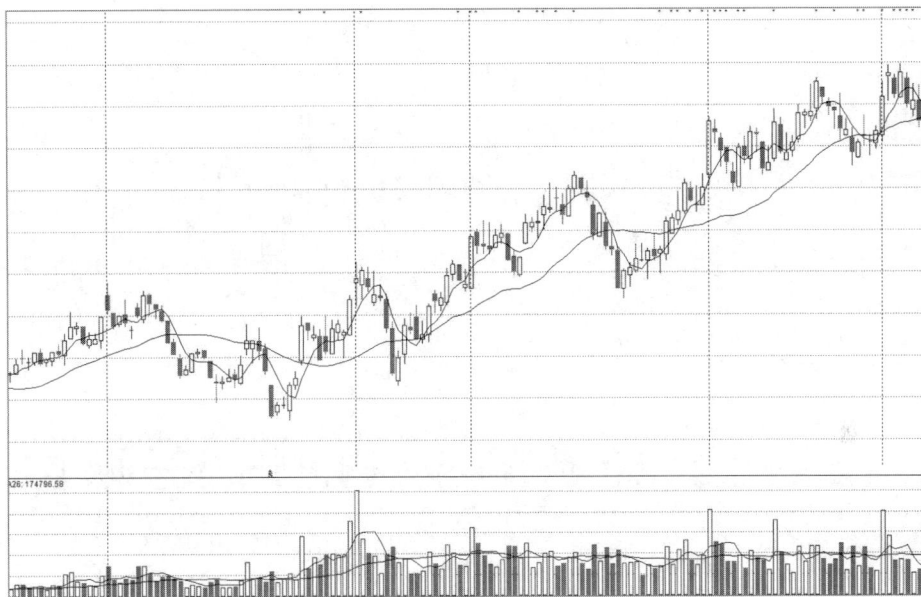

图2-6-47

如图2-6-48所示，属于急剧放量后股价依然上涨的情况，这种情况一般发生在放量突破的走势中，在急剧放量后，股价没有立即回落，而是继续上涨一段时间，这并不违背"高位爆量走"这个技术规则。按照这个卖出技术模式要求，余下的股票资产有机会获得后面的上涨利润。其中，A、B都是突破放量涨停情况。

如图2-6-49所示，在波段上涨高位没有发生急剧放量的情况下，波段上涨趋势结束。这种顶部识别和操盘就要靠其他技术分析方法及其卖出技术模式，比如前期高位水平压力线下的双线操盘技术模式，如图2-6-50所示。

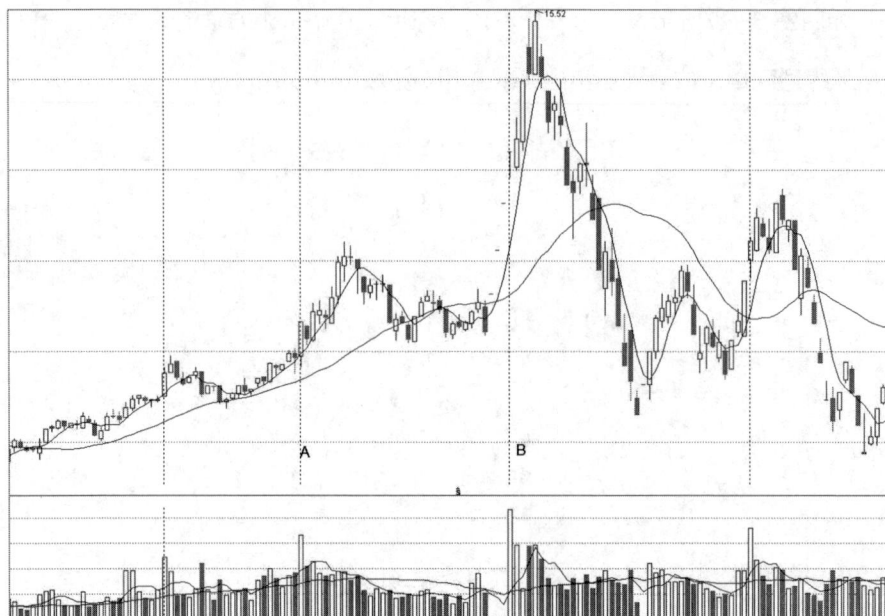

图2-6-48

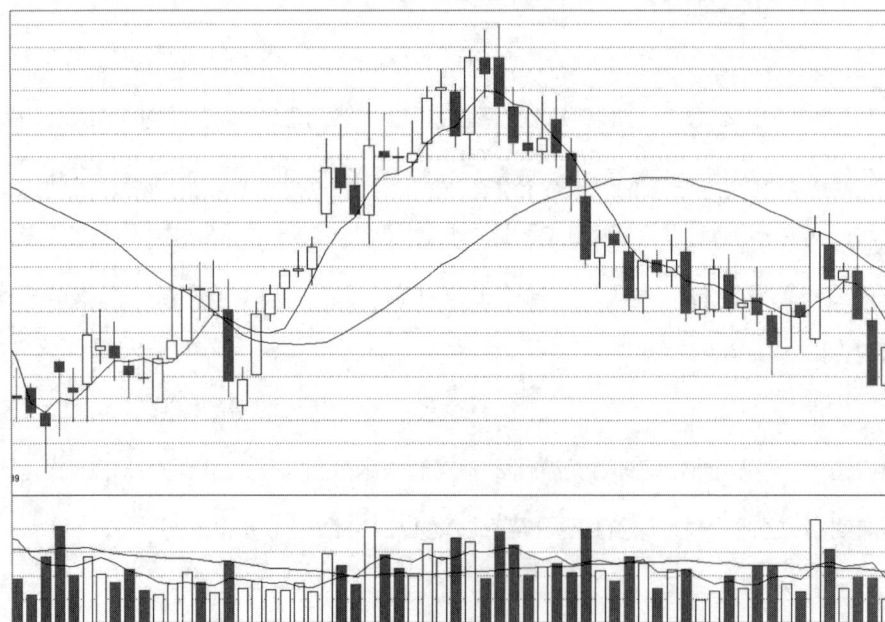

图2-6-49

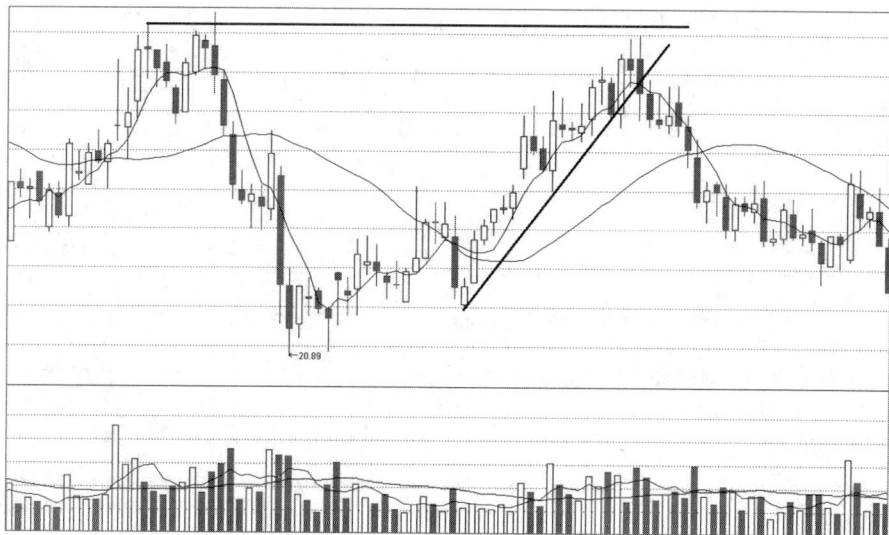

图2-6-50

可以说按照"看到高位爆量赶快走"的卖出技术模式操盘，大部分操盘是正确的，卖在了波段高点，实现了利益最大化。当然，如果操盘不能适应这种快速卖出离场的技术模式，那最好选择其他技术模式，比如，如果以"价均线金叉"买入，那么就以"价均线死叉"作为卖出依据。

第七节　学会制订操盘计划并严格执行

如何长期从股票市场获得稳定收益？有人研究了那些股票市场成功者和失败者们的所作所为，高度提炼出他们各自的操盘行为模式，从中总结出决定成败或成功的因素。

亏损操盘＝逆势操盘×推迟止损或不执行止损×提前止盈×重仓操盘×频繁地冲动性操盘×临时起意随意操盘。

盈利操盘＝顺势操盘×及时止损×顺势持仓直到出现反转信号×严格执行资金管理策略×按技术模式要求操盘×按计划操盘。

从上页公式中不难看出，导致失败的因素很多，有的属于天性而很难消除，有的属于客观而无法避免。要想提高操盘的成功率，就需要降低这些不利因素的影响。那么怎样才能降低这些不利因素的影响呢？答案是通过制订操盘计划并严格执行计划。

"凡事预则立，不预则废。"普通人要学会精心制订操盘计划，并严格执行计划，也就是对照计划所设计的操盘策略，耐心等待行动信号。这样才能防止盘中临时起意、频繁操作、随意操盘和重仓操盘。如果没有计划就进入操盘状态，那么靠临时对走势进行分析判断，很容易引起情绪上的波动。如果要避免这些不良状态，那么盘中只能冷静观察，静心等待、观察和识别，把分析思考提前到开盘前。作为普通投资者，如何制订计划呢？操盘计划通常包含以下几个方面的内容。

（1）在计划中，要写明操盘个股及其操盘依据。在计划中，要给出自己所跟踪的个股，要运用技术分析和基本分析原理，从总体市场环境、板块情况和个股自身情况等方面给出关注和买入的理由。在此基础上，明确操盘所运用的技术模式，写明技术模式所对应的技术信号，比如"如果走势出现1、2、3等特征，那么买入或止损、持有或止盈"。没有明确技术信号，操盘就没有行动依据。

（2）在计划中，要写明资金使用方案，要提前决定投入资金的比例。根据指数的技术位置决定投入资金量，根据个股走势及止损空间和自己的承受能力，决定买入量。

"外重则内拙"，要严格控制买入量，不能随意增大仓位，更不能重仓，否则，一定会因仓位过重而丧失起码的分析判断能力。

（3）在计划中，要根据市场历练和经验，对接下来的走势进行多种预设，制定相应的建仓方案。要写明分几步建仓及每一步买入的技术信号和买入量。

（4）在计划中，普通投资者要在买入前就计划和写明每一步买入的止损方案。止损方案要包含止损的理由和止损操盘所依据的技术信号。如果当日按计划完成建仓，那么在建仓当日收市后，要对止损方案重新评估和调整。

（5）在计划中，要写明止盈方案，要预先分析未来走势可能遇到的阻力位，写明止盈的技术依据及相应信号。如果买入后走势符合预期，那么需要不断调整止盈策略，保护盈利。

（6）在计划中，要对计划的制订和执行情况进行总结和反思，也就是坚持写股市日记。每天收市后，要记录自己的操盘情况，要对计划的制订和执行情况进行评估、总结、反思。如果事前分析与实际走势出入过大，那么就要反思是什么原因导致分析误差过大；如果计划没有被严格执行，那么就要反思为什么没有严格执行计划。

记录反思和总结是普通投资者取得进步的助推器。坚持一段时间之后，再回头翻看这些记录总结和反思，普通投资者就能清楚知道自己会犯哪些错误，经常犯哪些错误，知道自己是在什么情况下犯错的，有了这些信息才能矫正自己，改进操盘。知道自己操盘过哪些个股，是在什么情况下买入或卖出的，还可以观察和分析这些个股之后的走势，这样才能增强自己的技术分析能力、提高分析判断和操盘水平。

操盘计划有利于普通投资者保持专注，可以让普通投资额投资者提前预知自己的操盘风险有多大，减少心理压力。怎么强调计划的重要性都不为过，成功一定是计划的结果，赢家能容忍自己犯错，但不会容忍自己没有制订计划，制订计划是高胜算操盘的保证。

第八节　学会设置止损方法和培养及时止损意识

止损是指当一次买入所出现的亏损达到预定数额，或者价格逆着买入方向波动达到一定幅度的情况下，操盘者必须及时卖出的操盘。因为按照技术分析原理，一旦股价逆向波动达到一定幅度，则说明趋势大概率已经逆转，如果不止损，那么亏损将进一步扩大，而且还不知将扩大到什么程度。

股票操盘逻辑是"用小的亏损博大的盈利"，股市获利的机制是"及时截断亏损，让盈利尽情奔跑"，盈利的秘诀是"买入错误要保证亏小钱，买入正确要保证持仓盈利最大化"，正是止损这个策略让这个机制得以运转，让盈利的秘诀得以发挥。普通投资者要养成执行止损的习惯。很多人的失败，要么是因为乱止损，要么是因为不会或不懂止损。

因为乱止损，把正确建仓扼杀；因为不止损，死扛需要止损的仓位，扛成大亏。误判行情并不可怕，可怕的是没有及时矫正错误，矫正错误的唯一做法就是执行止损策略。无论怎么强调止损的重要性都不为过。止损是股票市场的"鳄鱼法则"，是股票操盘这辆风险快车的"制动闸"。无条件及时地执行止损计划，是保证在股市长久生存的法则。成功者之所以成功，不是因为他会选择股票，而是因为擅长处理亏损股票；失败者之所以会失败，不是因为买不到"好"股票，而往往是因为他们不能及时处理"坏"股票。那么，如何设置止损呢？如何提高止损水平呢？对如何设置止损价位要从以下几个方面考虑。

（1）计划和设置止损的时间。一定要在建仓之前预设好止损点，操盘计划要包含止损方案，这是必须遵守的操盘准则之一。如果是在建仓后，再根据实际走势决定是否止损，那么情绪容易受市场影响而出现判断失误。因此在入市前，就必须计划在何种情况下止损离场。

（2）设置止损的依据。设置止损的主要依据是技术分析方法，每一个买入技术模式都要有能够作为设置止损依据的技术信号性特征。但是止损设置不是纯粹的技术活儿，没有统一标准，需要依靠一定的经验。要通过观察大量的历史走势和大量实战去积累设置止损的经验。

（3）止损的种类。按设置止损目的和时间不同，将止损分为初始止损和跟踪止损。通常所说的止损是指初始止损，有人把跟踪止损称为止盈。初始止损可分为时间止损、固定金额止损、空间止损。

时间止损的理念是"如果市场不能在一定时间内证明建仓是正确的，那么就很可能是错误的，那么就需要卖出"。

固定金额止损，就是规定只要所持股票因股价出现逆向波动，使亏损达到某一幅度，就执行止损退场。很多时候，是依据最大忍受的亏损资金额来设计技术止损，并据此决定买入量。

空间止损又称"技术止损"，是结合市场走势的常用止损方法。"技术止损"包括如下几种方法。

其一，K线止损。某一根关键K线的最高点或最低点的水平线，原本是维持当前趋势的最后防线，如果被相反波动突破，并达到一定幅度，就意味着行情判断有误，需要止损。

其二，切线止损。原本发挥支撑或压力作用趋势线、波段水平支撑或水平压力线、缺口上下沿水平线等，如果被反向力量突破，并达到一定幅度，那么就意味着行情判断有误，需要终止持仓。

其三，均线止损。如果原本对当前趋势发挥支持作用的均线被与当前方向相反的波动突破，并达到一定幅度，则意味着行情判断有误，需要终止持仓。

从上述止损方法中选择适合自己的，并将其放到大量历史走势中去检验，可以通过模拟运用面对多种市场状况，在模拟中学会灵活处理实际情况，设计出应对措施，如止损信号、止损空间等。

理论上说，操盘是最好不触及止损。如果频繁止损，对本金的威胁也很大。因此，普通投资者需要尽可能地降低错误率，尽可能地减少止损次数，尽可能地降低每一次止损性亏损的额度。这就要求普通投资者要不断提高行情判断水平，不断提高设置止损的水平，既不能让所设置的止损空间太大，又不能让所设置的止损空间太小，应该在察觉建仓错误时就要立即止损，以很小的代价确认买入是错误的。如果止损的空间太小，那么就会出现在市场走势不足以证明建仓是错误的情况下，提前离场，本来是正确建仓操盘，却因执行止损策略而失去赚钱的机会。

大多数股市输家，要么输在止损太多，而止盈太少；要么输在止损太大，而盈利太小。无论是前者，还是后者，首先受损的是本金，其次受损的心理，后者又会引发连锁反应，使操盘变得更糟。如果新手不断重复同样的错误和亏损，那么就改变不了股市输家的身份。

第二篇

基本分析工具和方法

投资性操盘的逻辑很简单，那就是在股价远低于其价值时买入，在股价远高于其价值时卖出。然而，判断价格与价值的高低却是很专业的事情，没有经过专业理论的系统学习和专业训练的人是很难胜任的，但这并不是说普通投资者无法借助投资性操盘的优势来提高自己的操盘胜算。

判断价格与价值的高低的方法俗称基本分析。本篇从深奥、繁杂、巨量的基本分析理论中提炼出一些简单实用的内容，用比原理论本身浅显、明了的文字展现给广大读者。如果读者阅读学习这部分内容，那么一定能借助投资性操盘的优势提高自己的操盘胜算。而且有了本篇内容的基础，读者就可以进一步提高自己的基本分析能力。读者一定要努力提高基本分析的能力，因为如果完全掌握了投资性操盘的方法，那么股市操盘的胜算就会提高。

第三章

股市博弈的利器

在股票二级市场，人们的获利来自"低买高卖"，如何达到这个目的？人们可以采取两种策略实现"低买高卖"。其一，在市场充满悲观情绪时择股买入，然后等待市场情绪由悲观趋向乐观。如何判断市场情绪变化？运用技术分析，通过技术分析，找到相对较低的价格。其二，买入那些经营业绩会不断增长的上市公司股票。如何判断上市公司经营业绩会增长？运用基本分析。基本分析是本章的主要内容。如果操盘者能把两种分析方法结合起来使用，那么就可以选择"好公司"并在"好价格"的时候买入，这样就能获得双重收益，获得超额收益。

账面上的"好公司"容易找，但真正的"好公司"并不容易找。即使真正的"好公司"找到了，是不是"好价格"呢？这要学习估值。接下来我们学习基本分析，基本分析是找到"好公司"、"好价格"的方法。

第一节　基本分析是对股价未来走势进行确定性判断的工具

基本分析是进行股票投资预期分析一类方法的总称，该法要求分析者运用一些经济理论和方法，分析上市公司经营状况，并把分析与那些对经营状况有影响的外部因素综合起来，从而判断上市公司的投资价值，并对其进行估值，为股票操盘提供决策依据。基本分析的操盘策略又叫股市投资策略，要求在股价远低于其投资价值时买入，远高于投资价值时卖出。基本分析主要从以下三个方面分析股票的投资价值。

其一，从宏观经济层面分析判断一个公司股票投资价值。因为宏观经济状况影响企业经营。其二，从行业发展状况分析判断一个公司股票投资价值。了解一个行业是否具有周期性和处于什么发展阶段，对股票投资价值的分析更重要。上市公司所在行业属于哪种类型？该行业当前是否处于景气期？这些问题要清楚，否则股票投资的不确定性会更高。其三，从企业经营状况分析判断一个公司股票的投资价值。一个公司的经营状况直接决定其投资价值。本书将从上述三个层次深入地对上市公司进行基本分析。下面笔者先介绍一些简单的基本分析操盘策略。

（1）在市场出现系统性大跌时买入"白马股"策略。所谓"白马股"是指那些广为人知、公司业绩长期优良的一类股票，业绩优良具体表现为连续多年"五高一低"，即高收益（一般指每股收益1元以上，不能低于0.50元）、高净利润增长率（一般指15%以上）、高主营业务收入增长率（一般指15%以上）、高净资产收益率（一般指15%～25%，不能低于10%，不宜高于30%）、高净资产值（一般指3.00元以上）、低市盈率（一般低于20倍，高于40倍就不适宜买入）。在A股历史上，这类上市公司经营状况一直保持优良，是市场公认的优质企业，如贵州茅台、云南白药、片仔癀、恒瑞医药、上海医药、上海家化、美的集团、格力电器等。在历次上涨行情中，这些股票股价一定会跑赢指数，如果买入并长期持有，那么将获取很高利润。

在整体下跌行情过后，普通股票往往趴在地板上迟迟不动，而很多白马股则很快发生恢复性上涨，走向价值回归。所以，当市场出现重大利空而大幅下跌时，就是买入白马股的时机。

（2）熊市"绩优龙头次新股向下买入"策略。A股市场有买卖次新股的习惯，这很好理解，那些具有极高投资和交易价值的"老"股票往往是行业龙头股，而且往往已经被过度炒作，在复权后，其股价是上市之初股价的几十倍是非常普遍的事。无疑在这些"老"绩优龙头股中，普通投资者很难找到具有"好价格"的个股。人们明知有些股票是绩优龙头股，但望着已经上涨几十倍涨幅的复权股价，不知道它们未来业绩能否支撑股价继续上涨。与其纠结于这个问题而止步不前，还不如把精力花在绩优龙头次新股，可以通过阅读分析公开招股说明书或年度经营报告获知。操盘者要阅读分析每一只新股的招股说明书和经营年度报告，从中选出值得跟踪的绩优龙头次新股。那么如何买入这些绩优龙头次新股呢？

笔者建议采用"绩优龙头次新股向下买入"策略。该操盘策略最好用于熊市。在熊市，绩优龙头次新股也会发生多个波段回落，可以在每一次回落结束时买入。此外，还要控制买入量，这是该操盘策略成功与否的关键，要采取"向下跌得越多，就买入越多"的策略，比如，在次新股第一波回落止跌时，拿出计划投入资金的10%买入，如果再次下跌，在再次止跌时加倍买入。以此类推，每下跌一波就建仓一次，每一次买入量总是上一次买入量的2倍以上。该策略一旦买入就不考虑止损。运用"绩优龙头次新股向下买入"策略，可以买到最低价，而且在最低价以最大量买入，获得绝对成本优势，有利于坚定持有信心。这种策略需要有一定的耐心，因为没有人能准确知道绩优龙头次新股何时启动向上。

第二节 基本分析之宏观分析

投资者通过宏观经济分析，可以把握股市总体变动趋势。宏观经济分析主要包括宏观经济指标分析和宏观经济政策分析。宏观经济指标主要包括国内生产总值、就业状况、通货膨胀等几个方面，是国家根据经济发展要求制定和适当调整国家宏观经济政策的主要依据；宏观经济政策包括财政政策、货币政策等。股市对国家经济政策十分敏感，在判断投资价值时，投资者需要考虑国家宏观经济政策对股市的影响。

1. GDP与股市的关系

通过对经济周期和股市周期关系的历史研究，可以发觉经济周期与股市周期相辅相成，两者的波动走势呈一定正相关。读者可以自行上网搜索，并观察上证指数走势与中国GDP增长率走势关系图，可以发现在一定阶段，指数变化走势通常随着中国GDP增长率走势上升而上升，反之亦然，尤其是GDP增长率走势的2个高点所在的1992年和2007年正对应股市的历史高位，这说明GDP与股市存在着一定的正相关关系。

GDP是衡量国家经济状况的有力指标，一个国家或地区的经济究竟处于增长阶段还是衰退阶段，从这个指标变化便可以观察到。当GDP保持很高的增长率时，说明经济处于高速发展状态，有利于企业发展成长，有利于股票市场发展，可以积极投资股票。

2. 通货膨胀与股市的关系

通货膨胀是指一段时期内大多数商品价格普遍持续上涨的现象，用消费者价格指数（CPI）来衡量。温和通货膨胀促进经济发展。读者可以自行上网搜索，并观察CPI变化与上证指数变化走势关系图，可以发现两者在一定阶段能表现出一定的正相关关系。

3. 利率与股市的关系

利率是指一定时期内利息额与借贷资金额（本金）的比率，利率变动会对整个经济产生重大影响，进而对股市产生显著影响。两者在总体上表现出负相关关系。为什么？因为利率变化会通过影响资金成本来影响经济，进而影响股市。

调整利率是政府通过货币政策调整，实现其经济目标的主要手段之一，比如，当通过提高利率，抑制经济过热时，这会引起股市下跌；反之，当降低利率，刺激经济发展时，这会引起股市上涨。

4. 货币供应量及其变化状况与股市的关系

货币供应量指某一时点流通中的现金量和存款量之和。货币供应量是政府通过金融市场调控经济发展的一个重要指标，它对宏观经济的影响很大。两者呈正相关关系，即股市指数走势会随着货币供应量增速增长而上升。

调整货币供应量是国家调控经济的重要手段。那么国家是如何调控货币供应量的呢？除了调整利息外，还可以借助运用其他货币政策工具来调控货币供应量。货币政策工具是指中央银行为实现货币政策目标所采用的政策手段，比如再贷款贴现、公开市场操作、存款准备金、利率政策等。除此之外，还有常备借贷便利（SLF）、中期借贷便利（MLF）等货币政策工具。

货币供应量变化对股市的影响是非常直接和显著的。

5. 财政政策及其变化状况与股市的关系

读者可以自行上网搜索，并观察上证综合指数和中债综合指数走势关系图，可以发现股市和债市完全走出了一波相反的行情，即上证指数走势随着中债综合指数上行而下行。

国债是一种证券，其发行量和收益率变动对股票发行和价格产生很大影响。如果其发行量增大，那么将分流股市资金。如果提高国债利率水平，那么就会把资金吸引到国债市场。

财政政策是政府为实现一定宏观经济目标而采取调整政府收支规模和支出方

向的措施总称，是政府调控宏观经济一种重要手段，因为财政政策变动对经济会产生影响，所以对股市也有一定的影响。

第三节　基本分析之行业分析

行业是指由相互有利益关联、从事相同性质生产或服务的企业所构成的社会体系。行业分析就是运用一定经济理论和方法对行业现状和未来发展作出分析，判断行业投资价值，揭示行业投资风险，从而为投资者提供投资依据。对于普通投资者而言，简单的行业分析就是要了解自己所关注公司是不是行业内领先企业或龙头企业，而所在行业当前是否有较高景气度，未来是否有很好的发展前景。

行业分析的目标有两个：其一，找到产值增长率较高的行业，或者找到那些由萧条状态走向复苏状态的行业，从中进一步找到具有很好盈利前景的上市公司；其二，识别和远离那些处于衰退萧条状态或者正在走向衰退的行业，避免买入这些行业公司的股票。那么，普通投资者该如何进行行业分析？

1. 行业分析的一些理论方法

行业分类与投资价值的关系如下。

（1）根据行业对经济周期性变化的反应情况，将行业分为增长性行业、防御性行业和周期性行业三类。需要了解它们分别具有什么特性和包含哪些具体行业，这样有利于在选股时避开不利行业。

增长性行业，如计算机、电子通信，这类行业发展相对独立于经济周期，它们发展主要依靠技术进步、新产品研发，提供优质服务等。即使经济处于偏弱阶段，这类行业仍然生机勃勃。这个行业会产生极具成长性公司。

防御性行业，如煤气、水务等公用事业、交通运输（包括运输基础设施）、医药、餐饮、食品饮料、商业等行业，它们所提供的产品都用来满足人类基本生活需要。这些行业产品需求相对稳定，总体业绩比较稳定。

周期性行业是指行业景气度与宏观经济高度正相关的行业。如银行、证券、保险、电力、航运、重工、航空、汽车、奢侈品、钢铁、房地产、有色金属、石油化工、机械、造船、水泥、煤炭、化学原料等。这些行业产品价格和需求及产能呈现周期性波动。

（2）根据行业企业固定资产比重不同将行业分为重资产行业和轻资产行业。

重资产行业是指有形资产占总资产比重较高的行业，如钢铁、煤炭等。这些行业资本投入大，生产成本高，导致产品毛利率比较低，很容易发生亏损。当然，重资产行业需要大量资金投入，有利于形成行业寡头，因此这些企业具有一定的投资价值，只要采用适当方法，也能获得丰厚回报，比如在经济开始逐步复苏时投资。

轻资产行业是指生产性资产占比较小的行业，如电影行业、传媒行业、互联网行业等。其生产性资产占比较小，能以较少投资获得较大利润回报，具有很高的利润率，所以轻资产行业公司估值很高，这也意味着隐藏着巨大风险，因为轻资产行业需要不断进行技术创新，一旦创新能力下降，就无法保持其高估值。

（3）按照竞争程度不同，可将行业分为寡头垄断、垄断竞争和完全竞争等类型。寡头垄断行业通常只有少数几家厂商，投资者要寻找这样的行业。垄断竞争行业如餐饮、服装、鞋帽、家具制造、零售业、手工业、印刷业、图书出版等行业。完全竞争行业，如农业。

行业周期性与投资价值的关系如下。

每个行业都要经历一个从成长、发展到衰退的演变过程，这就是行业生命周期。行业生命周期可分为初创期、成长期、成熟期和衰退期四个阶段，不同时期，投资风险不同。

（1）初创期。此阶段的产品研究、开发费用比较高，技术不成熟，产品种类通常单一，产品质量比较低、不稳定，市场需求小，销售收入低，企业经营通常处于亏损或微利阶段。处于这个阶段的行业被称为新兴行业，投资风险大，但一旦创业成功，将获得巨大收益。

（2）成长期。新兴行业产品经过广泛宣传和消费者试用，逐渐被越来越多的人接受，市场需求开始上升，产品也逐步从单一、低质、高价向多样、优质、低价方向发展，消费量快速增长，具有很高的毛利率，行业利润增长很快。这是投资风险较低、投资收益最好的时期。

（3）成熟期。在这一时期里，在竞争中生存下来的少数大厂商代表行业市场，由于彼此势均力敌，市场份额比例发生变化程度较小，行业开始变得比较稳定，行业利润也比较低，新的企业很难进入。

（4）衰退期。在较长的成熟期之后，行业就进入衰退期，这是因为出现了新产品和大量替代品，原行业市场需求开始逐渐减少，市场逐渐萎缩，产品销售量也开始下降，利润率不断下降，当正常利润无法维持现有投资折旧时，整个行业便逐渐解体了。

下面是行业分析的一些方法。

除了通过分类分析判断一个行业投资价值外，还要懂得如何分析行业内某个企业的投资价值。目前被广泛用来分析企业在行业内竞争力的方法叫五力模型。该理论从五个角度来分析判断一个企业未来的发展趋势。

（1）分析新的潜在竞争对手进入本行业的难度。投资者要分析判断一个行业是否存在一定的行业壁垒，难进易退的行业投资价值高。进入壁垒有像矿山、特殊地理位置等构成的自然壁垒，经营许可或准入的政策壁垒，产品销售渠道控制壁垒等。如果一个行业难进入也难退出，那么一旦进入就必须努力存活下来，否则造成严重损失，这势必加剧行业内竞争。

（2）分析有无替代品威胁。替代品会对行业产品销售构成威胁。投资者要判断有没有替代品，要分析替代品成本或利润优势、替代品的性价比等。

（3）分析行业上游企业与所关注企业的关系。上游企业所提供的产品是否是市场上唯一的，或者市场上同类产品是否非常稀缺，或上游产品对所关注企业很重要，或者上游企业自我消化产品力很强，这样的上游供应商可以提价。如果是这样，那么所关注行业的企业市场竞争地位较低，价格谈判容易处于劣势。

（4）分析行业下游企业与所关注企业的关系。如果所关注企业产品供不应求，所卖产品只有少数企业能生产，而下游企业对其产品有很高的依赖性，那么这样企业及其行业具有较高的市场地位，价格谈判处于优势，可以提高产品市场价格。

（5）分析所关注企业与其行业内现有竞争对手竞争的激烈程度。行业内只有少数几家企业，各企业都有自己独特的竞争优势，行业产品供不应求，产品功能不断扩大，用途越来越广，这样行业内部竞争激烈程度低，投资风险小。

这五个方面决定着行业内企业未来发展趋势，要了解自己所关注股票投资价值和风险高低，可根据这五个方面的分析对股票所在行业情况作出判断。

下面具体分析影响行业的因素。

一个行业发展必定受外部环境影响乃至制约。投资者要从外部来分析一个行业，看看哪些外部因素会影响一个行业的未来发展。

（1）技术因素。对于一个行业来说，技术更新和进步能推动一个行业发展，甚至创造新行业，如交通行业技术进步导致旅游行业发展。但技术进步与创新也会冲击现有行业，导致原有行业衰落甚至消失。比如，现在正处于科技变革风口，大数据、云计算等各种技术不断涌现，在产生很多新兴公司、新兴行业的同时，也使很多传统行业消失。

（2）政策因素。政策会对行业发展实施鼓励和限制。为了防止一些行业发展对社会带来不良影响，需要鼓励促进一些行业发展和限制一些行业不良发展。鼓励手段有实施财政补贴、降税、增加信贷投入等，这些手段的运用，意味着有些行业有更大的发展空间、更好的发展机会。

（3）社会因素。人们生活习惯和生活方式等社会因素会对一些行业产生影响，比如消费习惯、文化消费方式、生活追求等，都会对很多行业产生影响，人口组成、年龄分布和经济收入也会对一些行业产生影响。

下面具体谈谈把对比法贯穿在行业分析中。

普通投资者要善于运用对比法去分析所关注行业内不同公司的经营情况，如通过与龙头公司对比，判断一个行业和所关注的上市公司发展趋势，从而判断其股票的投资价值。

2. 行业分析的过程

在了解了行业分析的基本理论方法后，就可以开始进行行业分析了。普通投资者进行行业分析可以按以下步骤进行。

能否做好行业基本分析取决于两方面能力：其一，信息收集能力；其二，信息整合能力。获得信息无非有两种方式：其一，从行业从业者那里获得信息；其二，从互联网收集信息，此种方法可以让收集者在短时间内获取大量信息，时间快，成本低，信息全面，内容丰富。无疑这种方法更适合普通投资者。那么哪些网站可以为普通投资者提供高质量行业信息呢？

（1）中国证监会网。可以从网站所刊登的招股说明书中收集行业信息。招股说明书经有关部门批准后，即具有法律效力，发行人和保荐机构等有关单位和个人有保证招股说明书所包含信息真实性的义务和法律责任。

打开证监会网站并点击"电子化信息披露平台"，再点击"上市公司"显示"沪市"和"深市"，按查询个股所属范围点击，如点击"沪市"。在"代码/简称/拼音缩写"处填入自己要查询的上市公司，然后在"关键字"位置填入"招股说明书"，点击"查询"后，即可在页面下方看到招股说明书。翻阅招股说明书到"业务和技术"，有关行业信息主要在"业务和技术"这一节中。

（2）上海和深圳证券交易所网。可以从证券交易所网站所公布的年度报告中收集行业信息。在年报的"公司业务概要"中可看到当期行业信息，虽然没有招股说明书内容丰富，但都是最新的，可弥补那些多年前上市公司的招股说明书时效不足的问题。

（3）其他一些网站，如工业和信息化部网、国家统计局、国家数据网等，也可以收集行业的相关信息。

3. 整理行业信息

证券公司或基金公司的行业研究员等专业人士都要撰写行业研究报告，对一个行业投资价值作出判断和说明，这就是行业信息整理。那么，普通投资者如何对所收集的行业信息进行整理呢？一个简单行业的分析报告应该包含如下内容。

公司主营业务、产品和所属行业或细分行业：

（1）所关注公司处于什么行业？属于哪种细分行业？该行业经营模式是什么？

（2）该行业或细分行业发展的驱动因素是什么？

（3）该行业利润水平变动趋势及其变动原因是什么？

行业的产业政策：

（4）在产业政策上，该行业是否有一定的准入制度？产品价格是否实行政府定价或政府指导价？行业发展是否获得政策鼓励或限制？

行业发展现况：

（5）在全球范围内，该行业生产销售量如何变化？近年来，年复合增长率是多少？国内该行业在全球市场地位如何？排行是第几？

（6）在国内市场，该行业是否处于持续、稳定、快速的发展阶段？该行业生产销售年均增长率是多少？该行业实现总利润年复合增长率是多少？

市场未来发展趋势：

（7）从未来三年看，该行业市场需求是否将加速增长？未来复合增长率将达到多少？未来该行业销售额将达到多少亿元？

（8）从未来三年看，该行业利润水平将提升还是下降？利润水平是否能保持增长趋势？

进入行业的主要障碍：

（9）进入该行业的主要障碍是什么？该行业与上下游行业之间有什么关联性？它们对本行业会有什么影响？

行业竞争格局：

（10）在国内市场上，该行业同类产品有哪些生产厂商？是否有国外产品？这些产品的市场地位如何？

（11）所关注公司产品的市场集中度如何？是否形成了寡头垄断式的竞争格局？市场是否有表现突出的领导性品牌？前两位或前五位厂家的市场份额是多少？

（12）所关注公司在行业中的竞争地位和竞争优势如何？公司产品市场份额是多少？是否是行业龙头企业？

（13）在未来三年内，公司产品销售量年均增速将是多少？未来年均增速将是多少？

影响行业发展的有利和不利因素：

（14）影响行业发展的有利和不利因素分别有哪些？

行业经营特征，行业的周期性、区域性、季节性特征：

（15）所关注公司主要产品的市场范围是哪些区域？

（16）该行业是否具有周期性、季节性特征？情况如何？

总之，如果要判断一个公司股票是否值得投资，那么就需要分析这个公司所在行业。如果要寻找一只值得投资的股票，那么就要先寻找一个值得投资的行业，再把一个公司和它所在的行业结合起来研究，可进一步提高操盘胜算。

第四节　基本分析之公司分析

基本分析是在分析上市公司内在价值的基础上对其股票进行估值，是价值投资的基础。那么，如何对上市公司进行基本分析呢？普通投资者通常缺乏对上市公司进行实地调研的条件，往往采取分析研究上市公司的招股说明书和经营报告的方法。招股说明书是上市公司的"三维"说明，信息极其丰富，从过去说到发行时期，从发行时期说到未来。不过，很多公司的招股说明书距当前已经久远，行业和经营状况已发生巨大变化。在这种情况下，定期发布的经营报告就显得更有价值。下面主要介绍如何阅读和分析上市公司经营报告。

上市公司经营报告是上市公司向全体股东汇报经营情况的材料，是证监会在信息披露方面对上市公司提出的基本要求，对其公布时间、书写格式和内容都有一定要求，比如财务报表，除了要求财务报表编制要符合企业会计准则外，还要遵守《公司法》《证券法》《公开发行股票公司信息披露实施细则》等法规要求。上市公司报告分年度报告、第一季度报告、半年度报告和第三季度报告。年度报告内容详尽，而且必须经过会计师事务所审计，可信度高。所以，阅读分析上市公司经营报告主要是阅读分析年度报告。

1. 阅读分析上市公司年度报告

在年度报告开始，读者从目录可以看到年度报告一般包含十大部分，有些内容可以不读，如重大风险提示、公司简介、会计数据和财务指标摘要、公司治理、内部控制等。值得阅读的有股份变动及股东情况、董事员工情况、财务会计报告、董事会报告和重要事项。其中，最重要的是财务会计报告"三张表"及"财务报表项目注释"。当然，最开始的重要提示必须看。如何阅读这些内容呢？

（1）看"重要提示"。看看"重要提示"中是否有某会计师事务所为本公司出具的"标准无保留意见"的审计报告，如果看不到"标准无保留意见"这七个字，那么年报就没有进一步阅读的价值。

（2）看"重要事项"。了解企业有没有被主管机构处罚、对外担保、股权质押，企业及其主要管理人是否涉及法律纠纷。如果有，那报告就没有必要进一步阅读。

（3）看股份变动中"股东总数"。在年度报告中，分析者可以看到"股东总数"，包括年度报告截止期的"股东总数"和年度报告披露日前几天的某一天"股东总数"。笔者非常看重这个数据，总盼望上市公司能早一天公布报告，以便能及早看到"股东总数"数据，这样就能早一天获知股东人数的变化。对于普通投资者而言，流通股股东人数有重要价值，通过与之前若干个数据进行对比，包含之前的一季度报告、半年度报告、三季度报告的数据，就可以判断一段时间以来市场筹码是在集中还是分散？如果股东总数在显著增加，则说明筹码在分散，这很可能是更多人在买入，意味着股价大概率将继续下跌。反之，如果股东总数在显著减少，则说明筹码在向少数人集中。读者不妨把公司一段时间的股东总数画一条相对变化曲线，与对应时期的股价走势做对比，看两条曲线变化的相关性如何。

如图3-4-1所示为上市公司在一段时期内股东人数的相对变化走势与对应时期股价变化走势的对照图，从图中可以看出两者呈负相关关系。可以想象，如果普通投资者能及时看到更多这样的数据，那么就能以此为依据选择买卖股票的时机。

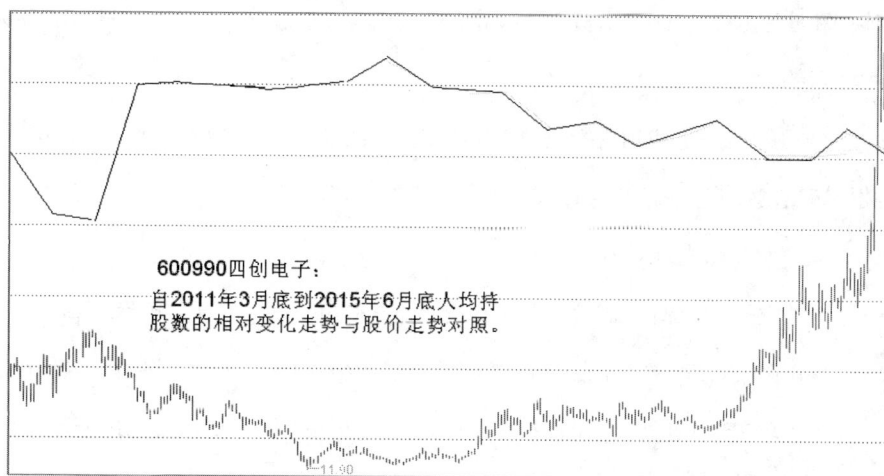

600990四创电子：
自2011年3月底到2015年6月底人均持
股数的相对变化走势与股价走势对照。

图3-4-1

（4）看"前十名流通股股东情况"。对于前十名流通股股东情况，笔者重点看：是否有机构投资者持有流通股？有哪些机构投资者在持有？估计他们是在什么时段买的？笔者最看重的是著名私募基金，以下依次是一般私募基金、社保基金、公募基金。如果有，那意味着该公司投资价值比较高。

（5）看"董事、监事、高级管理人员和员工情况"。管理层的敬业精神和管理水平对一个公司能否兴旺发达有着决定性作用。管理层是否具有与公司关键技术一样背景的教育经历？是否是公司最初创立者？是否长期工作在公司所在行业？如果是，那么这些情况将增加该股的投资价值。可以结合财务会计报表中的薪酬数据计算员工的平均收入，借此可以判断公司发展状况，一个不断成长的企业，员工收入会不断增加。

（6）看财务会计报告。分析上市公司报告重点是分析财务报告。财务会计报告是企业向外部关注者报告经济活动和财务收支情况的会计信息，反映企业管理层受托责任履行情况。

2. 分析财务报表的方法概述

财务会计报表是专业会计师按会计准则编制的，是企业经营状况信息的高度浓缩。要想通过"看"财务会计报表而把握一个公司的经营状况，需要有一定专业能力和实践经历，这对于普通人来说是一个巨大挑战。分析财务报表通常有两个主要目的。

主要目的之一是找到有投资价值的股票，找到近几年经营业绩优良的公司。业绩优良又具投资价值的公司具有连续多年的"八高二低"。

"八高"具体指如下八个方面。

（1）高分红，每年每股分红0.2元以上，处于"好价格"时期，年股息率超过一年定期存款利息率。一个公司每年都能分红，说明盈利获得了现金，是值得信赖的；

（2）高净利润现金含量，通常要大于70%，说明既赚到利润又基本收到现金；

（3）高收益，通常每股年收益要达1元以上，不能低于0.50元；

（4）高净利润增长率，通常要求达15%以上；

（5）高主营业务收入增长率，通常要达15%以上；

（6）高毛利率，通常要大于30%；

（7）高净资产值收益率，通常要求在15%～25%范围内；

（8）高净资产值，通常要求达3元以上；

"二低"是指低市盈率和低资产负债率。

（1）低市盈率是指除非未来几年能保持高成长，一般低于20倍，不高于40倍；

（2）低资产负债率是指负债率应控制在40%～70%

一个公司能达到上述要求，其股票就能考虑投资。可进一步看近5年的情况，如果连续多年能保持漂亮数据，那么就更可靠。

主要目的之二是自主检验分析财务报表的真实性。受篇幅和大多数读者能力及其需要所限，这里只说一点：要看"合并表"。财务报表分"合并表"和"母表"。"母表"就是上市公司本部情况，如"母公司资产负债表"反映的是上市公司本部资产及其负债情况。"合并表"就是合并了上市公司本部与子公司的经营情况，"合并表"要体现上市公司实际经营情况。

需要注意缩小需要分析财务报表的公司范围。一份年度报告的字数少则几万，多则几十万字，单单阅读就将花费很多时间和精力，所以要缩小阅读范围，精心选择需要读的公司。如何缩小范围和分析财务报表并作出投资决策？可以分以下步骤确定。

第一步，先通过技术分析选择那些处于"顺大势，逆小势"的股票。

第二步，设定一定标准对上述股票进行筛选，标准有是否被证监会批评过、流通盘大小、是否是衰退行业、是否亏损、是否是龙头公司等。

第三步，用"八高二低"进行筛选。

第四步，通过运用一定方法对上市公司进行估值，通过判断是否具有"好价格"来筛选。

第五步，通过分析财务报表自主检验真实性。

第六步，作出能否投资买入的决策。如果操盘偏重于投机性，则"八高二低"的标准可以放松一些，更看重价位是否符合"顺大势，逆小势"的要求；如果操盘偏重于投资性，则更看重价格是否是"好价格"。

3. 需要重点关注的一些重要的财报科目

分析财务报表主要分析"三张表"及其项目注释。"三张表"又以资产负债表最为重要，因为资产负债表是其他表格费用或事项的源头或归属。下面的一些科目对分析股票投资价值很重要。

（1）资产和流动资产。资产就是公司用过去筹集来的现金通过交易或内部经营事项而形成且归公司控制并能给公司带来经济利益的资源。在报表最后都可以看到资产或流动资产和非流动资产总计，通过环比或同比可以分析它们的增减情况，从而判断公司总体是否在发展成长。

（2）货币资金。货币资金是指企业生产经营过程中处于货币形态的那部分资产。货币资金主要看能否与短期债务及经营需要相适应，如果货币资金明显少于短期负债，那么会面临着偿债危机。过大意味着公司运用资金能力比较低，使资金处于闲置状态。如果一个公司货币资金在逐年减少，可能说明公司经营状况在变坏，或者资产质量在变坏。

（3）应收票据、应收账款和其他应收款。在资产负债表中，除了货币资金项目外，这些是直接反映公司资产质量及经营优劣的重要科目。它们都是其他公司购买本公司产品或者服务后，因暂时无法支付现金而提供的欠款凭据，相当于购买方写的"白条"，前者又分银行承兑汇票和商业承兑汇票。其中，银行承兑汇票由银行承诺按时兑现，相当于现金。商业承兑汇票是一般企业开具而代表自身欠债的凭据，具有一定的不确定性。应收账款就是没有一点儿约束力的"白条"，收回现金的确定性更低。

如果其中主要是银行承兑汇票，那么说明公司产品有竞争力，市场供不应求。如果主要是商业承兑汇票，那么说明产品销售比较困难。如果有更多的应收账款，那么最好不要投资这种企业的股票。

其他应收款是指除主营外的应收账款。有的企业，除了主营业务外，还有其他业务，这些业务就会产生其他应收款。不过，一家企业不应该有太多的其他应收账款，否则，就会影响主业，或者主业不明。这里可以用"（其他应收款＋应收票据＋应收账款）／营收总收入"来衡量，如果比值小于30%，则比较健康，50%及以上就比较危险了。

（4）预付款项。预付款项就是先付钱给供货商，等对方付货给自己。预付款项数量多少意味着企业地位和竞争力强弱。如果预付款项数额较大，而且逐年显著增长，则说明企业有困难。

（5）存货。存货是企业正在被耗用的产品原材料、生产过程中的产品（处在生产中间环节的资产）、自制半成品和库存商品的总称。

（6）固定资产。固定资产就是指为了经营而长期持有的有形资产，如厂房、机器设备、运输工具等。如何分析固定资产？主要看计提折旧和计提减值情况。计提折旧是按期分摊成本，购买资产的资金需要分摊在使用周期中，以折旧的方式作为经营费用，从利润里扣除。计提减值是指在折旧减值的基础上，再从利润表中扣除一部分利润，因为资产会因市场价格下跌、设备技术落后、损坏等原因，导致可变现价值低于账面价值，这两者的差额需要从利润中扣除。

从计提减值选择上，可以看出企业管理层是否优良。为了当前利润表"好看"，有的公司会选择"慢处理"，以便于减少对当前利润的扣除，其结果是增加了当前税收成本。有的公司会选择"快处理"，在开始阶段大幅扣除这方面费用，让公司利润表暂时不那么"好看"，但却减少了税收成本，为公司发展提供了更多资金，能这样操作的往往是优秀公司。

从折旧率选择上可以看出一个企业是否优良。如果一个企业固定资产能随着企业发展而不断增长，那么说明这个企业在不断成长，具有很强的生命力和竞争力。如果一个企业固定资产增长缓慢或者长时间不增长，那么说明这个企业经营状况一般，产品没有竞争力，无须通过扩大固定资产去扩大产能，这样的企业投资价值就很低。当然，需要注意行业的不同。

（7）长期待摊费用。企业需要对厂房、设备等固定资产进行大型维修和更换重要部件，延长使用年限。这个支出是一次性付出并转换成固定资产，这种支出的功效能持续一年以上，所以这项支出可以不算当期费用，而是被记录到"长期待摊费用"中。

（8）在建工程。在建工程就是指正在建设尚未竣工和投入使用的建设项目，包括固定资产的新建、改建、扩建。固定资产是公司现有产能的体现，而在建工程则代表了公司未来产能的提升空间。

（9）生产性生物资产。生物资产是指企业通过经营管理动植物等而谋求收入的资产，有的是将出售的产品，有的是将作为生产原料，这种资产广泛存在于农林牧渔业及生物科技行业。投资具有生产性生物资产的公司要非常谨慎。

（10）商誉。如果一家企业可辨认净资产为1 000万元，却被另一家企业以1 300万元收购，那么多出来的300万元通常会以什么科目计入收购方财务报表？答案是"商誉"，商誉就是指企业所拥有的并能为企业经营带来超额利润的资产。

（11）应付账款、预收款项、应付票据。应付账款是指企业以赊账的方式获得材料、商品或者劳务供应而形成的负债。一个企业负债表含有大量应付账款，说明该企业有很高的市场地位。比如说，该企业有大量供货商，为了争取获得订单，这些供货商不惜以较低价格把货物赊给它。预收款项是指先收到定金或货款，过一段时间后才把产品交付给买家所形成的负债。在营业收入中，预收款占比越高的公司越具竞争力，这样的公司成长性高。应付票据指的是企业在经营中采用商业汇票结算方式形成的债务科目，包括银行承兑汇票和商业承兑汇票。应付票据、应付账款和预收款项都是企业在经营过程中形成的无息负债。具有这些负债的企业往往具有很高的市场地位和很强的竞争力。如果应付账款、预收款项的合计远超应收票据、应收账款的合计，那么这样的企业一般投资价值很高。

（12）其他应付款、其他流动负债。其他应付款是指不包括主要科目的所有应该支出还没有支出的费用，属于企业的特色支出，具体是什么，可以查看财务报表项目注释，通常数量很少，也不应该太多。其他流动负债是指所有不属于主要科目的流动负债汇总，其数额不应该太大。所有叫"其他"科目的数值比重都不能大，如果数额太大，就会降低企业的投资价值。

（13）利润表。利润表也要深入分析，收入和利润数据的确认和计入是实行权责发生制，是以权利或责任是否在当期发生转移来决定收支数据是否计入当期利润表，不考虑是否有实际现金收入或付出，也就是说交易发生了，即使没有收到或付出现金，但要记录为收入或支出，算作资产或成本。反过来，即使当期发生了现金进出，也不一定记录为当期的收入或成本，因为是以前的经营所对应的资金流动，记录为以前的相应时期收入或支出。要防止不见现金的净利润。

（14）营业总收入、营业收入。营业总收入是指上市公司的各种收入。看一个公司经营如何，首先看营业收入如何，是否持续多年增长，持续增长的原因是什么，是行业规模或市场总需求在增长。可以通过查看报表项目注释，了解公司有哪些营业收入，主业经营收入和非主业经营收入的比例如何，对于投资者而言，不希望看到公司的收入来自多个行业而且各行业收入差别不大，这样主营不明，很难有竞争力。

（15）营业成本。营业成本是企业生产经营过程中实际消耗的，直接用于产品生产的各种材料费用，直接从事产品生产人员的薪酬和花费在车间的各种费用。有了营业收入和营业成本就可以计算毛利率，毛利率=（主营业务收入-主营业务成本）/主营业务收入×100%，或者毛利率=（销售收入-销售成本）/销售收入×100%。

毛利率是一个企业利润的关键，是衡量一个公司投资价值非常重要的一个财务指标之一，毛利率越高，企业利润越多。毛利率高低也体现公司经营管理和成本费用控制水平。有人要求好公司的毛利率应该大于40%。

（16）营业利润、净利润。营业利润又称销售利润或经营利润，是上述收入、收益、成本、费用、支出的合计。净利润就是营业利润减去所得税费用后所余的部分。要会用净利率判断公司利润质量，净利率＝净利润/营业收入×100％。一个优质公司的净利率应大于15％，净利率太低的公司，经营管理稍有不慎而没有把成本控制好，就会导致亏损。通过分析净利润增长率来判断企业经营状况是否向好。除此以外，还要与现金流量表中的"经营现金流净额"对照着看，看"经营现金流净额／净利润"的比值如何。如果持续多年等于或大于1，那无疑这个企业值得关注；如果持续远小于1，那就要谨慎了。

（17）每股收益。股票投资者非常看重每股收益及其增长率。所以大多数股票投资者喜欢买入每股收益高而且不断增长的股票，如增长率大于15％的股票。那么，什么企业股票能保持如此高的增长？行业龙头股，这样公司的产品占据市场份额大，竞争力强，容易保持每股高收益、高增长率。人们会用净资产收益率体现自有资本获得净收益的能力，市场通常认为好公司的净资产收益率要高于15％。净资产收益率的计算公式是：净资产收益率＝每股收益／每股净资产。

（18）现金流量表。一个公司利润表反映了公司利润形成过程和能否获得很高利润。但这些业绩或利润是否真实可靠呢？这也要看现金流量表。现金流量表是反映上市公司现金流入与流出信息的报表。现金流量表能告诉投资者企业的现金收支及现金流量净增加额的情况，从而有助于投资者分析公司的变现能力，进而真实把握公司的发展能力。企业价值就是不断产生现金，投入现金能产生更多的现金净额。所以分析上市公司投资价值就是要分析能否产生更多的现金净额。股票投资者要达到这个目的，就需要分析"现金流量表"。

（19）经营活动产生的现金流量。经营现金流是指直接伴随"产品生产、商品销售或劳务提供等活动"的现金收支。怎样分析企业经营活动现金流情况？

其一，看经营活动所产生的现金流净额情况，一个经营状况优良的公司，这个净额应该是正的，因为企业经营活动赚到了现金。这样的企业会不断发展成长，否则说明公司经营出现问题。

其二，要把经营活动产生的现金流量净额与流动性负债进行对比，如果后者数量过大，那么说明经营活动产生的现金流量净额可能是假的。

其三，把经营活动现金流净额与净利润相比，如果前者大于后者，说明企业不仅赚到了钱，而且拿到了现金，企业净利润是实实在在的，无疑这样企业的股票值得投资。

如何从总体上分析或评价一个公司现金流量情况？

其一，分析现金流入量的结构。合理的结构是经营活动现金流入量在现金流入量总额中占比大，来自经营活动现金流量越多，表明公司发展的稳定性越强。

其二，分析近几年现金流净额是否逐年增长，如果是，那么说明近几年以来企业一直保持良好成长势头。

4. 财务指标

上文所说的"八高二低"谈的就是一些财务指标的数据。财务指标是指总结和评价企业财务状况和经营成果时所得到的一些相对数据，反映了财务科目之间的内在联系。财务指标已成为人们进行财务分析、判断企业经营质量、预测企业未来经营业绩变化的常用工具。有了这些财务指标数据，人们就可以直接借助现成的财务指标，很快判断出一个企业股票是否值得投资。人们已总结出很多财务指标用于财务分析，本书选择部分财务指标做一些介绍。

（1）偿债能力指标

偿债能力是指企业偿还到期债务的能力，是反映企业财务状况好坏的重要标志。

① 流动比率和速动比率

企业能否偿还短期债务，要看有多少流动负债和多少短期可变现的流动资产。流动比率=流动资产/流动负债；速动比率=速动资产/流动负债，其中，速动资产=（流动资产−存货）。

流动比率越高，反映企业所拥有短期可变现并可用于偿还债务的资产数额越多，意味着企业短期偿债能力越强。国际公认的正常企业流动比率是2左右，过低就存在债务风险，但比率也不能过高，否则说明资金运营效率较低，没有充分利用企业借债能力。速动比率反映企业总资产在一定时期内创造了多少销售收入或周转额，也表示企业偿还短期负债能力。通常认为正常速动比率维持在1左右。一般情况下，速动比率越高，企业偿债能力越强，但会因企业现金及应收账款占用过多而显著增加企业的机会成本。速动比率过低，则说明短期偿债能力弱，企业短期面临偿债压力。

② 现金流动负债比率

真正能够用于偿还债务的是现金流量，因此通过对现金流量与债务比较来分析，更能判断企业偿还债务能力。现金流动负债比率=经营现金净流量/流动负债总额×100%。

现金流动负债比率越高，证明企业生产经营活动产生的现金净流量越多，企业承担债务能力越强。一般该指标大于1，表示企业对偿还流动负债有可靠保证。但也并不是越大越好，该指标过大则表明企业流动资金利用不充分，会导致企业盈利能力不强。

（2）运营能力指标

运营能力是企业充分利用现有资源创造利润的能力，真正反映企业资产利用效率，主要用资产周转速度来衡量，一般来说，周转速度越快，资产使用效率越高，则运营能力越强。在流动资产中，存货所占比重往往比较大，所以其能否快速变现直接影响收入和利润。

① 存货周转率

存货周转率是指企业一定时期主营业务成本与平均存货余额的比率，用于反映存货的周转速度。

存货周转率（次）=营业成本/平均存货，其中，平均存货=（期初存货+

期末存货）/2；存货周转期（天数）=365/存货周转率。

存货周转率是反映企业销售能力的一项指标，反映企业采购、生产、销售环节管理状况好坏。存货周转率越大，周转额越大，则存货积压越少，损失风险越低，资金变现能力越强，资金使用效率越高。存货周转期反映完成一次存货周转需要多少天数，天数越少，说明存货销售越快，利润积累越快，公司资产利用效率越高。

② 应收账款周转率

应收账款周转率和应收账款周转天数都是反映企业应收账款回收到手快慢的指标，表示企业一年内平均回笼销售款的次数。

应收账款周转率=营业收入/平均应收账款，其中，平均应收账款=（期初应收账款+期末应收账款）/2；应收账款周转期（天数）=365/应收账款周转率。

应收账款能否及时收回，也关系到企业收入和利润质量，反映了企业管理水平。应收账款周转率越高，收账越快，账龄越短，资产流动性越强，越减少坏账损失。同样，平均收账期越短，说明应收账款的收回越快。

（3）获利能力指标

① 毛利率

毛利率是反映一个企业生产部门增值效率的指标。毛利是一个商品经过企业生产部门处理后增值的那一部分。毛利率=毛利/营业收入×100%，其中，毛利=营业收入–营业成本。

毛利率反映产品初始获利能力，是企业利润的最初基础，决定一个企业承受各种费用能力大小。没有足够大的毛利率就无法盈利，反映了产品的竞争力。

如何看一个企业盈利能力？要看一段时间以来，企业毛利率变化趋势。不同行业毛利率水平不同，要与行业内其他公司比较，一个优良公司毛利率要处于同行中等水平以上，而且稳定，毛利率忽上忽下，意味着其市场地位不稳定，竞争优势弱。

② 净资产收益率

净资产收益率是公司税后利润除以净资产得到的比率，是一项最有代表性的综合性指标，是反映企业盈利能力的首要指标，是股票投资者选择股票时的首选参考指标。

净资产收益率=净利润/净资产×100%，或者=每股收益/每股净资产×100%。

该指标越高，股东收益越高，企业自有资本获取收益的能力越强，运营效益越好。通常认为该指标大于15%的企业是优质公司，越高越好。但过高又会吸引更多企业进入该行业，所以具有过高利润率企业的业绩有大幅下降风险，要选择在行业成长期买入其股票。

（4）发展能力指标

企业发展能力是指企业在生存的基础上能不断扩大生产规模，增大市场份额，增加企业收入和利润，使企业不断成长壮大的能力。

① 净利润增长率

净利润增长率是综合衡量企业资产营运与管理业绩及成长发展能力的重要指标。

净利润增长率=净利润增长额/上年净利润×100%，其中，净利润增长额=净利润−上年净利润。

净利润增长率高代表企业经营业绩好，经营状况处于上升轨道。分析一个企业的净利润增长率不仅要看绝对值，还要看近几年以来的情况，优秀企业的净利润增长率应该多年稳定在25%左右。

② 营业收入增长率

营业收入增长率是指本期主营销售收入增长额同上期销售收入总额的百分比，营业收入增长率=营业收入增长额/上年营业收入总额×100%，其中，营业收入增长额=营业收入总额−上年营业收入总额。

该指标值越高，表明企业营业收入增长速度越快，企业市场前景越好。一股来说，如果营业收入增长率超过10%，说明公司产品处于成长期，将继续保持较好的增长势头，属于成长型公司。运用该指标，要看近几年这个数值的变化趋势，也要与同行业优秀企业相比。

5. 股票内在价值的估值方法

基本分析最终目的是衡量一只股票当前内在价值及其未来变化趋势，衡量一只股票内在价值过程叫估值。投资者通过估值能判断一个上市公司股票的当前价格是否是"买入的好价格"。当估值处于相对低位时买入股票，当估值处于相对高位时卖出股票；或者当股价低于估值时买入，当股价高于估值时卖出。

股票估值的方法有哪些？如何对一只股票进行估值？股票估值的方法分为相对估值法和绝对估值法两类。影响股票估值的因素很多，如流通股本、所处行业及其市盈率、经济周期、股市周期和企业经营状况等；能够作为估值基础的财务指标有很多，如每股收益及其增长率、每股净资产及其增长率、每股现金流量净额及其增长率等。

总的来说，可以从企业盈利能力和企业资产价值等不同角度出发进行估值，比如相对估值就是运用每股收益、每股净资产及其增长率等为基础进行估值，比较常用的有市盈率估值法、市净率估值法和综合估值法。绝对估值法就是运用每股收益、每股现金流净额和未来现金流净值及其增长率等为基础进行估值，需要建立复杂的数学模型进行计算，在此基础上再进行折算。本书主要介绍适合普通投资者的相对估值法。

相对估值法就是通过"比较"来判断股价的高低，把"对比"作为估值的手段。相对估值法认为，如果几个企业处于同一行业，而且企业概况和经营状况相似，那么这些公司应该有相似的股价。在运用相对估值法时，把一些情况类似的企业放在一起，通过比较相关财务数据或财务指标来直接或间接地判断所关注公司的合理价值。所谓"间接"就是在财务指标的基础上，再用简单的数学模型计算，这样就弥补了普通人财务分析的局限性。相对估值法有很多种，下面介绍市盈率估值法、PEG估值法和市净率估值法。

（1）市盈率估值法

最常用的相对估值法是市盈率估值法。市盈率是指一家上市公司股票每股价格与每股收益的比率，即市盈率=每股股价/每股收益。其中，股价是所关注个股的最新股价，每股收益的值有三种取值方法。按照所采用的每股收益不同，将市盈率分为静态市盈率、动态市盈率和滚动市盈率。其中，静态市盈率是用最近年报中每股收益计算的；动态市盈率是用所预计的未来一年的每股收益计算的；滚动市盈率是用最近四个季度每股收益的和计算的。

市盈率反映投资者如果按照当前股价买入股票，经过多少年投资可以全部收回成本。一般情况下，市盈率越低，意味着投资回收期越短，股票的投资价值就越大；反之，投资价值就越小。从公式我们可以看出，里面没有考虑企业净资产，没有考虑业绩增速，是假设企业一直这样平稳经营下去。那么，哪种类型企业符合这样条件而适宜运用市盈率估值呢？那就是经营已经非常稳定，前景明朗的成熟企业，如大银行、家电行业龙头、医药行业龙头、基建行业龙头等成熟型企业。不太适合周期性强的行业使用。运用市盈率分析企业投资价值有两种用法。

第一种用法是将一只股票当前或预期市盈率与历史市盈率进行比较，尤其与历史最低市盈率比较，判断目前股价是否处于较低位置。分析者可以搜索所关注股票一段时期以来市盈率变化走势图。

对于经营稳定的企业，可以看到市场所给予的平均市盈率水平，不同时期的市盈率总是围绕一定水平位置上下震荡。如图3-4-2所示为云南白药一段时间的市盈率历史走势图。在这段时期内，该公司市盈率在一定空间内反复震荡，其相对低位在23附近，相对高位在38附近。如果在23附近寻机买入，在38附近寻机卖出，那么基本能踩准市场节奏。对于成长性企业，在一定阶段，市盈率走势会呈现向上通道，但也会围绕一个斜向上的中轴波动。投资者可以观察所关注个股当前市盈率处于最近一段时间以来历史空间什么相对位置。如果当期市盈率接近甚至低于历史最低市盈率或向上通道的下轨附近，那么就可以大胆寻机买入，如图3-4-3所示为上汽集团一段时间以来的市盈率历史走势图，因为该公司具有很高的成长性，所以在一定时期内，其市盈率走势的低点有所抬高，当市盈率回到相对低位时，该股就有一定的投资价值。

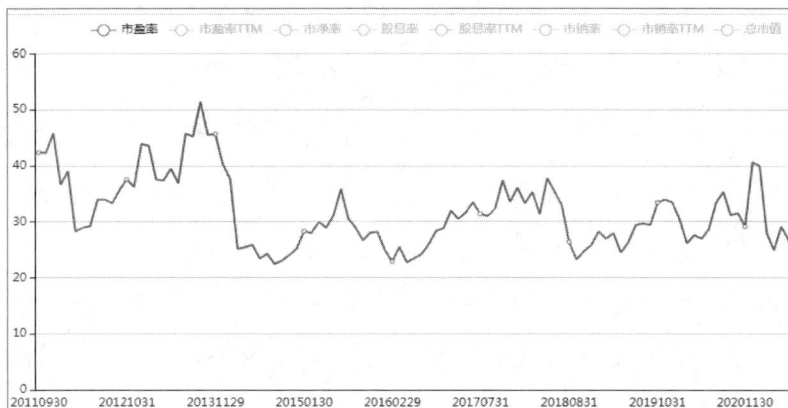

图3-4-2

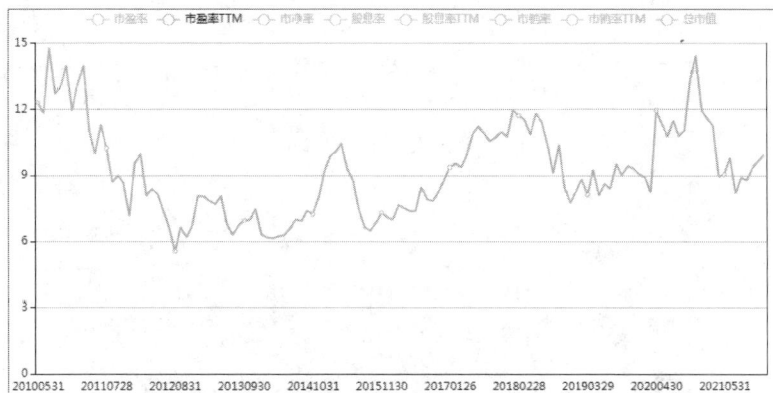

图3-4-3

但对于普通投资者来讲，当股价市盈率处于相对低估值水平时，最好要等待适合时机买入；当市盈率处于相对高估值水平时，也要等待适合时机卖出。也就是要适当运用技术分析，在股价处于上涨趋势初期买入，当股价处于下跌趋势初期卖出。为什么？这样既可以弥补普通投资者基本分析的局限性，又可以争取获得最适宜的操盘时机，提高资金运用效率。

有的公司无法从网上获得市盈率走势图，那么普通人又如何根据市盈率选择股票呢？只能根据市盈率的绝对高低来决策，一般情况下，只要企业经营稳定，市盈率在20倍左右比较合理，在10倍左右寻机买入和在30倍上下卖出是非常划算的。那么是不是只要股票市盈率低或处于10倍时就可以买入呢？不一定。不同公司的市盈率水平不同，这与其流通盘或市值大小有关，流通盘或市值比较大的公司市盈率平均水平比较低。缓慢增长型公司的股票市盈率最低；业绩快速增长型公司股票的市盈率最高，因为其包含了投资者对其未来价值上升的预期；周期型公司股票的市盈率介于两者之间。

第二种用法是将所关注公司的市盈率与同行业其他公司市盈率对比。同行业不同公司市盈率分别处于不同水平，市盈率高的更具投资价值，因为其经营业绩优良，所以市场才赋予较高市盈率，将来会比其他公司有更大的上涨幅度。

如图3-4-4所示为三家银行市盈率走势对比图，从图中可以看出招商银行具有最高市盈率，说明其经营质量最好，所以市场给予它的市盈率最高。在当期上涨中，几只股票的涨幅依次是招商银行73%、南京银行40%和民生银行24%。

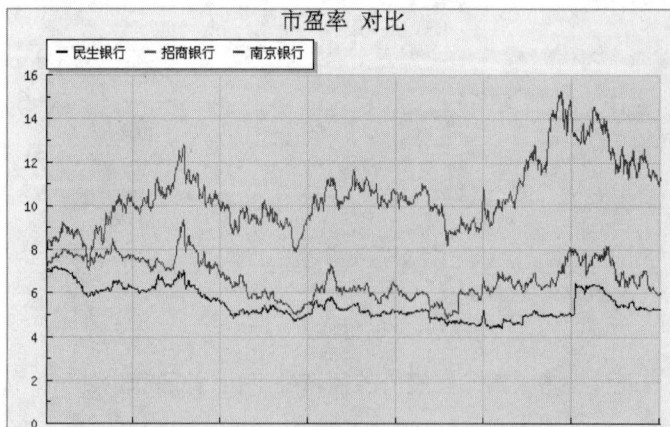

图3-4-4

此外，运用市盈率估值法可以判断股市整体估值水平的高低，如图3-4-5所示，其中阴影上边缘线为上证平均市盈率走势图。下方带箭头的虚线代表上证平均市盈率几个历史最低值的平均值。从图中可知，当市盈率处于历史最低值水平附近时，不久就开启一波较大的上涨趋势。

图3-4-5

也就是说，上证平均市盈率处于13到16倍范围时，就是A股市场的底部区域，不久就会启动一轮牛市，这点认识可以作为投资者决策时的重要参考。这种情况同样适用于中小板指数的分析，如图3-4-6所示。

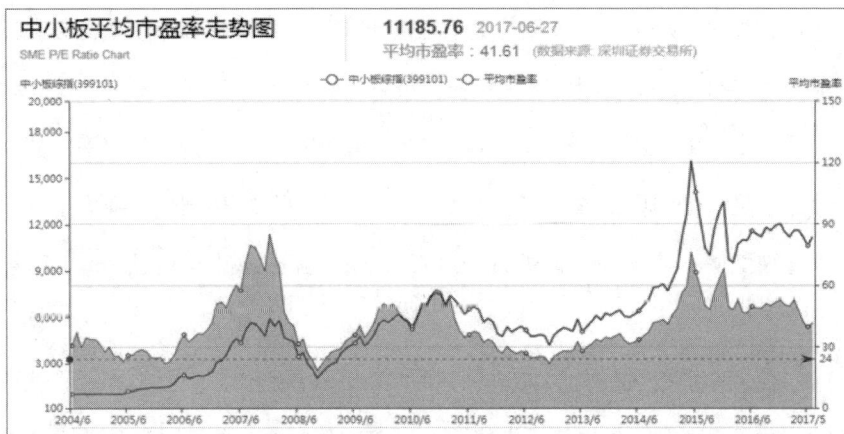

图3-4-6

运用市盈率相对估值方法并不能帮助我们进行择时买卖，尤其不能让普通投资者在上涨之初伺机买入。因为股票市盈率处于相对低位时，股价不一定上涨，甚至还会继续下跌。所谓伺机买入，意思是可运用技术分析判断股价是否处于上涨趋势之初，如果不运用这种方法给予判断，仅因为股票市盈率处于历史低位就买入，很可能在买入后很长时间不涨，那么就提高了机会成本。

（2）PEG估值法

本来投资者可以根据市盈率来判断一只股票的投资价值，市盈率越低，投资价值越大；市盈率越高，投资风险越大。但市盈率何为高、何为低呢？PEG估值法在一定程度上化解了这个问题。PEG估值法是市盈率估值法的延伸。PEG又称市盈率相对盈利增长率，是用一个上市公司的市盈率除以盈利增长率得到的数值。从定义中可以看出，PEG估值法结合了两种重要的财务指标，既通过市盈率衡量一家上市公司目前的业绩和估值情况，也通过盈利增长速度衡量未来一段时间内一家上市公司的增长预期，弥补了市盈率对于企业成长性的忽视。

PEG指标的计算公式：PEG=市盈率/盈利增长比率，即PEG=PE/G，其中，市盈率可以取当前股价与年报的每股收益进行计算，更好的是用滚动市盈率。G是未来三年净利润复合增长率，可以根据近三年的净利润增长率和公司目前经营情况进行预测，给予企业未来净利润增长速度一个合理预期。

举例，如果一个公司的市盈率为20倍，预期其未来3年的每股收益复合增长率为10%，那么其PEG就是20÷10=2；如果未来3年的盈利增长率为20%，那么其PEG就是20÷20=1。这个1是一个正常值，说明市场已充分反映其未来业绩的成长性，这是一个重要的参照值。如果一只股票的PEG值小于1，那么意味着其投资价值被低估；如果一只股票的PEG值大于1，那么意味着其投资价值已经被高估。

PEG值通常可分为四档，如果一只股票的PEG低于0.5，那么其价值就认为被低估，具有很高的投资价值。一般来说，PEG值越低，股价被低估的可能性越大。如果一只股票的PEG处于0.5～1，那么其价值被认为比较合理；如果一只股票的PEG处于1～2，那么其价值被高估，就没有投资价值；如果一只股票的PEG大于2，那么其估值就进入高风险区。

PEG估值法主要优点在于，其考虑了企业业绩增长情况，适合用于对那些具有一定成长性公司的股票进行估值，不适合对那些盈利增长速度过低或者过高的企业进行估值。比如一些小市值股票，在一段时间内，其净利润增速能达到100%，如果其当下市盈率为50，那么其PEG值就是0.5，据此可认为其股票投资价值被低估，但这样的股票却具有很高的投资风险，因为其100%的净利润增长率是很难长期维持的，一旦其净利润增速下降到50%以下，那么PEG值就大于1，估值也就面临着下跌风险。

成长股总是被高估，要想维持其高估值，必须维持业绩高成长性，一旦不能，就会快速回归正常值。市场通常认为PEG估值法比较适合一些经营稳健的蓝筹股，对于这类股票而言，净利润增速一般不会超过20%。如果市盈率再低于15倍，其实就是一个很好的买点。该法通常不适合盈利增长率超过20%的企业，因为超过这个增速的股票大多不能维持这样的增长速度。所以，当遇到几个公司的PEG值都是低于1的情况下，普通投资者要选择市盈率和盈利增长率都比较低的公司股票买入。

（3）市净率估值法

所谓市净率是指一家上市公司股票最新股价与每股净资产的比率，即市净率＝每股市价/每股净资产。净资产值一般采用年报中的每股净资产数据，而股价要采用当前时点所关注个股的最新股价。一般来说市净率较低的股票，其投资价值较高，相反，则投资价值较低。当一只股票的市净率低于1时，意味着股价已跌破每股净资产，通常意味着该股价值被大幅低估，具有很高的投资价值。市净率估值法和市盈率估值法的用法基本相同。其一，通过将所关注企业当前市净率与历史情况比较，分析当前市净率所处的相对位置，从而判断能否买入或卖出。其二，将所关注企业当前市净率与行业平均水平或其他公司的市净率比较。

如图3-4-7所示为三家工程机械公司（柳工、山推股份、安徽合力）的市净率走势对比，从图中可以看出安徽合力具有最高市净率，说明其经营质量最好，所以市场给予它的市净率最高。在当期上涨中，几只股票的涨幅依次是安徽合力100%、柳工85%和山推股份50%。

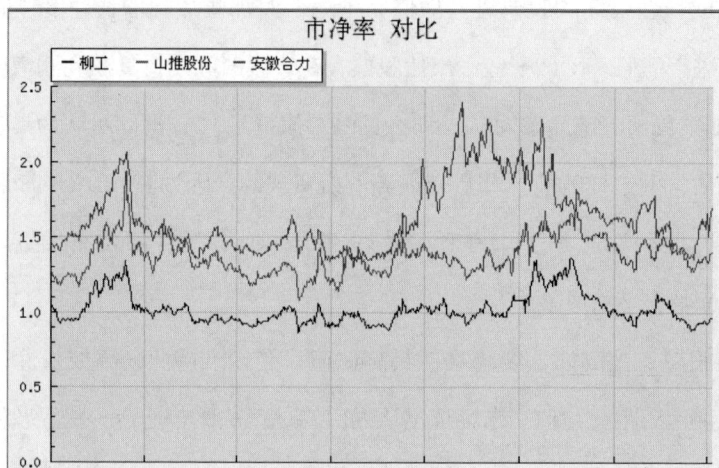

市净率 对比

图3-4-7

市盈率估值法和市净率估值法是比较常用的方法，通过上述介绍不难发现它们分别适合用于不同类型股票的估值。从资产结构看，市盈率估值法更适合轻资产型上市公司，市净率估值法更适合重资产型的公司。从行业种类看，由于经济周期会引起周期性行业公司业绩波动，从而使得市盈率发生变动，所以市盈率估值法不太适合周期性强的行业，适用于周期性比较弱的、防御性强的消费行业。市净率估值法适合用于周期性强的行业，比如银行、房地产、汽车、钢铁、有色金属、机械等。

一个企业的投资价值在于它能不断创造价值。那么什么是企业价值？如何衡量？有人说，企业投资价值在于它能不断产生更多的现金流量净值，现金流净值是衡量公司投资价值的最好依据。因为投资创办企业的目的就是投入现金得到更多现金。股票投资者认为企业价值是未来现金流按照一定贴现率贴现后的现值，这就是绝对估值法的出发点。当所关注个股的股价高于折现现值时，意味着股价被高估；反之，则意味着股价被低估。绝对估值法是如何估算未来现金流总额的？再按照多少折现率把总额折合成现值？下面以未来三年某股票的现金流净值为例，简单介绍绝对估值法。

因为股票价值在于它未来三年能够给股东带来多少现金，我们假设某股票未来三年每年所带来的现金净流入量为W值，那么现在用多少现金投资买入它才能算是获利呢？肯定要低于W值，低多少买入才是真正获利？也就是要打多少折扣后再买入才能不会亏损？为什么要打折扣，因为现在投入的现金是有成本的，至少是贷款利息，此外还有其他机会成本，也就是用这笔资金进行其他投资会获得比贷款利息还要高的收益，比如现在投入100元，一年后，增值到120元，也就是获得20元收益，收益率就是20%。

按此倒推，即由未来的收益计算相当于当前的现值，这样收益率就变成折扣率，又叫贴现率，在这种情况下，未来一年后100元的收入，约相当于现在的83.33元［100÷（1+0.2）］的现金；未来三年后的100元，约相当于现在的57.87元［100÷（1+0.2）÷（1+0.2）÷（1+0.2）］。在这里，把未来三年现金净流入量打折后所得到的数据叫现值，也是当前买入的最高价格，用V表示；用r表示贴现率，通常认为r值应该等于或高于贷款利率。有了W和r就可以计算现值V了。先依次计算三年的每一年现金净流入量的现值，然后把三者相加就是未来三年现金净流入量的现值。

第一年是$V_1 = W/（1+r）$；

第二年的$V_2 = W/（1+r）/（1+r）$；

第三年的$V_3 = W/（1+r）/（1+r）/（1+r）$；

三年后获得的总现金流入的现值就是$V = V_1 + V_2 + V_3$，那么这个V值是不是当前买入的最高价呢？是的，当然越低于这个值买入越好，所以在买入时，需要在V的基础上，再进一步打折，然后才能作为买入价。为什么还要打折？因为未来是不确定的，不确定性就是风险，这种风险要提前预设到，提高胜算。另外，还可以把进一步打折的情况考虑在贴现率里。用求和公式表示上述计算过程，得到的公式如下，其中 n 表示第 n 年。

$$V = \sum_{n=1}^{\infty} \frac{W}{(1+r)^n}$$

如果把上述公式中 W 换成是现金股利或自由现金流，那么就是以现金股利或自由现金流为基础估算股票的投资价值。运用绝对估值法的关键在哪里？在对未来现金净流入量的估算和对贴现率的估算。

如果能比较准确地估算两者，那么无疑就能准确地把握当前的现值。如果能准确地得到当前的现值，并据此买卖股票，那么操盘胜算就大大增加，比相对估值法更有价值。但这种分析方法难点在于需要对企业未来一段时间的现金流量总净额和贴现率进行充分严谨的预期分析，还要选择合理的折现率，这不仅包含一定的专业技术，也包含一定的经验。这些解决不好，那么绝对估值法准确性无法保证，甚至产生很大误差，严重误导投资，不排除造成巨大投资损失。

所以该法适合业务简单、增长平稳、成长前景明朗、现金流稳定的上市公司，这样才能有利于保证得出的结果不会有太大的误差。否则，绝对估值法的使用效果很难有保证。

第三篇

技术分析工具和方法

本篇不仅从走势轨迹上描述了股价是如何运行演变的，而且还深入论述了那些股价走势背后的决定力量是如何此消彼长，论述了那些对股价走势发挥主导作用的投资者心理和行为是如何变化的，揭示了股价运行的内在逻辑。

本篇详尽介绍了那些适合普通投资者掌握和运用的技术分析方法，从每一种技术分析方法中挖掘和设计了数种买卖技术模式，供读者选用。

第四章

趋势线技术的市场逻辑及其实战运用

趋势是技术分析的核心概念。不学会理解和运用此概念，很难进一步学习和很好地运用技术分析。要从理解这个概念开始，学习技术分析方法，依靠趋势获利。掌握了这些方法，就能在一定程度上把握市场的不确定性。

第一节　趋势的概念

　　股价变化是市场两种推动力共同作用的结果，一种力量来自市场供给，另一种力量来自市场需求。只要交易不停止，时时刻刻都有无数人在买入，同时也有无数人在卖出，这些参与者互不知晓，没有谁能知道下一刻供给与需求将怎样变化，这就是市场不确定性。但是，一旦学会运用趋势这个概念，人们就能认识到市场并不是完全随机波动，在一定时期内，总体方向具有一定的稳定性，走势会经常出现一种重复的技术模式，即走势相对固定的结构和形态。在这些认识基础上，聪明的市场人士开发出很多技术模式，用这些技术模式来识别判断市场走势及其未来变化，这种分析方法总称叫技术分析。

　　技术分析的目的是在一个趋势形成的早期识别发现它，并顺势操作，顺着趋势买或卖，从而获利。这种判断分析和操作方法叫趋势获利法。

　　什么叫趋势？趋势就是一定时期内市场整体方向。

　　如图4-1-1所示是上升趋势，其波峰和波谷逐级依次升高。

图4-1-1

如图4-1-2所示是下降趋势，其波峰和波谷逐级依次下降。

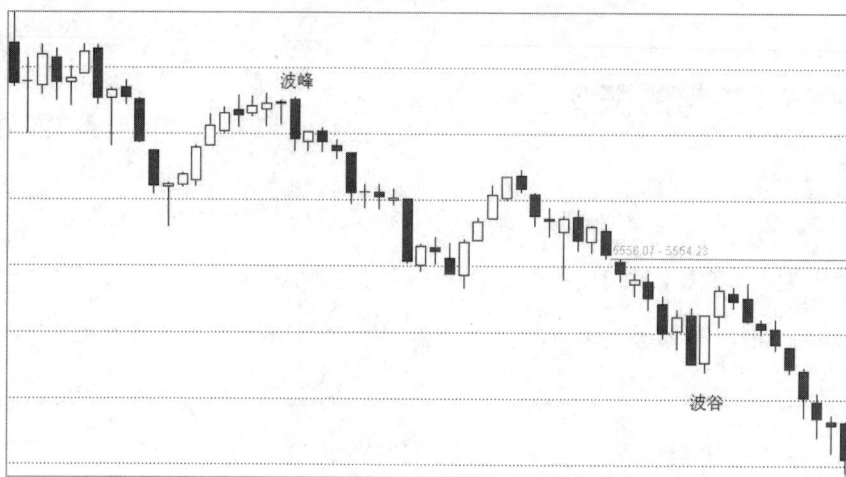

图4-1-2

在一定时间内，虽然市场走势会反复出现局部后退，然后再前进的走法，像波浪一般运行，但总体方向是一定的。任意一个波浪的波峰或波谷总会高于其之前相应规模波浪的波峰或波谷，或者任意一个波浪的波峰或波谷总会低于其之前相应规模波浪的波峰或波谷。当没有出现上述两种情况时，就是没有趋势。根据上述情况，将趋势分为上升（上涨）趋势、下降（下跌）趋势和横向趋势。如图4-1-3所示是横向趋势，又叫没有趋势，其波峰和波谷基本上是横向移动的。

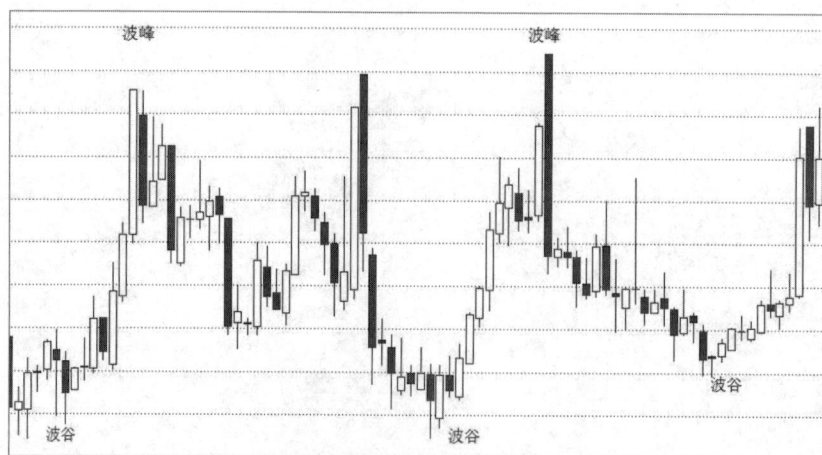

图4-1-3

根据趋势的性质和持续时间不同，将趋势分为主要趋势和次要趋势。它们规模不同，同时存在，主要趋势含有次要趋势，次要趋势方向与主要趋势相反，是对主要趋势的修复。如图4-1-4所示，AB整体是主要下跌趋势，其中波段（2）等是次要趋势。次要趋势方向也可与主要趋势方向一致，如波段（1）、波段（3）等。

图4-1-4

在一定时期内，在总体上，市场走势为什么会顺着一定方向呈波浪式运行？这是市场始终处于动态平衡的供需变化所直接决定的，而供需变化产生于参与者对市场认识的变化。其中，那些先知先觉者们的判断和决策构成了市场运行的主要内在逻辑，因为他们的决策基于充分的基本分析和周密思考，对市场的认识及其市场行为趋于一致，使他们成为决定市场主要趋势的主导力量。

而其他市场参与者，不但难以对市场形成一致认识，又很容易受市场本身波动影响，所以他们对市场的作用会相互抵消，不能对市场趋势变化产生决定性影响。对于上升趋势而言，在开始时，承接之前的下跌趋势，当市场跌到一定低位而严重背离市场内在价值时，那些处于大幅亏损的筹码，会因恐慌而持续不断地认亏出局，使推动下跌的供给不断减少，市场因跌无可跌而具有回升的潜能。于是，那些处于密切观望中的先知先觉者，开始主动承接抛盘，使走势在技术面出现向好的迹象。

这些迹象会被那些同样密切关注市场、经验老到的后知后觉者所察觉，他们也开始积极买进，进一步推高市场。越早买入者就越早获得盈利，在盈利效应的刺激下，越来越多的人涌入市场，进一步推高市场。但是，随着市场抬升，会有越来越多的参与者获利了结，使市场供给越来越大，当供给超过需求时，市场会回落而完成一个波浪式循环。

如图4-1-5所示为上证指数一轮牛熊交替的走势图，主要观察和分析方框所对应的成交量情况。对于不同阶段的市场参与主体可以做如下猜测。在A时期，基本分析型资金开始积极进场；在B时期，技术型资金开始积极进场；在C时期，公众开始涌入市场，而此时依靠基本分析的人已经开始撤退；在D时期，技术型资金开始撤退；到E时期，技术型资金已完成撤退；在F时期，以公众资金相互踩踏为主，其中伴随着少数技术型短线资金参与。

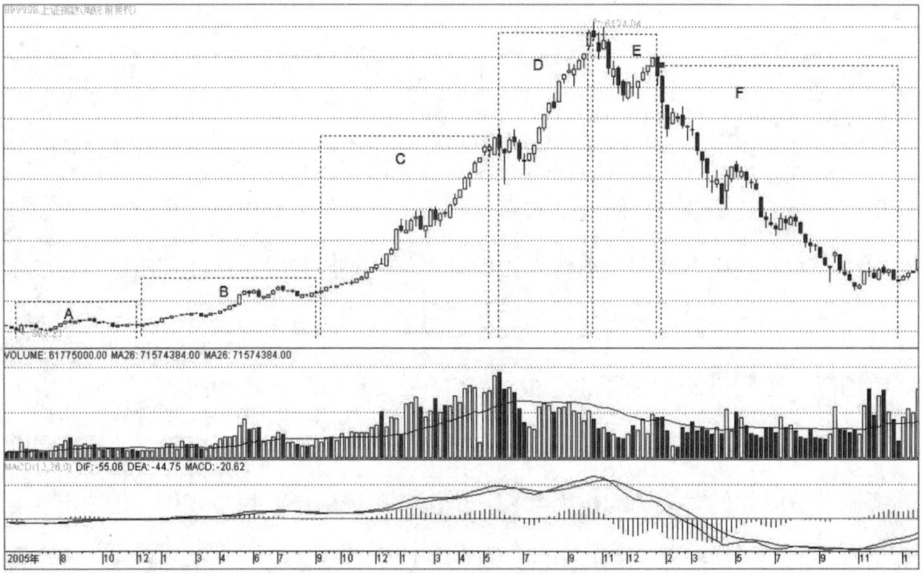

图4-1-5

通俗地说，趋势就是市场波动的惯性。为什么会有惯性？主要原因就是市场盈利效应引发了持续不断的买盘，或者市场亏损效应引发了持续不断的卖盘。一旦盈利效应所能引发的潜在需求全部被满足，则上涨趋势结束；或者，一旦亏损效应所能引发的潜在供给全部被释放或承接，则下跌趋势结束。趋势是自然万物运动的规律，不是外部偶然单个事件所能影响和轻易改变的，更不是少数人意志所能控制的。为了提高判断准确性和操作的胜算，普通投资者需要知道如何给上升趋势或下跌趋势更准确的定义？

上升趋势是指数或某只股票价格的一种走势，它是由一系列上升波段和夹杂在上升波段中间的下降波段构成，下降波段是对之前上升波段的回撤，但不会完全回撤之前的上升波段，更不能回撤到前一次回撤低点以下，而上升波段的高点总会超过前一个上升波段的高点。下跌趋势是市场指数或某只股票价格的一种走势，它是由一系列下跌波段和夹杂在下跌波段中间的上升波段构成，上升波段的反弹是对之前下跌波段的回撤，但不会完全回撤之前的下跌波段，更不能反弹到前一次反弹高点以上，而下跌波段的低点总会跌破前一次下跌波段的低点。

顺势操作是股票市场获利的途径。股票操作首要策略是顺势而为。顺势操作就要学会如何识别趋势，分清主要趋势与次要趋势，分清长期趋势与短期趋势，顺着主要趋势或者长期趋势操作，利用好中期趋势或者次要趋势，不要被短期趋势干扰，切忌逆着主要趋势的方向操作。那么，如何对当前走势作出判断呢？这需要学会画趋势线，依靠趋势线衡量趋势方向，衡量原趋势是否结束和新趋势是否开始。

第二节　趋 势 线

趋势线是判断趋势变化最有价值的技术工具之一。从市场动能角度讲，趋势线是对抗和打击逆市场趋势力量的着力点。按方向不同，将趋势线分为上升趋势线和下跌趋势线，前者是沿着两个依次上升的波谷指向右上方的一条直线，后者是沿着两个依次下降波峰指向右下方的一条直线。趋势线可视为一条射线，一直指向右侧，它不仅直观地表示趋势方向，而且能帮助操作者判断趋势状况，为使用者直接提供进出的依据。既然趋势线的意义如此重大，普通投资者要学会正确绘制趋势线。如何绘制趋势线？

1. 趋势线画法

趋势线是一条直线，按以下三个步骤绘制当前走势的趋势线。

第一步，如果要确立一个上升趋势，那么在当前总体向上的走势范围内，至少要找到两个依次抬高的波谷和一个高点已被向上突破的波峰，如图4-2-1所示。如果要确立一个下跌趋势，那么在当前总体向下的走势范围内，至少要找到两个依次下沉的波峰和一个低点已被向下跌破的波谷，如图4-2-2所示。

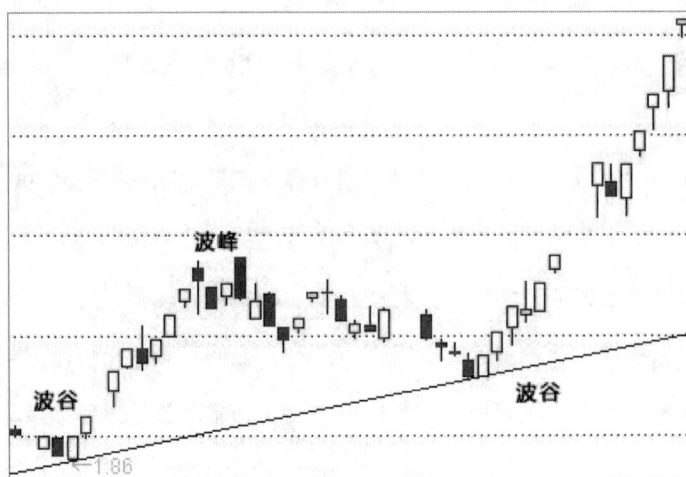

图4-2-1

第二步，在上升趋势中，把最初两个规模相当的波谷末端连接成一条指向右上方的直线。这条直线要保证两点，其一，当前最高点之前的所有价格都位于其上方；其二，直线是过两个波谷边缘的切线，没有穿越任何价位，特别是不能穿过任何实体内价格，这就是上升趋势线，如图4-2-1所示。在下跌趋势中，把最初两个规模相当的波峰末端连接成一条指向右下方的直线。这条直线要保证两点：其一，当前最低点之前的所有价格都位于其下方；其二，直线是过两个波峰边缘的切线，没有穿越任何价位，特别是不能穿过任何实体内的价格，这就是下跌趋势线，如图4-2-2所示。

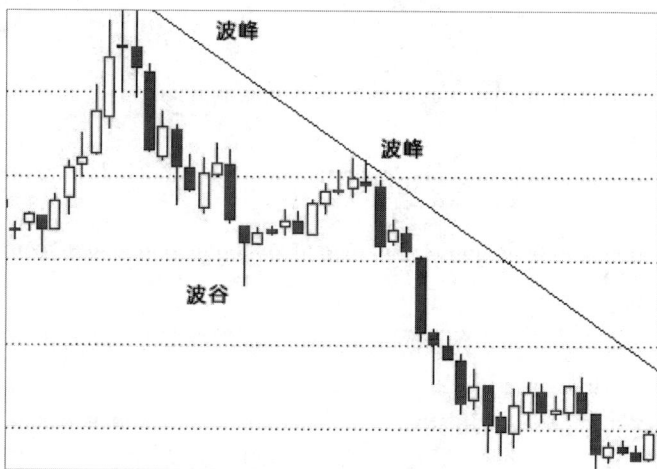

图4-2-2

第三步，验证所画趋势线的有效性。在绘制好趋势线后，股价会继续呈波浪式向右运行，会发生一定回撤而接触趋势线，如果回撤被趋势线阻止，并从趋势线上弹射出去，恢复既定趋势的方向，那么所绘制的趋势线是有效的，如图4-2-3、图4 2 4所示。在实际操作中，无须要求回撤的价格刚好触及趋势线，只要走势回撤到达趋势线附近，就停止进一步回撤，那么这根趋势线就被视为有效。如果偏离太多，则视为无效，这时就需要重新绘制趋势线。

如图4-2-5所示，A和C是当前走势形成的最初两个波谷，沿AC处绘制的趋势线就是尝试性上升趋势线，股价在C之后创新高，其后回落，如果没有跌破AC线，那么AC线就是一条有效上升趋势线。图中波谷B距离AC太远，所以需要重新绘制新趋势线。比如，在CB趋势线没有在D处跌破之前，其是有效的，在D处被跌穿之后，就无效了。当股价在D处之后再创新高，就可以绘制上涨趋势线CD。

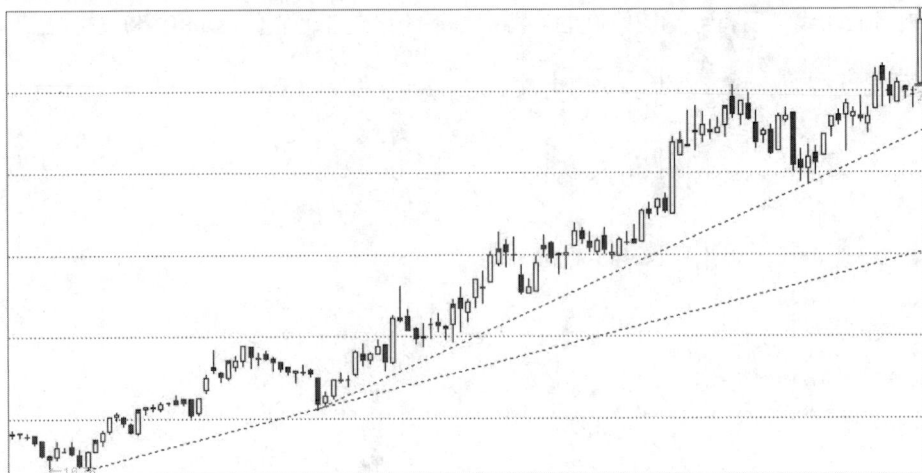

图4-2-3

图4-2-4

按上述步骤所画的第一根趋势线是新趋势起涨或起跌趋势线，角度比较平缓，叫原始趋势线。如果一个新趋势已确立，并含有三个以上的波峰和波谷，那么原始趋势线往往就不能有效反映新趋势运行状况，就需要重新绘制趋势线。在这种情况下，如何绘制新趋势线？对于上升趋势，在考虑时间范围内，选择较早波谷为起点，再选择当前最高点之前的某波谷为连接点，绘制一条过两个波谷边缘的切线，指向右上方，无限延伸，保证这条线在这一期间没有穿越任何价位，尤其不能穿过实体的价格，而且要最贴近当前走势，如图4-2-6所示。

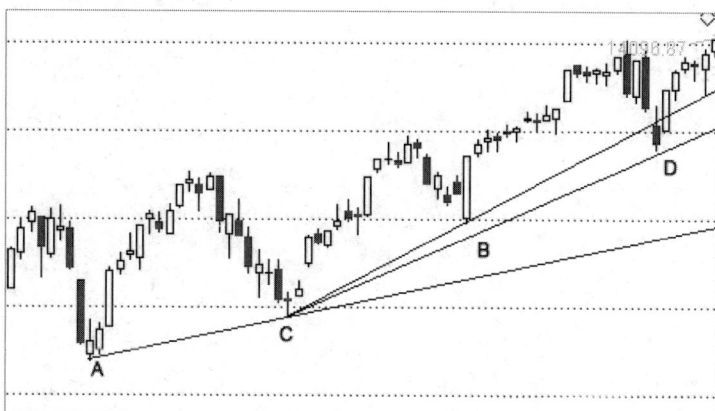

图4-2-5

图4-2-6

对于下跌趋势，在考虑时间范围内，选择较早波峰为起点，再选择当前最低点之前的某波峰为连接点，绘制一条指向右下方的直线，可以无限延伸，保证这条线在这一期间没有穿越任何价位，尤其不能穿过实体的价格，而且要最贴近当前走势，如图4-2-7所示。在这两幅图中，最近的趋势性已被突破或跌破，在突破或跌破之前是有效的。对于下跌趋势而言，在其下跌趋势线被向上突破之后，如果股价创新低，那么就可以画出新的下跌趋势线；对于上升趋势而言，在其上升趋势线被跌破之后，如果股价能创新高，那么就可以画出新的上升趋势线。

图4-2-7

对于上述所画的趋势线，只要所绘制的趋势线没有被价格穿越，那么就一直保留下去，继续作为判断趋势是否变动或操作的依据，或许将来这根趋势线会发挥作用。如图4-2-6所示，在股价到达当前最高点之后，开始回撤，依次跌破后来所画的新趋势线，却在最初原始趋势线上方止跌，并快速向上反弹。

2. 趋势线的用途

趋势线是判断趋势是否反转的最重要工具之一。绘制趋势线就是为了判断趋势变化，尽早发现趋势已经发生改变或新趋势已经确立，为买卖操作提供依据。那么趋势线是如何发挥这样的作用的呢？趋势线最重要的作用是充当普通投资者进出场的依据，只要能画出一条趋势线，就可以伺机进行买卖操作。依托上升趋势线，有两个如下的买入建仓时机。

　　第一，在放量突破下跌趋势线时建仓。如果一条重要的下跌趋势线被放量突破，那么在放量突破时可以跟随买入。在这个部位建仓可以抢占先机，获得成本优势，但风险高，胜算低，因为新趋势还没有确立。既然如此，只能投入少量资金，一旦发生再次回撤到原来趋势线之内，就需要止损离场。如果资金有限，那么就不宜参与这种胜算很低的机会，如图4-2-8所示，图中A是一个买入时机，结果市场先横向震荡一段时间，后来又跌破震荡箱体下沿。适当的操作应该在跌破下沿时卖出，不可久留。

图4-2-8

　　第二，在突破趋势线不久，股价发生回撤，在股价靠近趋势线出现止跌迹象时买入。如图4-2-9、图4-2-10所示，观察图4-2-9可以看到，在突破下跌趋势线第三日就开始回落两天，然后一根阳线，形成上涨子母线，果断买入。

图4-2-9

图4-2-10

　　趋势线不仅可作为初次建仓依据，也可作为加仓依据。在上升趋势确立后，股价或许会不断回落靠近上升趋势线，然后反身向上，继续保持上涨趋势。每次回落靠近上升趋势线，只要能出现支撑有效的迹象，那么操作者就可以适量买入，并依据趋势线设好止损，如在股价跌破上涨趋势线一定幅度的条件下卖出。如图4-2-11所示，AB是根据两个波谷低点画出的一条上升趋势线，不难看出C点和D点是两次买入加仓做多良机。通常，在这种向上倾斜度很低的趋势线支撑下，震荡向上持续得越久，将来主升浪空间越大，买入后，可耐心持有，等待最后的主升浪。其后，如果股价跌破上涨趋势线一定幅度，那么就要止损卖出。

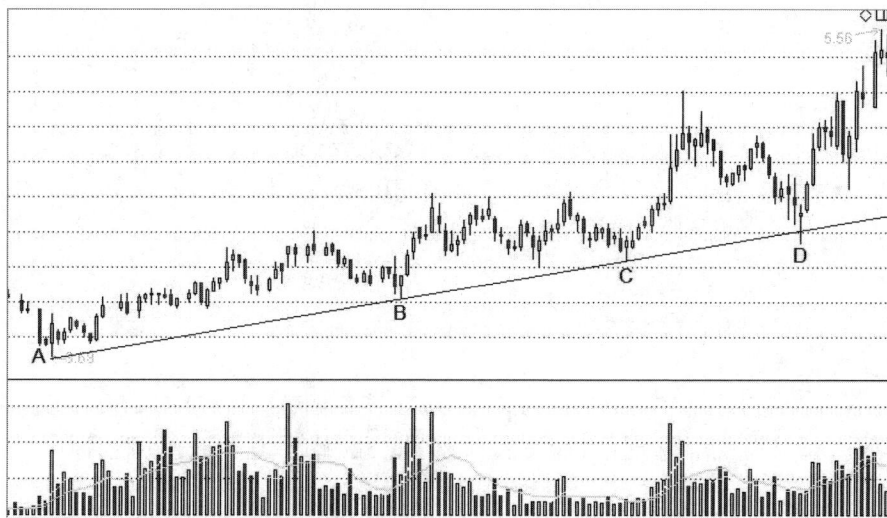

图4-2-11

如图4-2-12所示，图中C点也是买入做多点，但在此买入后，第二日必须止损卖出，否则后果很严重。这个买入本身没有错，只要股价回落到上涨趋势线附近，出现止跌迹象，都要毫不犹豫地买入，但市场是不确定的，股价在此情况下，既可能恢复涨势，也可能继续回落，演变成下跌趋势。所以每次买入，不管如何周密分析都不能保证万无一失，所以都要做好止损的心理准备，并制订止损计划。一旦出现止损信号，则必须止损。

趋势线的可靠性不是决定成败的因素，而是买入多少的尺度。每一次操作投入多大比例的资金要参考趋势线的可靠性。在画好趋势线后，首次触及支撑或压制，则可靠性最高。越是重要的趋势线被突破，趋势发生逆转的可能性就越大。

突破的幅度也反映趋势线的可靠性，收盘价完全突破比分时图中"针刺"性突破有效，收盘价越过趋势线的幅度越大，突破的可能性就越大。伴随突破时的成交量也是判断可靠性的因素，成交量越大，突破的可靠性越大。趋势线的倾斜度也关系可靠性。趋势线倾斜度越接近水平，其可靠性越大，一旦被突破，预示着趋势发生逆转的可能性越大。

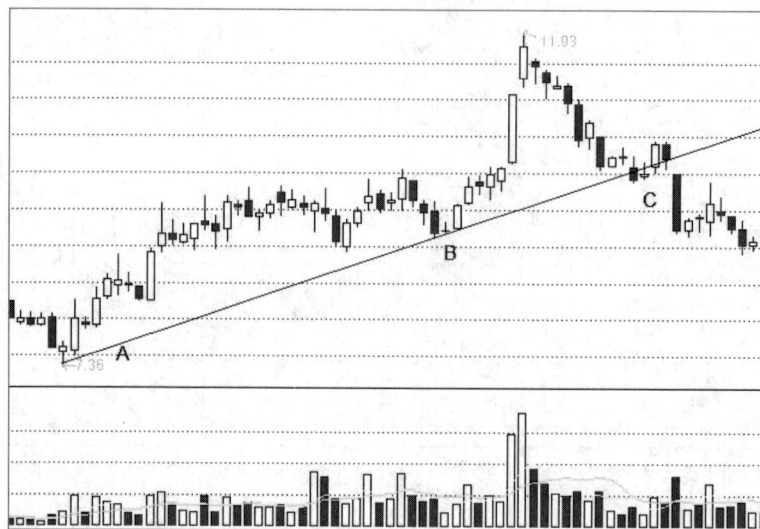

图4-2-12

　　一条趋势线一旦被有效突破，那么对于新趋势而言，这条趋势线就由原来的阻挡转为支撑，或由支撑转为阻挡，这就是趋势线的反作用，如图4-2-13所示。

图4-2-13

图4-2-13中AB为上升趋势线，在被向下突破后，股价反弹止于C处，显示趋势线在C处对反弹构成压制作用。当其发挥作用时，就提供一次买卖时机，如在C处，持有者需要卖出减仓。

第三节　管道线

市场总体保持一定方向呈波浪式向右波动，在一定时期内，波峰和波谷会排列得比较整齐，比如，下跌趋势的波谷往往贴着一条下降线，上涨趋势的波峰往往会贴着一条上升线。这样，市场的走势看起来就像沿着一个管道向右波动，于是提出了管道和管道线的概念。

管道线是由趋势线衍生出来的另一个趋势分析的重要工具。一旦画好趋势线，就能随之画出相应的管道线，这条管道线将与趋势线一样，可作为买卖依据。如图4-3-1所示为一个上升趋势的趋势线和管道线，如何绘制呢?

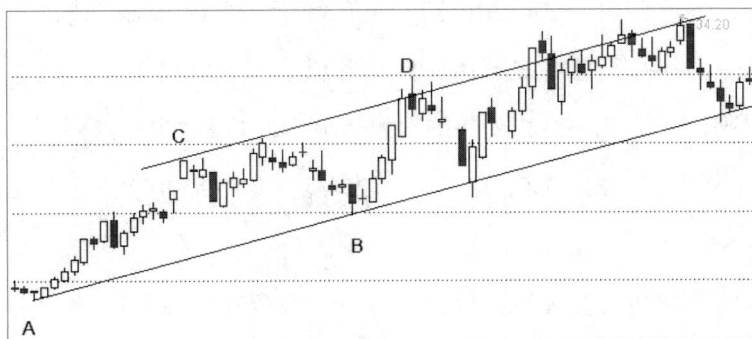

图4-3-1

先画出一条上升趋势线AB，然后从C处（趋势线上方的第一个波峰）出发画出一条与上升趋势线AB平行的直线，随着趋势线一同向右延伸，这条直线就是上升管道线，两者构成了一个管道，日后股价大概率将在管道内蜿蜒震荡前行。下降趋势的管道线及管道如图4-3-2所示。

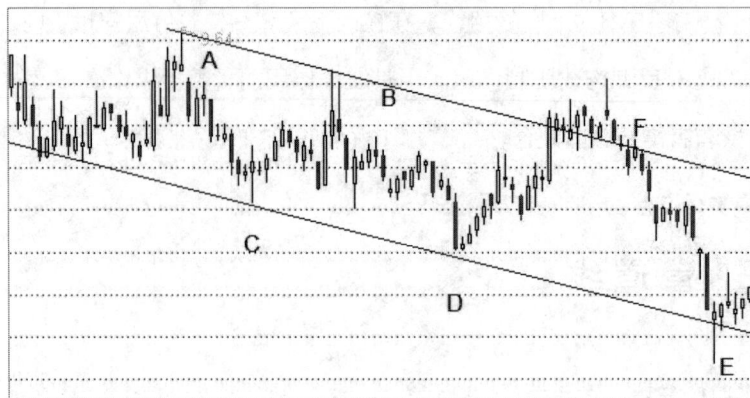

图4-3-2

先画出一条下降趋势线AB，然后从C处（下跌趋势线下方的第一波谷）出发画出一条与AB平行的直线CD，随着趋势线一同向右延伸，这条线就是下跌管道线，这样CD与AB就构成了一个下跌管道，日后股价将很可能蜿蜒前行在管道内。如何运用管道线呢？

在A股市场，上升管道可以作为一次完整买卖的依据，在股价回落靠近上升趋势线，并显示趋势线支撑有效时买入，在股价反弹到管道线附近时，如果股价出现上涨乏力，说明管道线的阻挡有效，则卖出。

管道线还可以用来分析趋势的发展状况。如果股价向上突破原上升管道线，则说明原来趋势要加速，可以画出倾斜度更陡的新趋势线及其管道线，如图4-3-3所示。

反之，如果在股价触及上升趋势线之后，反身向上，却无力抵达管道线附近，这说明原来趋势有转弱的迹象，如图4-3-4所示。总之，上升管道线是提前预感趋势要加速或逆转的依据。

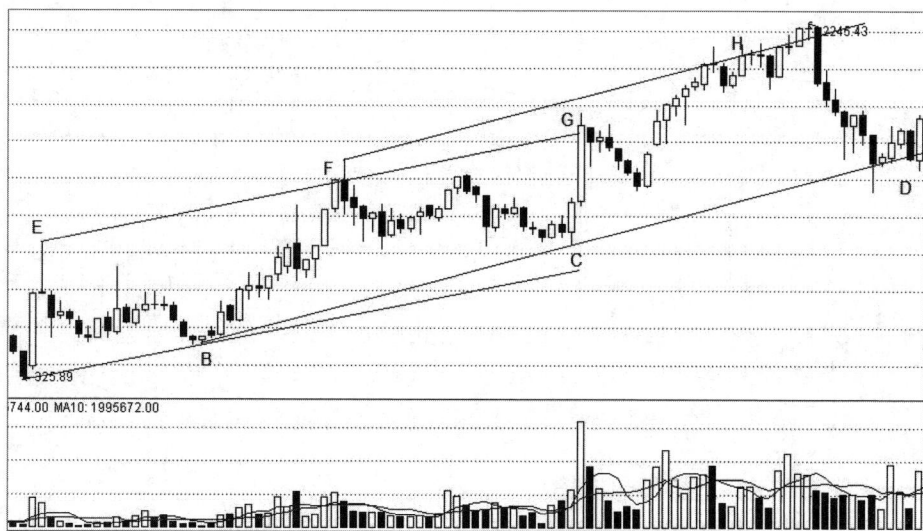

图4-3-3

图4-3-4

　　不过，技术分析的局限在于它永远只是可能性分析，不能做肯定性或唯一性预测。技术分析方法只是预测，总有不灵的时候，这是不可避免的。所以不要沉迷于寻找什么能够提前预知的绝招或秘诀，做好应对胜过任何绝招或秘诀。所以技术型操作者的成功，不是靠预测，而是靠正确应对。如图4-3-5、图4-3-6所示，在图4-3-5的E处显示趋势很强，结果在接下来的回落中，股价跌破上涨趋势线。

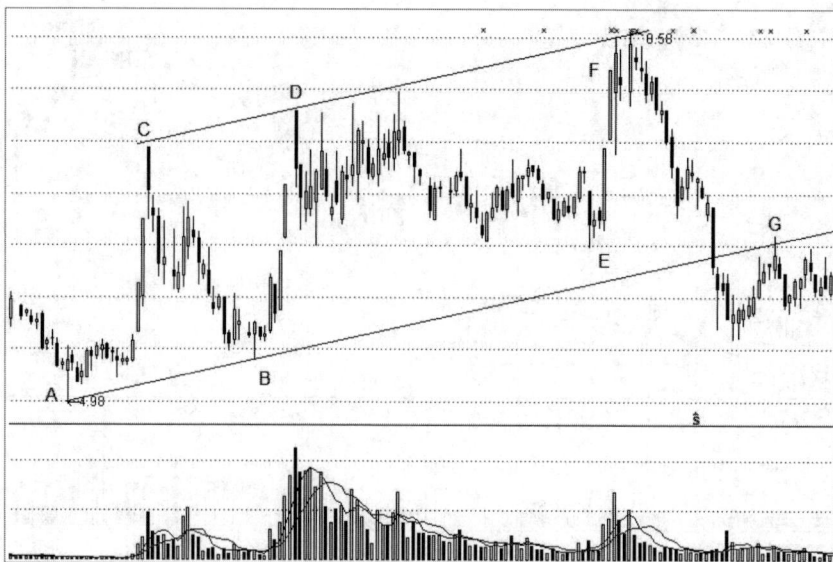

图4-3-5

在图4-3-6的D处显示趋势很强，结果在接下来的回落中，股价跌破上涨趋势线。

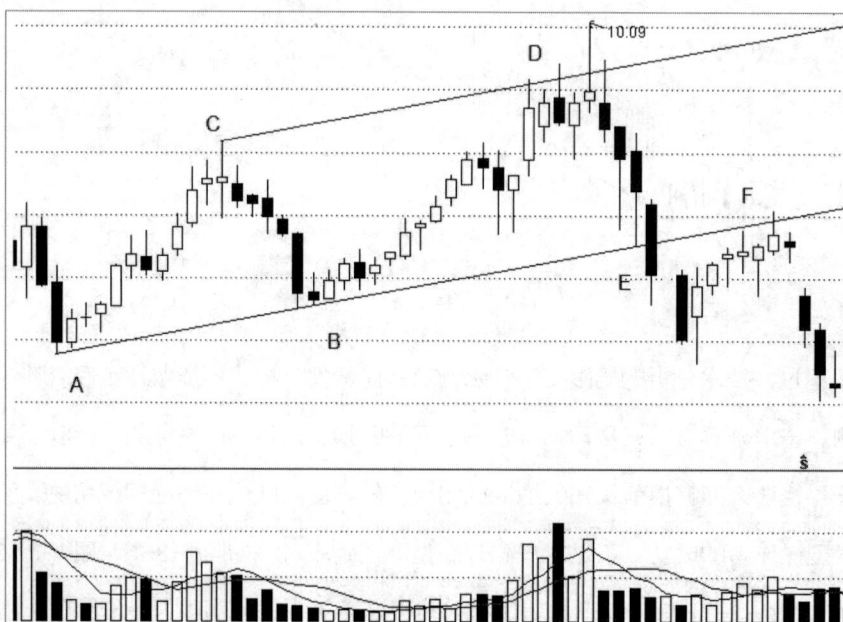

图4-3-6

第五章

移动平均线技术的市场逻辑
及其实战运用

趋势线是手工绘制的，容易产生误差，而且分析时间跨度越大，手工画出的直线误差越大。过大的误差对判断和操作是不利的，这是切线分析方法在使用方面的局限性。那么，是否有其他技术分析方法可以弥补这种局限性呢？当然有，移动平均线技术分析法就是这样的一种方法。价格移动平均线不仅能指示趋势方向，而且可以弥补切线分析法的某些局限性，这是由于价格移动平均线是由电脑软件自动生成的，使用方便易行。

第一节　价格移动平均线的作用

技术分析者认为价格移动平均线具有以下作用。

1. 揭示价格的运动方向

价格移动平均线能揭示股价波动的大体方向，其方向可以视为一定趋势的方向，如果方向向下，则意味着趋势向下；如果方向向上，则意味着趋势向上。如图5-1-1所示，图中的均线与趋势线基本一致。

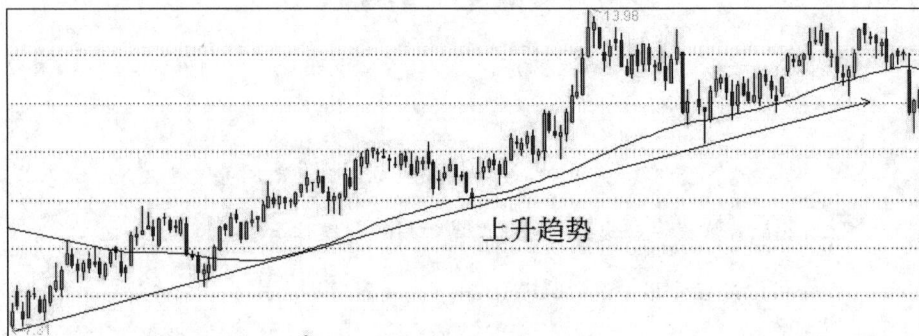

图5-1-1

从图5-1-1中可看出，价格移动平均线对趋势方向的指示往往比趋势线滞后，当中期趋势已确立，而代表中期趋势方向的60日价格移动平均线还没有向上；中期下跌趋势已确立，而60日均线还保持向上的方向。为了克服均线的滞后，需调整均线的周期参数。

2. 助涨助跌作用

在上升趋势中，向上移动的平均线具有助涨作用，价格回落，通常会止跌于向上的均线附近。在向上突破后，首次回落到上行价格移动平均线时，这是胜算极高的买入点。

　　如图5-1-2所示，在均线上方附近，股价出现了星状K线，这时在做好止损准备的前提下，要敢于买入。

图5-1-2

　　在趋势中途，即使跌破向上的均线，在不改变上行方向的前提下，市场通常会很快回到均线上方，恢复涨势，在止跌时，可尝试买入。当股价重新站上均线时，可继续寻机买入。不过，如果上涨趋势已经老化，那么原先发挥支撑作用的均线很容易被跌破，随后均线方向也将发生逆转，其支撑作用将变成压制作用，如图5-1-3所示。

图5-1-3

　　在下降趋势中，方向向下的均线具有助跌作用，市场反弹通常会受阻于那些向下的均线附近。在下跌趋势中途，即使股价反弹向上突破下行均线，往往很快就回到均线下方，恢复跌势。如图5-1-4所示，图中给出卖出的提示。

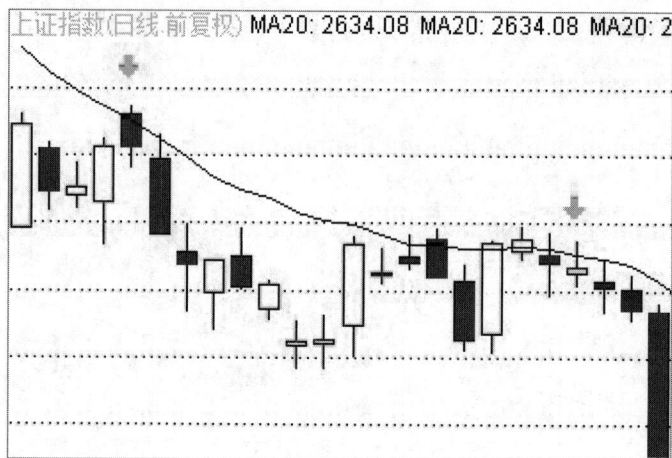

图5-1-4

在价格刚刚走出盘整区域后，移动平均线的助涨或助跌作用尤为显著。价格向上突破后，首次回落到上行的移动平均线附近，往往会获得支撑，这是一次最佳的买入做多机会，胜算很高，如图5-1-5所示。

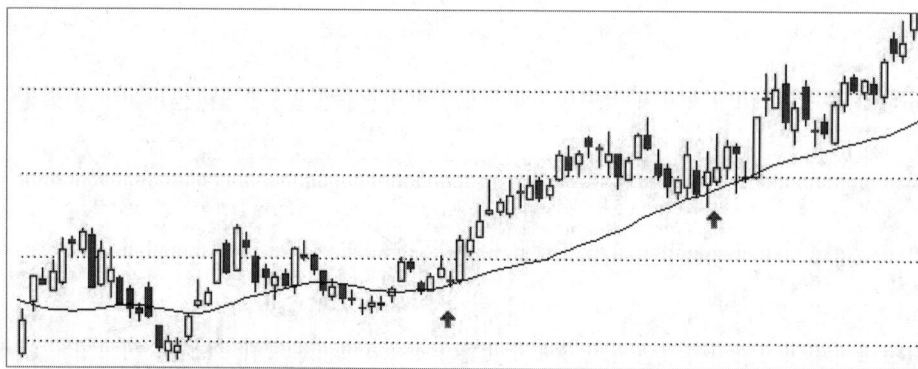

图5-1-5

价格跌破下行的均线后，首次反弹至均线附近，往往会回落，在此卖出，安全性很高，如图5-1-6所示。

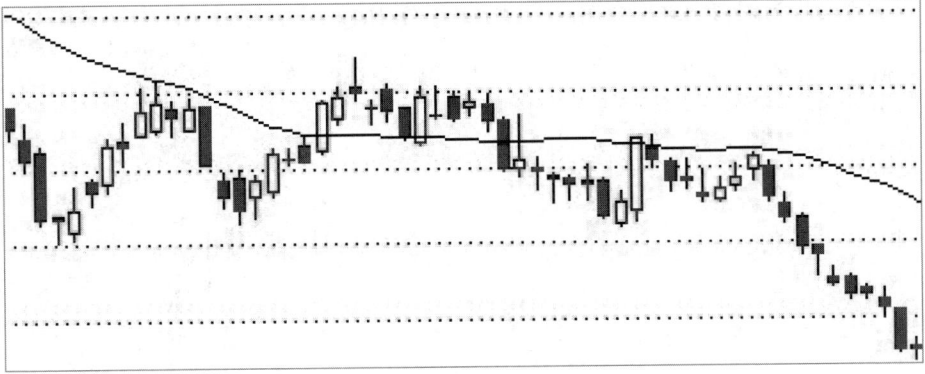

图5-1-6

处于同一价格水平的均线，周期参数不同，其助涨或助跌作用强度也不同，周期越长的均线，作用越强。假如短期均线位于长期均线之上，股价处于短期均线与长期均线之间，如果长期均线是向上的，那么下行的短期均线的压制作用就很小，可以忽略不计；当均线呈空头排列时，长期均线压制中期均线，中期均线压制短期均线，线线压制，中长期均线产生叠加压制效应。在股价下跌趋势反转为上涨趋势的过程中，均线阻力都要经过市场多次攻击方能克服，直到均线由下倾变为水平，价格才能顺利过关，否则即使被突破，下行的均线也会把股价拉回，甚至拉回到其下方，如图5-1-7所示。

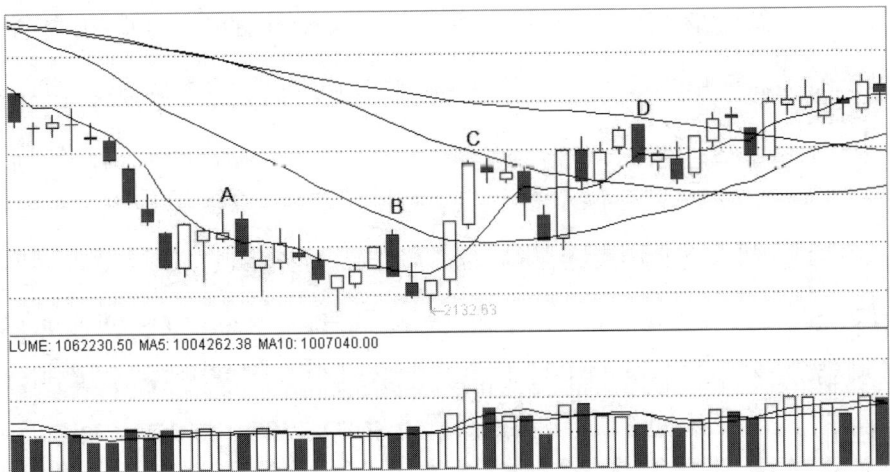

LUME: 1062230.50 MA5: 1004262.38 MA10: 1007040.00

图5-1-7

均线的角度影响其支撑作用，越陡峭，作用越小。在股价快速上涨而使均线变得非常陡峭时，均线的支撑作用则会显得微不足道，如图5-1-8所示。

图5-1-8

怎样理解价格移动平均线的助涨或助跌作用？其包含的市场内涵或逻辑是什么？

其一，价格移动平均线代表着市场价值共识，尤其代表市场主力对趋势变化的共识，均线的方向代表主力成本重心的移动方向。

其二，价格移动平均线揭示当前市场的平均成本。从博弈角度看，不同方向的均线代表市场不同参与方的筹码成本。而筹码成本的高低，关系到博弈地位的优劣势。需要搞清楚的是，均线所代表的筹码成本是谁的。是专业操作者的成本，还是业余操作者的成本？这样才能真正有助于理解和运用均线的助涨或助跌作用。

在下降趋势中，当股价远离上方平均线时，短线游资会乘机买进，期望做一把短线反弹，因为此时股价距散户的成本很远，两者之间有足够的空间，让游资做一次反弹，也就是游资主力会先暗中逆势承接抛盘，然后大肆买进，向上扫盘，使股价快速反弹，吸引跟风，创造卖出机会。但主力不会让股价反弹到达均线附近。

在上升趋势中，当股价远离上行均线时，也就是远离主力的成本区，两者所形成的价差构成主力丰盛的利润，这时主力就自然想兑现一部分利润而卖出，导致股价滞涨回落，当股价回落，接近代表主力成本的均线附近时，主力又会重新买进，阻止股价回到成本以下，并买回短线筹码。如此滚动操作，既能获取更多利润，又能促使筹码在高位换手，提升散户所持有筹码成本，使筹码又恢复为稳定状态，为进一步推高股价奠定基础。围绕均线，主力会有计划地买进或卖出，在此期间，主力似乎遵循葛兰威尔法则。

第二节　葛兰威尔法则

葛兰威尔法则是一种买卖技术模式，它明确给出买卖的技术位，技术型操盘者无不视其为技术分析的至宝。葛兰威尔法则包含八大买卖法则，其中，四个是买进时机，四个是卖出时机，如图5-2-1所示。

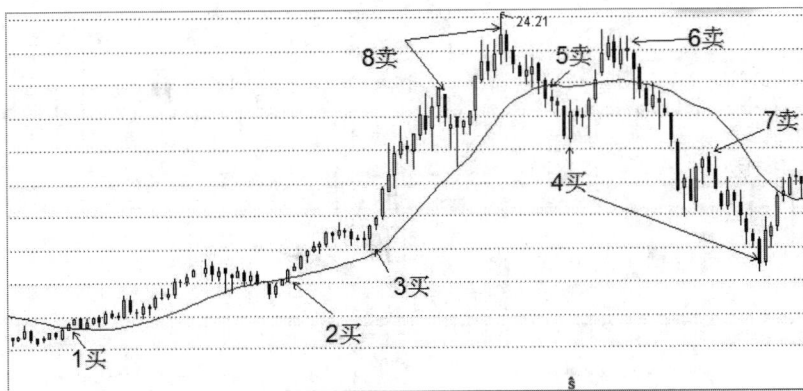

图5-2-1

第一个买入时机，如图5-2-2所示。当移动平均线从下降逐渐走平或转为上升，在股价由下往上突破移动平均线时，为买进时机，可参考分时图，在缩量回落止跌时买入。

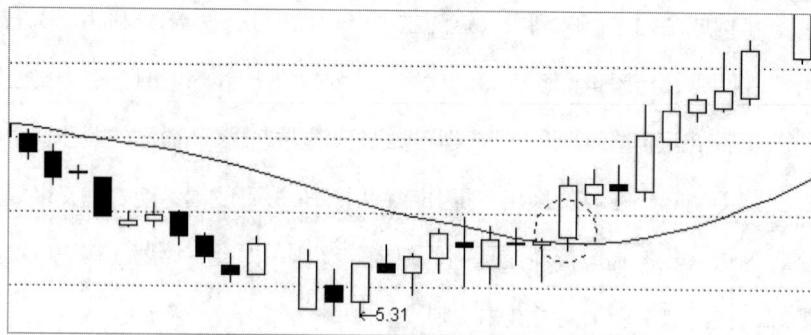

图5-2-2

第二个买入时机，如图5-2-3所示。在移动平均线之上，当股价滞涨回落，跌到移动平均线下方附近，但均线依然保持向上的态势。当股价加速下跌到均线下方附近出现了止跌K线，可试探性买入。当股价向上穿越均线时，利用分时图，在出现缩量止跌时寻机买入。

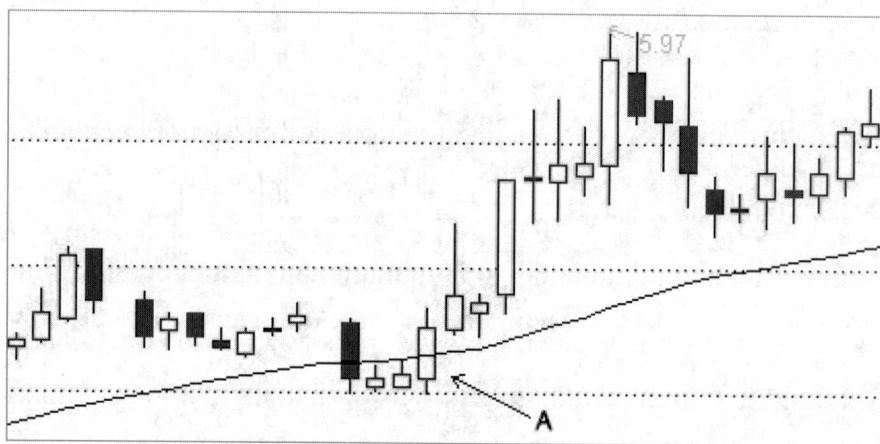

图5-2-3

第三个买入时机，如图5-2-4所示。股价从高位回落，在移动平均线上方附近止跌，然后重拾升势，此时，只要平均线继续在上升，在设置好止损的情况下，普通投资者及时寻机买入。买入信号是缩量回落，出现止跌星线。

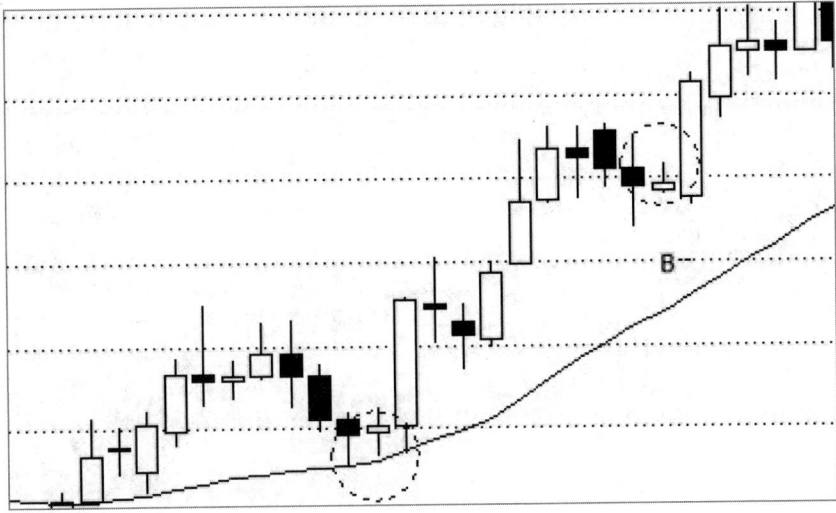

图5-2-4

第四个买入时机，如图5-2-5所示。

图5-2-5

在下降趋势中，股价加速下跌，远离平均线，也就是远离套牢者的成本区，有一定的获利空间，股价将反弹，在设置好止损的情况下，立即买入。买入信号有这几点，其一，股价快速下跌，远离均线；其二，突破前一日高点，而之前连续多日，都没有突破过前一日高点；其三，当日反弹时伴随放量。一旦突破前一日高点，就在分时图中寻机买入。此种买入是逆势而为，只可用极少资金，快进快出，不可恋战，如图5-2-6所示。

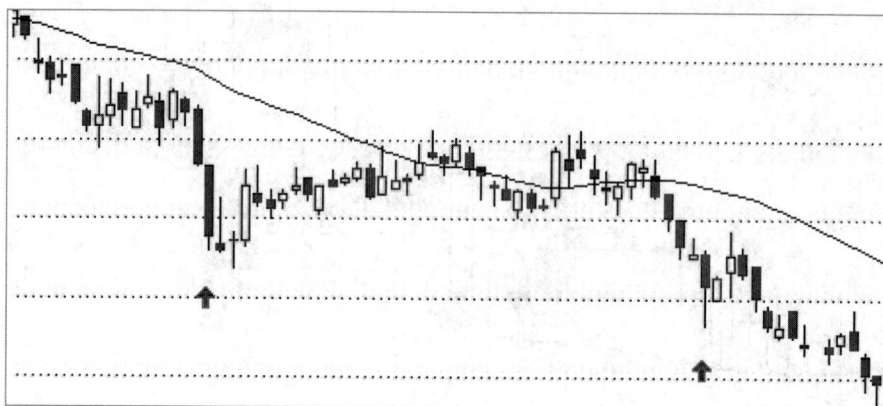

图5-2-6

第一个卖出时机，如图5-2-7、图5-2-8所示，移动平均线由上升趋势转为走平或下行，股价从平均线上方跌破平均线。若出现如下信号，则卖出，其一，之前绝对涨幅已经很高；其二，之前一波上涨缩量乏力；其三，均线由上行变为走平；其四，跌穿均线时，伴随放量。看到这些信号，持有者要逐步卖出。图中A、B所出现的K线就是一次卖出时机。

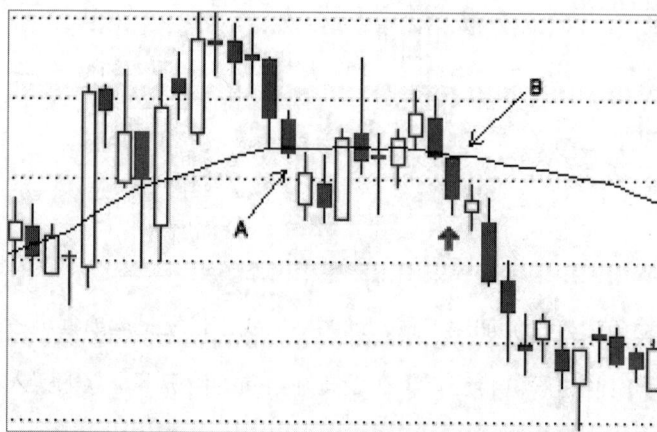

图5-2-7

图5-2-8

第二个卖出时机，如图5-2-9所示，移动平均线由上升转为走平或下行，股价先跌穿均线，然后股价反弹重新站上移动平均线，再次回落跌破均线，在跌破均线时卖出。卖出信号反弹缩量无力，无法再创新高和再次放量跌穿均线。

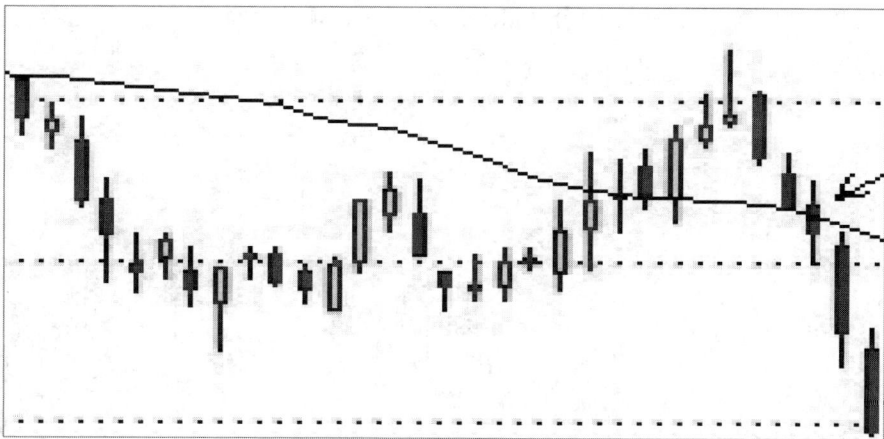

图5-2-9

第三个卖出时机，在如图5-2-10所示的下降趋势中，股价会反弹接近下行均线的下方附近，滞涨回落，一旦出现这种状况，及时卖出。

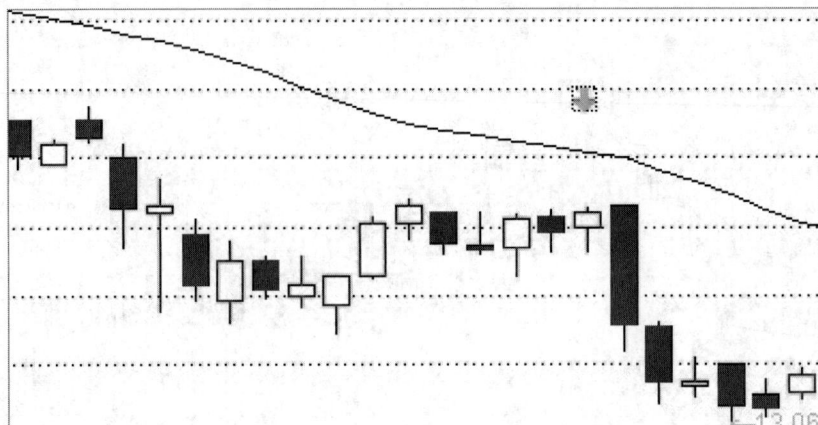

图5-2-10

第四个卖出时机，在如图5-2-11所示的上涨趋势中，价格暴涨而远离移动平均线，当股价出现滞涨回落迹象时，可以卖出部分筹码。此时信号如下：其一，之前一波上涨爆量，涨幅很大，近期开始缩量；其二，远离均线，使均线上倾角度很陡峭；其三，出现滞涨K线，如星状、倾盆大雨等。此卖法适合波段操作，在卖出后，要寻机重新买入。

图5-2-11

第三节　底部和上升趋势中途的价格移动平均线图形及其运用

随着价格的演变，追踪价格变化的移动平均线也随之蜿蜒向前。由于不同周期移动平均线的变化不是同步的，其纵横交错就会形成各种图形，这些图形蕴含着一定的市场内涵或技术逻辑，如果能理解其中蕴含的市场意义，那么将有利于提高对市场趋势的预判能力。接下来，跟踪一次完整的牛熊转换周期中的均线变化，看看将出现哪些图形。

1. 黄金交叉和再次向上交叉的均线图形

黄金交叉是指短期均线向上与方向也向上的长期均线发生交叉所形成的图形。两线交叉意味着在不同时期内买入的筹码成本趋向一致，两条均线的支撑作用发生共振。如果股价有机会重新回落到交叉点附近，那么在股价出现止跌迹象时买入。这种买入胜算很高。买入前要做好止损卖出的心理准备，若买入后股价不涨反跌，就要卖出，如图5-3-1所示。

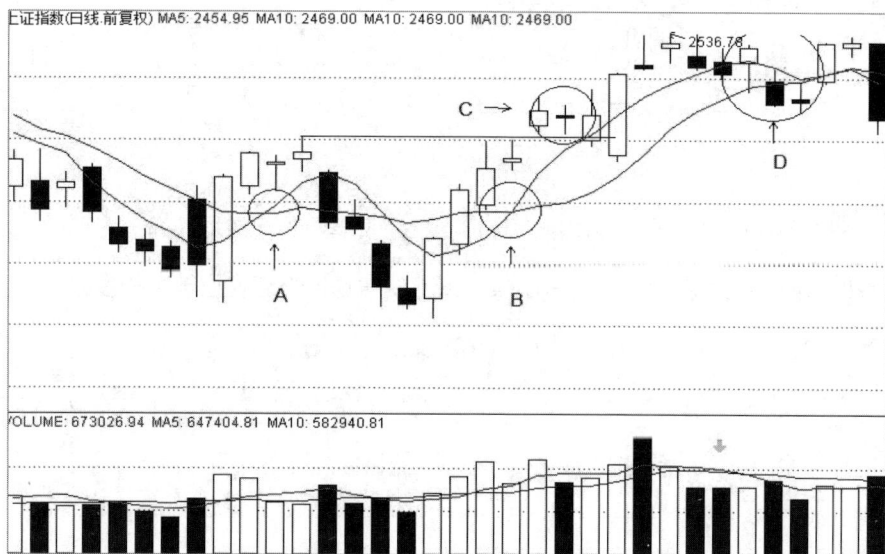

图5-3-1

图5-3-1中A处是5日均线首次上穿10日均线，因为此时10日均线并没有改变向下的方向，所以此时不是黄金交叉。B处是其后不久发生的第二次5日均线上穿10日均线，此时10日均线已向上，因此B处是黄金交叉。显然，在B处买入的胜算比在A处要高得多。

2. 再次交叉向上发散的均线图形

再次交叉向上发散形指的是均线系统在首次向上发散后，不久又出现了收敛现象。当几根均线聚集到某一点后，就开始再次向上发散。均线再次向上发散是对均线首次向上发散的确认，是个比较安全的买入点，如图5-3-2所示。

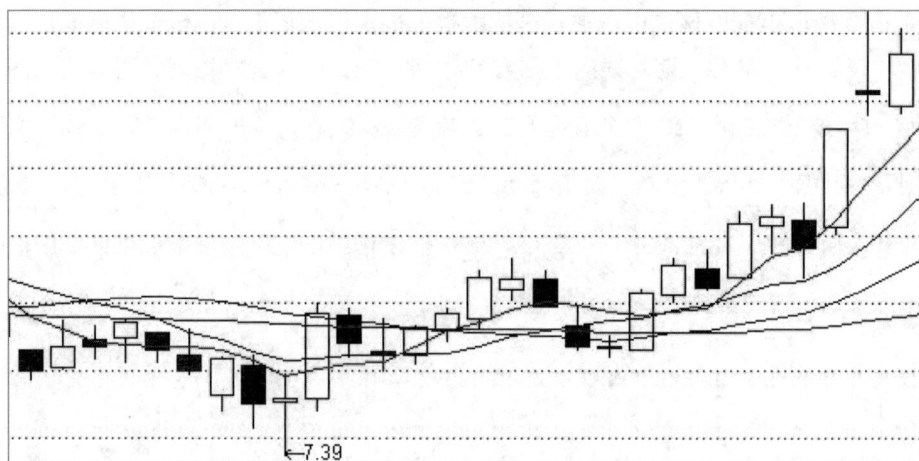

图5-3-2

股票筑底的过程伴随着市场博弈。当主力收集筹码促使均线向上发散而引发散户跟进时，主力就会把股价压下来，从而使普通投资者卖出手中的股票，等大量筹码回到了主力手中后，主力就会再次买入，使均线再次向上发散。如果均线系统多次出现向上发散，而且每一次向上发散的位置都比前一次向上发散的位置要高，那说明主力在反复收集筹码，未来上涨目标高远。

3. 三线交叉向上发散的均线图形

股价反弹引起短期、中期、长期三根均线由向下发散逐步收敛，然后在3天内完成向上交叉，最后呈向上发散成多头排列，这种图形就叫交叉向上发散形，如图5-3-3所示。

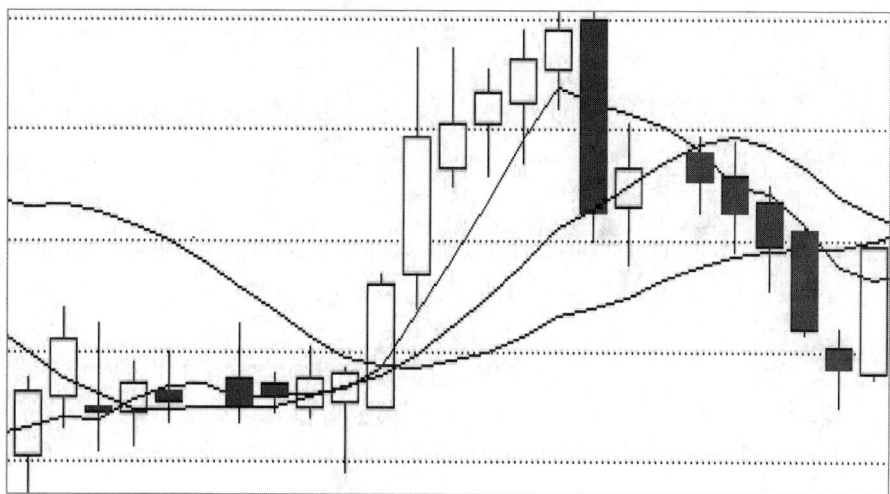

图5-3-3

此图形的交会点对股价构成很强的支撑作用。如果在交叉时期，股价距离交会点很近，那么当即可以买入；日后，股价有机会回落到交会点水平附近，并出现止跌回升迹象，则积极买入。其后，如果股价跌破三根均线交会区域的水平线，则止损卖出。

4. "三角托"的均线图形

"三角托"是由三根均线构成的最常见图形之一。股价在反弹过程中，三根均线先后发生三次向上交叉，由三个交点及均线围成一个不规则三角形，这个三角形是不同成本买入者筹码集中区域，对股价有很强的支撑作用，其犹如一只手向上托着股价，这是一个比较典型的买进信号。如图5-3-4所示，在三角托接近完成时，股价出现一日回阴，这是一个买入时机。

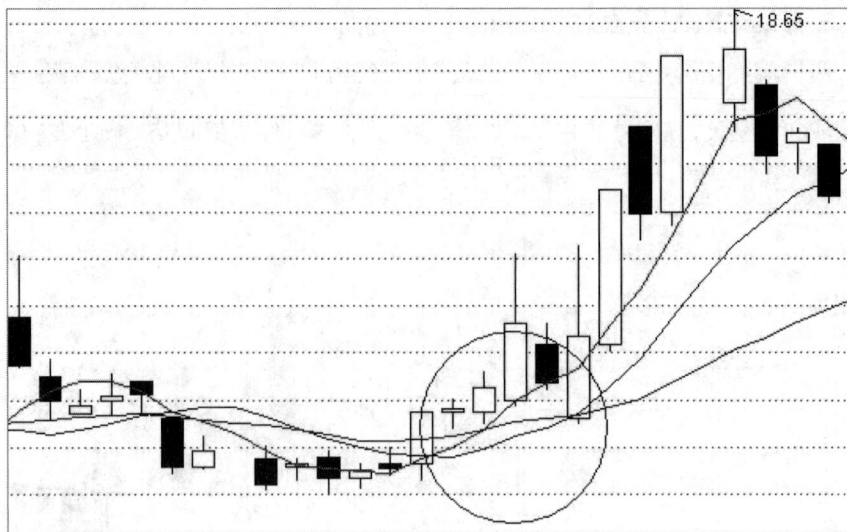

图5-3-4

　　"三角托"是不同操作周期的主力共同成本区，通常不会让股价跌到"三角托"之下。在三角托附近买入，具有很高的安全边际。

　　如图5-3-5所示，A是三角托；B是回落止跌信号，可买入；C启动上攻，可以进一步加仓买入。

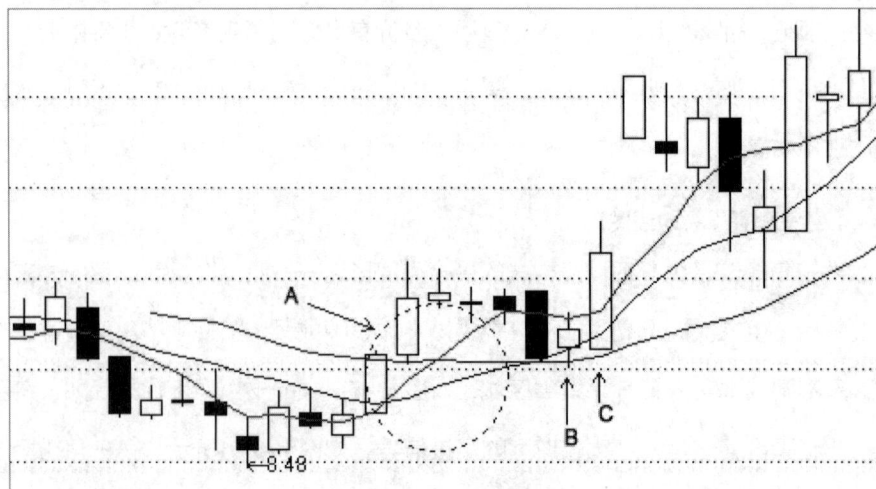

图5-3-5

5. 黏合后向上发散形的均线图形

在下跌趋势中，股价止跌横向震荡，使空头排列的均线逐渐聚拢黏合在一起，过一段时间后，向上发散，此时可以买入建仓，如图5-3-6所示。

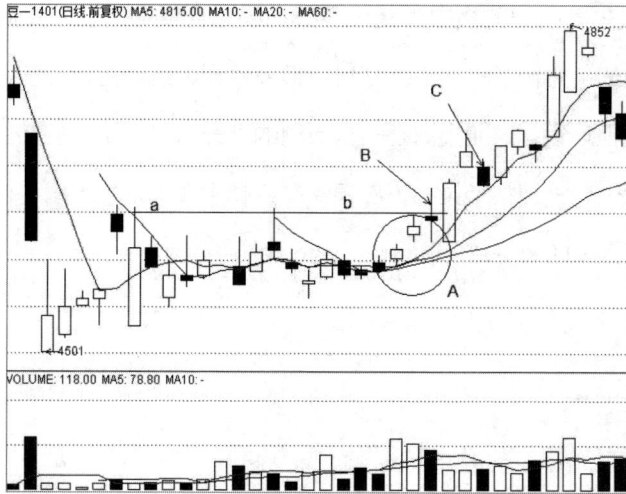

图5-3-6

在上涨趋势中途，股价发生休整而回落，使本来多头排列均线走近黏合在一起，然后又开始向上发散，短期、中期、长期均线呈明显的分离状，在刚刚向上发散时，可积极买入，如图5-3-7所示。

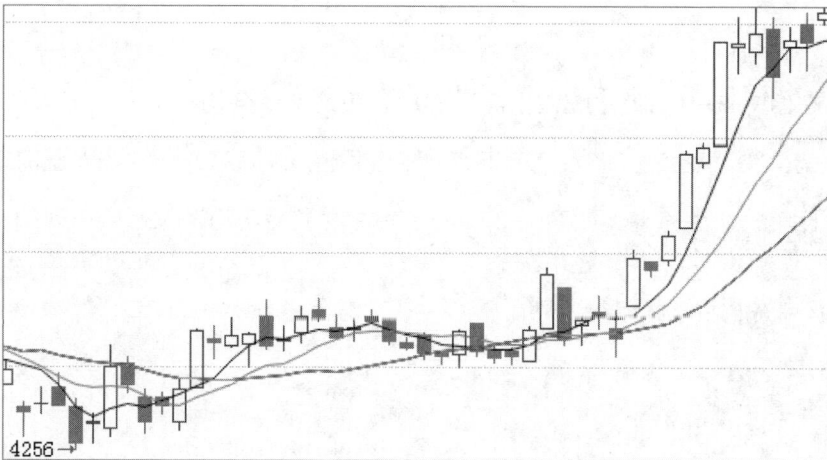

图5-3-7

在上涨趋势中，均线会多次出现黏合向上发散形，第一次黏合向上发散形做多的胜算最高。

6. 蛟龙出海的均线图形

股价经过较长时间的横向震荡，多根均线黏合在一起，并保持较长时间，股价在多根均线下方徘徊三五天。某日一根放量大阳线向上，一下子穿越短期、中期、长期几根均线。蛟龙出海是一个典型的上升信号，说明前期主力已吸足筹码，现在要大刀阔斧地往上拉抬，应果断在穿越中买入一批筹码，日后如果回抽均线，还可买入，如图5-3-8所示。

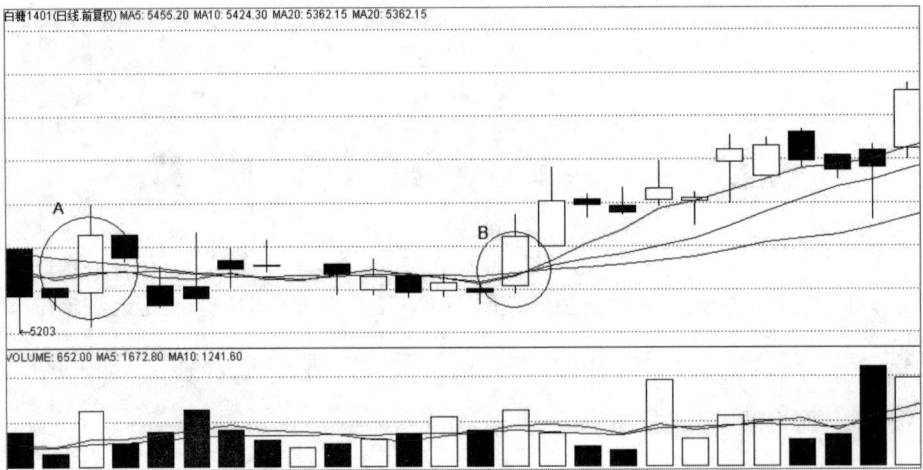

图5-3-8

在图5-3-8 A处"蛟龙出海"之后，股价又跌到均线下方，不久在B处出现第二次"蛟龙出海"，随即股价向上攻击，说明第二次"蛟龙出海"的买入比第一次胜算高，如图5-3-9所示为在"蛟龙出海"之后所出现的买入良机。

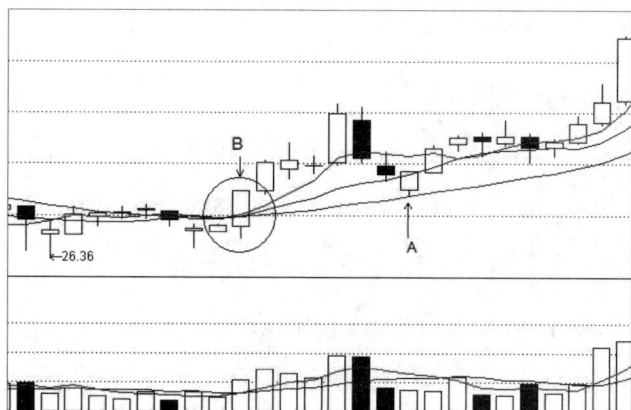

图5-3-9

7. "踏溪向上"的均线图形

在股价缓慢上涨过程中，三根均线也维持向上的方向。其中，短期均线盘桓向上，而中长期均线则平滑向上，三者之间保持较稳定的距离。投机型操盘者见此图形，要坚决看涨，伺机买入，并做好止损卖出准备，如图5-3-10所示。

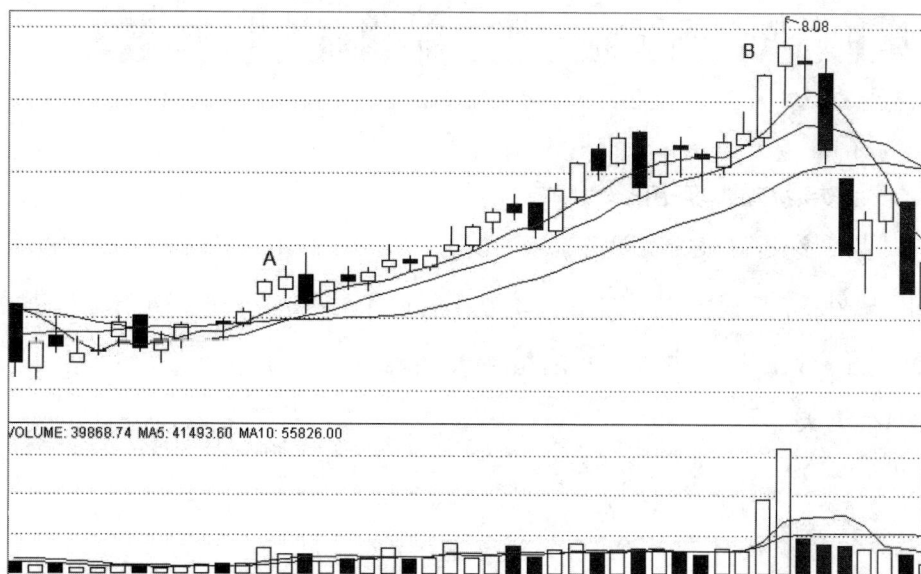

图5-3-10

这种图形的买入操盘是遵循"回阴买入法"，即只要三根均线保持这种形态不变，在每次股价下跌时，要敢于买入。

8. 逐浪上升的均线图形

在上涨趋势中，股价震荡上行，使短期均线沿着中期均线呈波浪式向上攀升，其间两条短期均线会黏合甚至交叉，此形态表明股价整体呈上升趋势，但往往以"进三退一"的方式前进，如图5-3-11所示。"逐浪上升形"为做多信号，操作者见此均线形态，应保持多头思维，伺机买入。

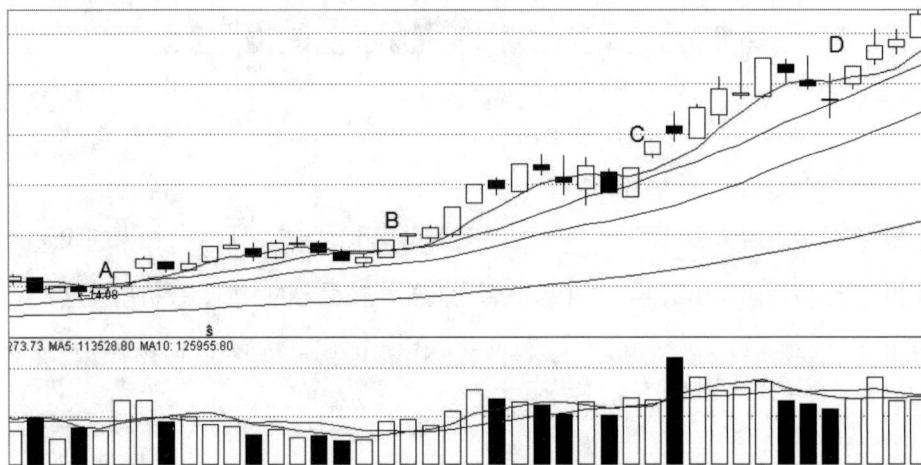

图5-3-11

9. 多头排列的均线图形

均线多头排列是指短期移动平均线在上，中期移动平均线居中，长期移动平均线在下，几根均线同时向上移动的一种排列图形。表示不同操作周期人们做多意向一致，所产生的向上动能非常强大，如图5-3-12所示，在"多头排列回阴"时买入。

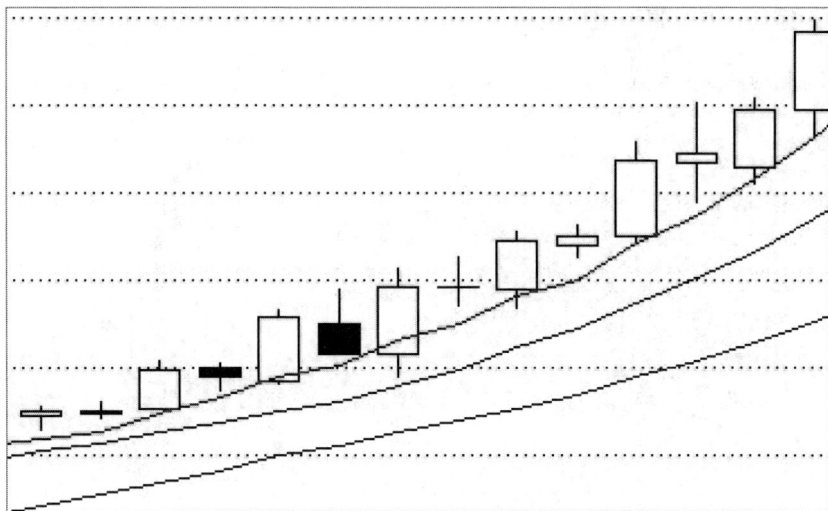

图5-3-12

第四节　顶部和下跌趋势中途的价格移动平均线图形及其运用

1. 加速上涨的均线图形

加速上涨形指的是短期移动平均线的5日、10日均线先是缓慢上升，后来突然开始加速上升，速度越来越快，使短期均线保持非常陡峭的向上角度。这是一种转势信号，它预示着股价即将急促掉头向下，要做好逐步卖出的准备。其一，当连续中阳线或大阳线之后，出现中阴线或大阴线时，开始卖出；其二，在股价跌破5日均线时，进一步卖出；其三，在5日均线向下跌穿10日均线时全部卖出，如图5-4-1所示。

2. 死亡交叉的均线图形

移动平均线死亡交叉是两根均线同时向下，并出现短期均线向下交叉长期均线的图形。

均线死亡交叉是个卖出或做空信号，如图5-4-2所示。交叉一旦形成，股价很难向上达到交叉点位置。

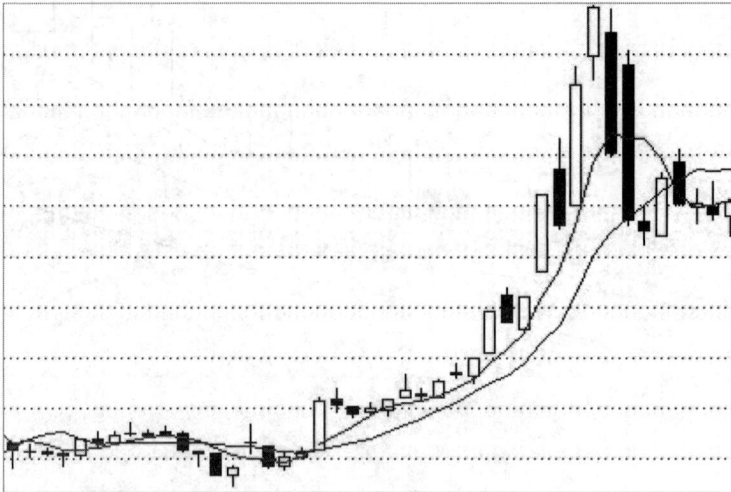

图5-4-1

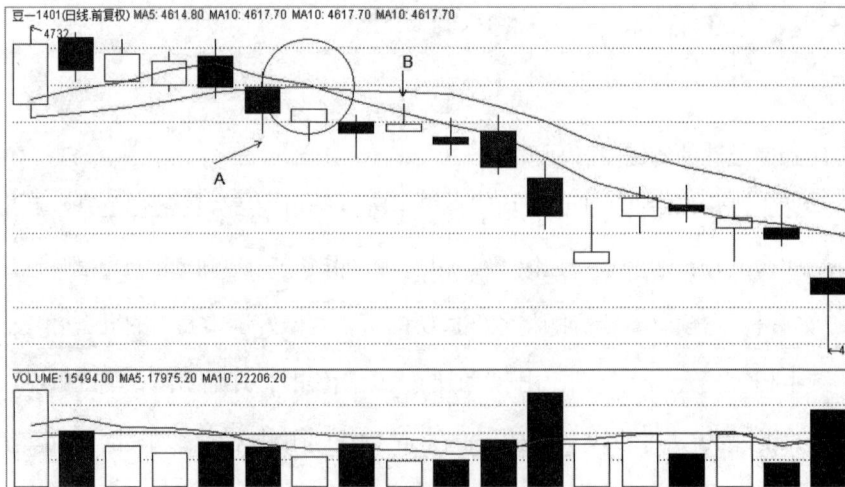

图5-4-2

3. "三角压"的均线图形

股价经过一段时间回落，短期均线、中期均线和长期均线先后分别发生三次死叉所构成的不规则三角形。如图5-4-3所示，看到这种图形时，要毫不犹豫地卖出。

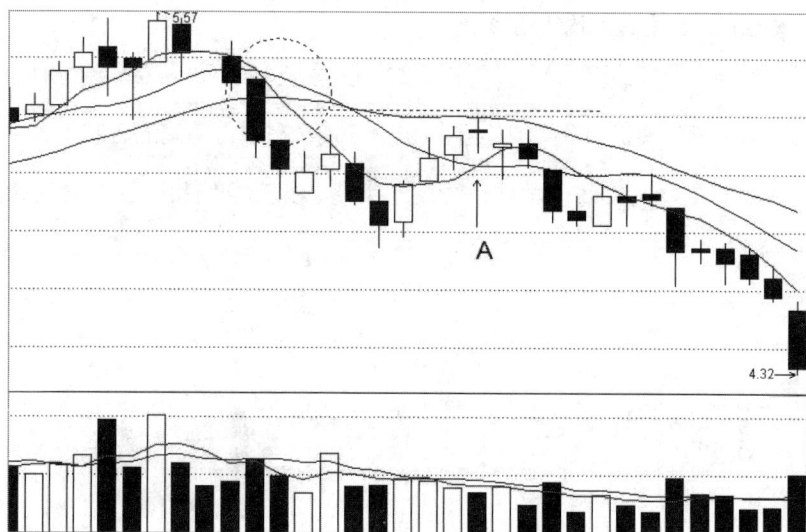

图5-4-3

4. 空头排列的均线图形

股价经过一番下跌，多根价格移动平均线向下发散，以弧状向下滑落，长期均线在上方，中期均线在中间，短期均线在下方，如图5-4-4所示。

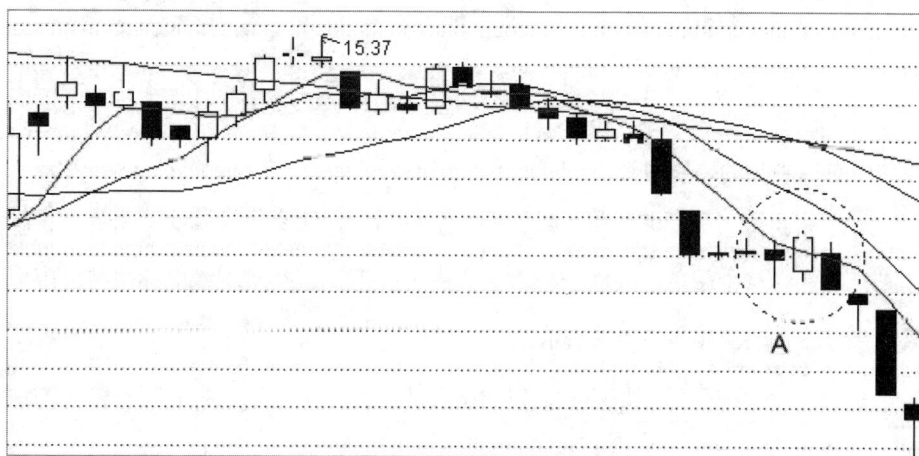

图5-4-4

均线呈现空头排列，则意味着市场已进入下降趋势，空方气势旺盛，在均线空头排列的压制下，多方的反抗都会无功而返。

5. 黏合后向下发散的均线图形

在均线空头排列过程中，股价也会发生大幅反弹，使空头排列的短期、中期、长期均线逐步聚拢，最后黏合在一起，不久，在空方筹码的压制下，股价又恢复下跌，使黏合的均线又发散，短期、中期、长期均线呈明显的分离状，如图5-4-5所示。

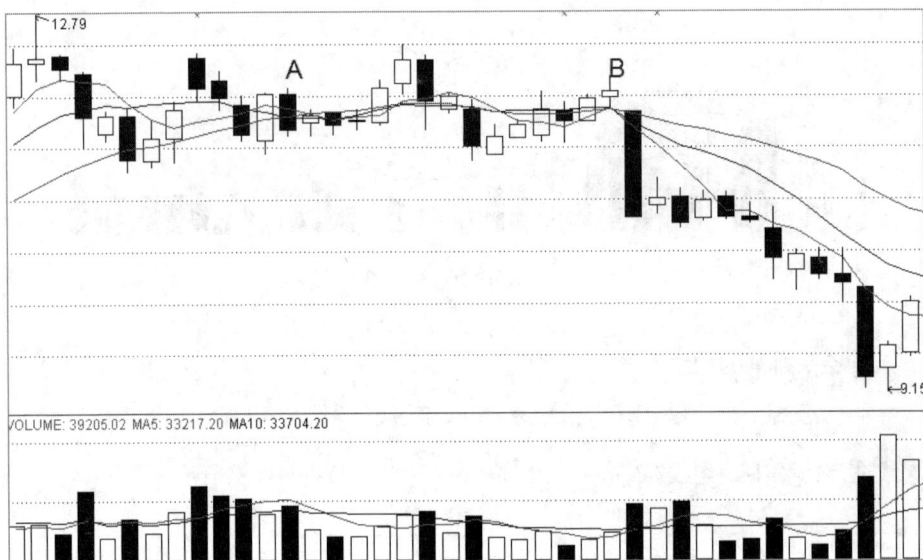

图5-4-5

6. 断头铡刀的均线图形

已经有了很高涨幅的个股，其股价在高位震荡，使多根均线逐步黏合，股价在黏合的均线丛中震荡，突然一根大阴线由上而下，将多条均线贯穿跌破，接着就展开一波下跌，如图5-4-6所示。

指数或个股在高位盘整期间，只要出现断头铡刀，它往往会引起一轮大的跌势，上涨趋势一去不返的概率几乎是100%，很长一段时间将不再有多方主力光顾。遇到这种断头铡刀，做多的普通投资者要坚决卖出离场。

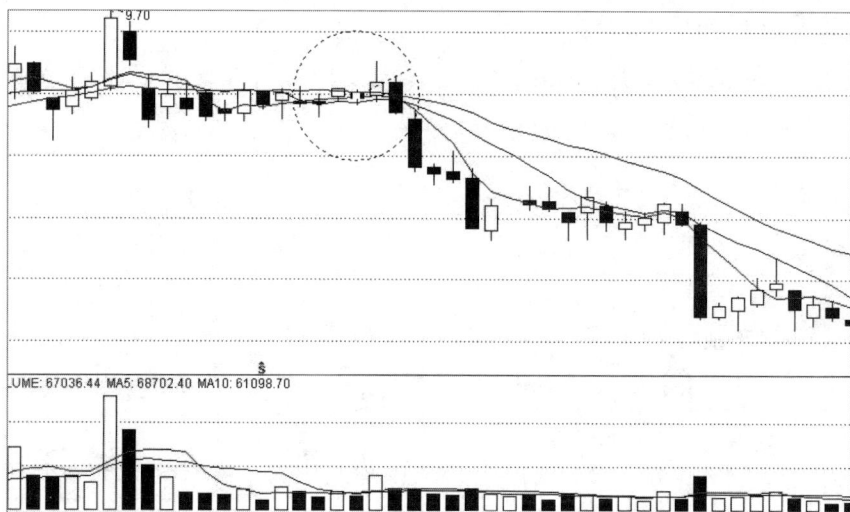

图5-4-6

7. 交叉向下发散的均线图形

在趋势由上涨转为下跌的过程中，短期、中期、长期均线几乎在同一时间内发生"死叉"所形成的图形，像老鹰扑食一般。均线交叉向下发散形是卖出信号，持股者看到均线向下发散时，应及时卖出股票，如图5-4-7所示。

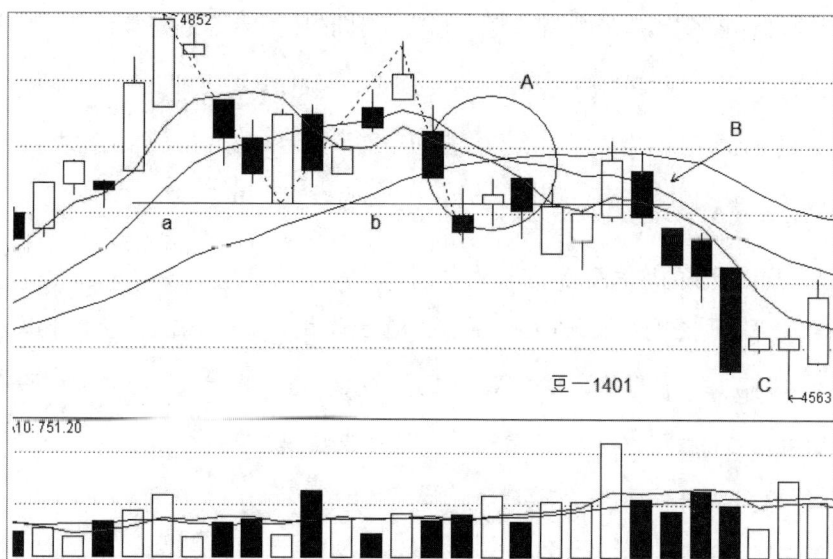

图5-4-7

8. 逐浪下降的均线图形

在下跌趋势早期，股价震荡下行，带动短期均线像波浪般向下，与中期均线多次出现黏合与发散，长期均线紧紧压制着它们一同下行，整体呈波浪形下滑。在这种图形下，不要产生任何买入念头，如图5-4-8所示。

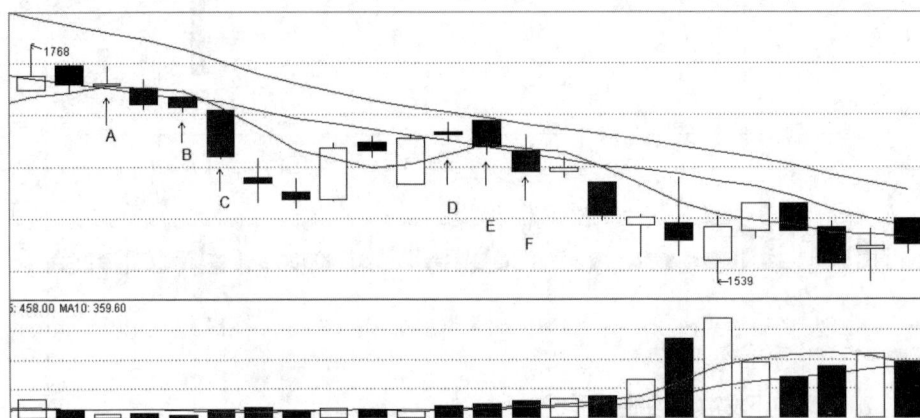

图5-4-8

9. "下山滑坡"的均线图形

股价在下跌过程中，多根均线平缓向下，短期均线贴着股价，中期均线压着短期均线，长期均线压着中期均线，向下平滑向前，均线之间距离稳定，如同刚飞下山坡的溪流。此后，股价通常将加速下跌，越跌越快，如图5-4-9所示。

这是下跌初期的均线形态，多方主力在悄悄缓慢离场，散户在疑惑中观望，因此做多的普通投资者见此图形，应尽早出局观望。

10. 加速下跌的均线图形

加速下跌形是加速上涨形的倒置，指的是短期移动平均线先是平缓下跌，后来逐步变得陡峭，使股价远离中长期均线。这是一种止跌信号，接下来，股价大概率将进入横向震荡时期，也可能来一波快速反弹，如图5-4-10所示。

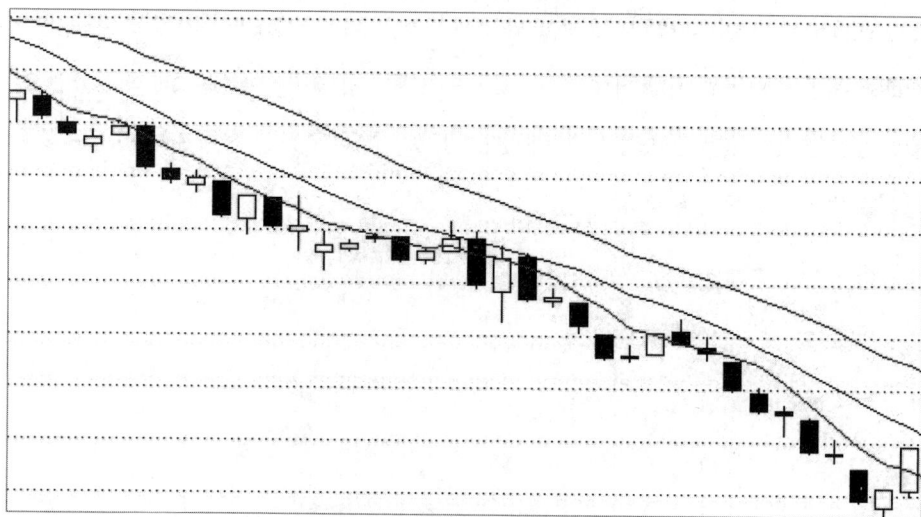

图5-4-9

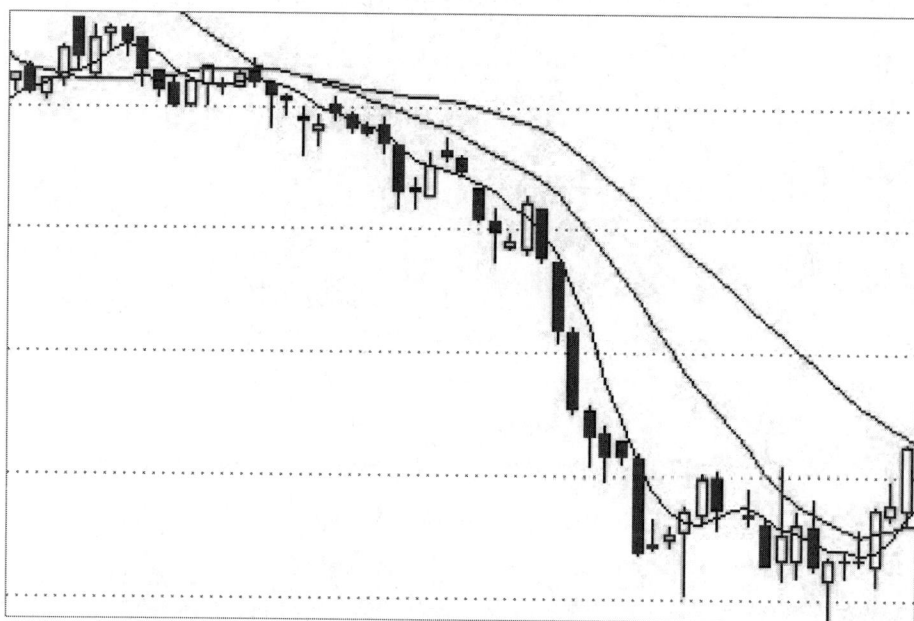

图5-4-10

在图5-4-10中可看到在开始一轮下跌初期，K线贴着短期均线震荡向下，中长期均线紧密地靠着短期均线向下。后来，K线、短期均线、中长期均线之间的距离逐步增大，这就意味着股价开始加速下跌，这种下跌很容易在短期内过多消耗下跌动能，使下跌不能持续。

第六章

切线技术的市场逻辑
及其实战运用

股价运动近乎以进三退二的方式前行，交替着上涨和下跌，形成多个波峰和波谷。之所以会如此，是因为市场运行不断遭遇阻力，阻力来自供需不平衡。对于上涨而言，这种阻力来自过多的供给；对于下跌而言，这种阻力来自过多的需求。

技术分析是如何展示、衡量和判断这些阻力的呢？过波峰高点或波谷低点绘制水平切线，这些切线就是阻力边界，然后依靠切线对趋势运行进行分析、衡量和判断，并为买卖操作提供依据，这就是切线技术分析。切线通常是过一个波段的高点或低点所作的水平线，也可以是两个相邻高点或低点之间的连线，它们可以一直向右延伸，直到被突破为止。

第一节　阻挡和支撑

　　过波峰最高点向右绘制一根水平线，这根水平线就叫阻挡（水平线），对其后的反弹构成压制。过波谷低点向右绘制水平线，这根水平线就叫支撑（水平线），对其后的回落构成支撑。

　　在上涨过程中，价格的回落或反弹也会产生波峰高点或波谷低点，也可以绘制水平线，它们对股价的运行也有支撑或阻挡作用，如图6-1-1所示，总体上支撑作用大于压制。

图6-1-1

　　在下跌过程中，价格的回落或反弹也会产生波峰高点或波谷低点，也可以绘制水平线，它们对股价的运行也有支撑或阻挡作用，如图6-1-2所示，总体上压制作用大于支撑。

　　阻挡或支撑为什么会发挥这样的作用？股价短期波动纯属市场情绪波动的结

果。在股价的反弹过程中，市场开始是需求大于供给，随着股价抬高，获利筹码越来越多，市场那种担心利润得而复失的情绪日益加重，持股者随时会兑现利润而不断加大市场供给，与此同时，随着成本升高，需求必然减少，当供需关系发生逆转时，波峰就形成了，这时在峰顶买入而没有离场的人会后悔，这些后悔者为市场准备了潜在的供给，如果将来市场有机会再次反弹到波峰附近，那么这些潜在供给将涌出，使波峰成为其后反弹的阻力。

图6-1-2

在股价回落的过程中，市场开始是供大于求，随着市场下沉，获利者越来越少，市场供给逐步减少，而成本下降使需求逐步增多，当供需关系发生逆转时，波谷就随反弹而形成了。这时那些在波谷卖出的人会后悔，那些关注波谷却没有及时买入的人也会后悔，那些在波谷虽已买入却觉得自己买得太少的人也会后悔，他们都盼望市场能再回到波谷而让自己获得再次买入的机会。如果将来市场真的回落到波谷，这些后悔者就会买入而阻止市场继续回落。

阻挡和支撑存在于任何趋势中，但在不同趋势中，阻挡和支撑面临的结果不同。在下跌趋势中，阻挡和支撑水平会逐波下沉，也就是说支撑会不断被接下来的回落跌破，市场再创新低，而阻挡不会被接下来的反弹试探触及，否则，很有可能导致原有的下跌趋势被改变。如果新一波回落，在没有向下突破前一个支撑的情况下就反弹向上，那么下跌趋势很可能面临结束。

如图6-1-3所示，在下跌趋势中，支撑不断被跌破，当形成AB支撑时，操作者就要关注了，一旦在B处出现止跌向上的迹象，就可以适量买入，当在C处向上突破阻挡时，又可以适量买入。在C之后，如果回落且能在C的水平线上方止跌，那么还可以买入。

图6-1-3

在上升趋势中，阻挡和支撑会逐波抬高，也就是说，阻挡水平会不断被向上突破，而支撑不会被回落所试探触及，如图6-1-4所示。如果新一波反弹在没有向上突破前一个阻挡的情况下，就开始回落向下，那么上涨趋势可能面临结束。在上升趋势中，每当市场向上试探前一个阻挡时，就需要密切关注了，如果继续向上突破阻挡，则要趁着放量向上突破时加仓买入。这就是突破买入法。一旦突破，之前的阻挡水平线就会转化为支撑水平线，如果突破后又回落，并且在新的支撑线上方出现止跌迹象，那么此时可以尝试买入，这就是支撑买入法。如果无力向上突破前阻挡，那么上升趋势反转的可能性在增大，此时可以适量卖出。

如图6-1-4所示，在上升趋势中，阻挡不断被向上突破，当形成AB阻挡时，操作者就要关注，一旦在B处出现滞涨迹象，就应该卖出，当在C处向下跌破支撑时，就应该全部卖出。

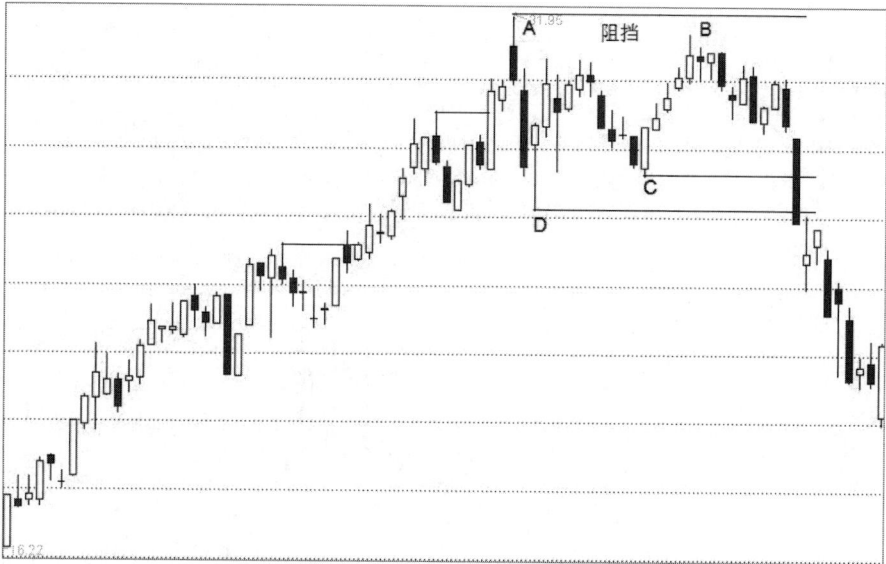

图6-1-4

第二节 "1-2-3准则"和"2B准则"

"1-2-3准则"和"2B准则"是维克特·斯波朗迪所开发的一种判断趋势反转方法。这两个法则（笔者称技术模式）是画出来的，怎么画？

在现有趋势向前波动的过程中，一旦形成新的波峰，就要过波峰高点绘制一根向右的水平线，或者一旦形成新的波谷，就要过波谷低点绘制向右的水平线，作为判断趋势将来是否发生改变和操作的依据。"1-2-3准则"就蕴含在这些水平线所构成的图形中。"1-2-3准则"的内容是什么？

"1-2-3准则"是用来认定趋势是否反转的方法，该准则认为市场趋势发生反转依次经过三个步骤，当具备相应的三个条件时，就可以认为趋势已完成反转。以下跌趋势反转为上涨趋势为例进行说明，如图6-2-1所示。"1-2-3准则"的"1""2"和"3"就是图中的1、2和3所指的位置。

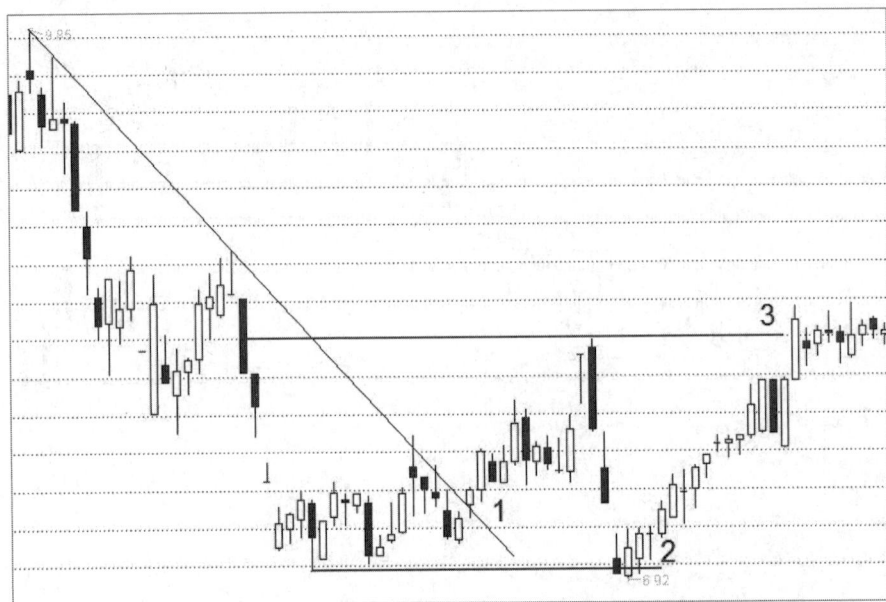

图6-2-1

图中的1处是下跌趋势线被反弹突破；2处是下跌趋势没有再创新低，意思是股价在反弹突破下跌趋势线后，通常会再度回落，如果不跌破之前低点，就出现2的情况；3处是市场再次向上反弹突破之前的短期反弹高点。上述情况一旦完成，就意味着下跌趋势已经反转为上升趋势。可见，"1-2-3准则"就是用来判断下跌趋势发生变动情况的。

在没有形成2、3情况之前，1处之后的走势有四种预期：其一，突破后没有回落而继续向上，这属于V形反转，此种情况没有提供买入机会；其二，在突破下跌趋势线不久就回落，但没有创新低，这就是1-2-3准则中2的情况，然后继续反弹，并进一步向上突破阻挡，就构成N形或W形反转；其三，在突破下跌趋势线后不久，股价就回落，并跌破支撑水平线后继续下行，这种情况意味着下跌趋势没有改变；其四，在突破下跌趋势线后，股价又重新回落，并跌破支撑水平线，但在创新低后没有继续下跌，而是很快反身向上，这就是"2B准则"。

如图6-2-2所示，图中A曾跌破之前的支撑，并有两日处于支撑之下，然后一根中阳线又回到支撑之上，这符合"2B准则"。对于下跌趋势而言，"2B准则"的意思就是：在下跌趋势中，如果股价在反弹突破下跌趋势线后再次回落，再创新低，但没有深跌，而是刚创新低就迅速而凌厉地回到支撑水平线上方，一旦发生这种情况，则意味着下跌趋势大概率会发生反转。从市场内涵讲，这是一种市场诡计，俗称空头陷阱。主力让市场跌破支撑，使处于密切关注中，准备伺机买入的普通投资者不敢逢低买入，并且使持股者被迫止损。当股价重新快速向上时，又使这些人重新追价买入，成为推动市场向上的力量。

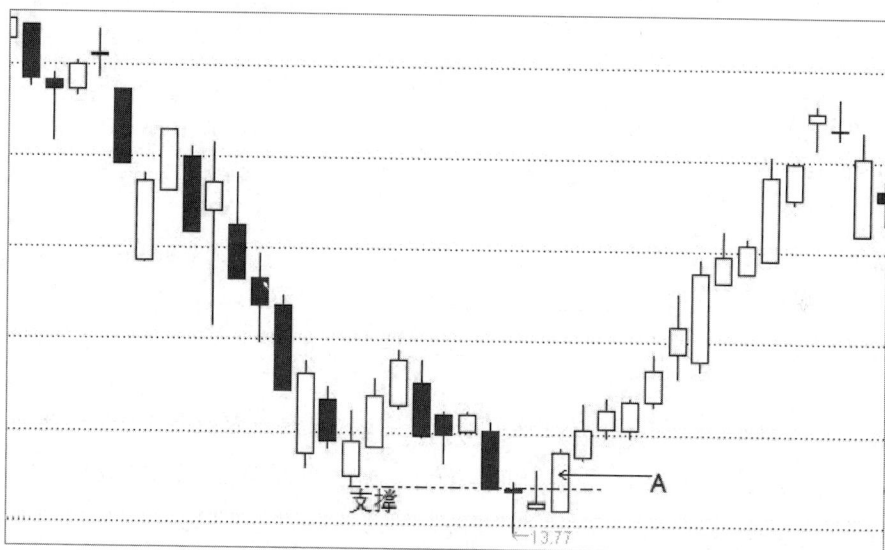

图6-2-2

其实，"2B准则"是"1-2-3准则"的特殊情况，是对"1-2-3准则"的补充。运用"2B准则"，普通投资者能获得先机、成本优势和止损优势。普通投资者可以把这两个准则放到大量历史走势中去检验。大量历史走势将证明"1-2-3准则"和"2B准则"会经常出现，具有很高的普遍性和实用性。依靠这两个法则，也可以长年累月地从股市稳定获利。

这两个准则也适用于上升趋势反转为下跌趋势。这时，对于"1-2-3准则"而言，1是上升趋势线被跌破，2是上升趋势不能再创新高，3是市场向下跌破先前回落的低点支撑水平线。上升趋势的"2B准则"，如图6-2-3所示，在上升趋势中，如果市场已向上突破先前的高点，但未能进一步上升，很快又跌回先前高点之下，那么上升趋势大概率将发生反转。

图6-2-3

这种判断趋势逆转的方法也构成了一系列买入的技术模式。"1-2-3准则"包含三个买入技术位：其一，在发生1的过程中，当股价突破下跌趋势线时，是可以买入的，但这个买入胜算较低，而且不好设计止损位置，所以买入量要小；其二，在2处，当市场出现止跌迹象时，就可以尝试买入；其三，即3位置，当股价向上突破之前波峰的阻挡线时，可以买入。

第三节 支撑和阻挡可以相互转化

在上升趋势中，波峰会不断被向上突破，在没有突破前，波峰是阻挡，一旦波峰被突破，那么波峰的阻挡作用就转变为支撑作用，对其后可能发生的回落构成支撑，并可以"促进"市场恢复上涨，这种走势被人形象地称为"脚踏头涨"，"脚"是当前回落走势的低点，"头"是前一次反弹形成的波峰。在下跌趋势中，波谷会不断被向下突破，在没有突破前，波谷是支撑，一旦波谷被跌破，那么波谷的支撑作用就转变成阻挡作用，对其后可能发生的反弹构成阻挡，并且会"促进"市场恢复下跌，这种走势被人形象地称为"头顶脚跌"，"头"是当前反弹高点，"脚"是前一波下跌形成的波谷。如图6-3-1所示，图中A处的压制线被突破后，成为B点的回落支撑，C处的压制线被突破后，成为D点的回落支撑。两处都形成了"脚踏头涨"的态势。

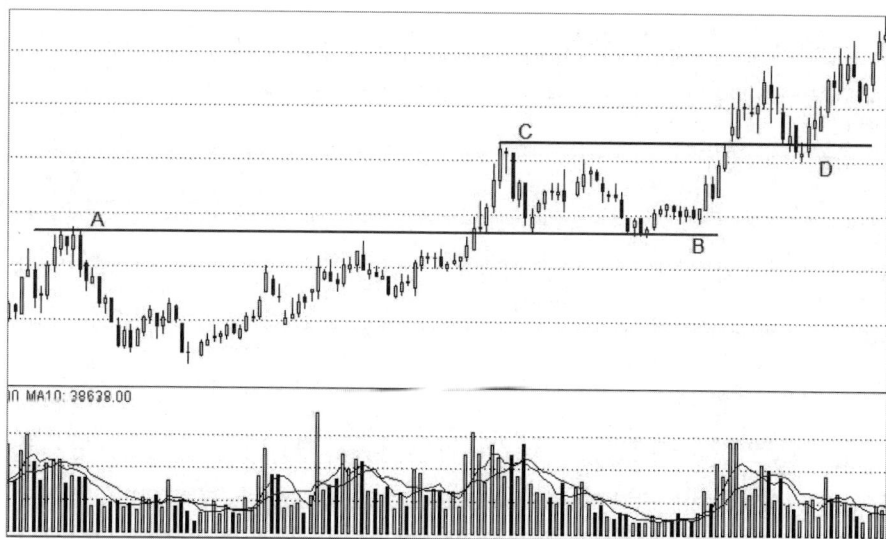

图6-3-1

如图6-3-2所示。图中A处支撑线被跌破后，其支撑作用转化为压制作用，如C、D处，形成"头顶脚跌"的态势。

图6-3-2

　　"脚踏头涨"是买入良机，"头顶脚跌"是卖出良机。要特别关注"脚踏头涨"和"头顶脚跌"现象，并学会根据"脚踏头涨"和"头顶脚跌"来买卖股票。在实际走势中，"头"与"脚"不一定会接触，有时还相距很远。要依据K线技术分析判断前者的"脚"何时抬起，后者的"头"何时低下，"脚"抬起之时就是买入之时，如图6-3-1所示中的B、D处；"头"低下之时就是卖出之时，如图6-3-2所示中的C、D处。

　　"脚踏头涨"或"头顶脚跌"现象说明阻挡水平线与支撑水平线可以相互转化。这种转化过程伴随着什么样的市场内涵？以"脚踏头涨"现象为例分析，当股价上涨到达之前波峰的时候，很多持股者因担心市场再一次回落而卖出，一旦市场突破了波峰的阻挡，那么一些卖出者必然懊恼不已，而一些在密切关注市场，却在突破波峰时没有及时买入者也会后悔，还有一些人在为自己持有的不够多而后悔。在股价有机会再次回落到那个被突破的前波峰时，这些后悔者会趁机买入，于是出现"脚踏头涨"的现象。

阻挡与支撑互相转变的现象也出现在趋势线和管道线的突破过程中。例如，上升趋势线对股价有支撑作用，一旦股价跌破上升趋势线，那么上升趋势线就对其后的反弹构成阻挡，阻止股价重新站上趋势线，这就是上升趋势线的反压作用。如图6-3-3所示，AB为上升趋势线，被跌破后，在C和D点成为反弹阻挡。

图6-3-3

如果想用好这些分析技巧，那么要学会及时绘制各种切线，并长久保留这些切线，尤其对于各种指数的长期走势图，一些长期趋势线和支撑水平线往往在后来的走势中发挥出意想不到的作用。观察这些指数的一些重要趋势线和支撑线所发挥的作用可知，这并非巧合，而是市场内涵的必然。

第四节　支撑线或阻挡线被突破的可能性分析和突破有效性的确认

面对支撑区域或阻挡区域，股价能否发生突破，这既取决于支撑线或压制线的重要性，也与突破时所面临的市场环境有关。

其一，股价在相应区域停留时间越长，其重要性越高。

其二，股价所对应区域的成交量越高，其重要性越高。

其三，股价所对应区域距离当前位置越近，其重要性越高。

重要性越强的支撑线或压制线，被突破的难度越大，但一旦突破，有效性就越高。

其四，在面临突破时，成交量越大越容易突破该区域，通常要求突破时的成交量要超过股价所对应区域的成交量。

其五，在面临突破时，如果指数环境及个股消息面环境与突破方向共振，则容易突破，但要防止有关个股消息的"见光死"，所以市场会有真突破和假突破。

个股突破的有效性也与主力计划有关，主力意图其他人无从知晓，但股价在突破后的表现可以衡量突破有效性。突破的表现有突破的幅度和突破到技术线另一侧停留的时间，这些可以作为判断突破有效性的参考，越是重要的支撑线或阻挡线，对其突破有效性所需的幅度要求越大，对其突破后停留的时间要求越长。有人把"三三过滤法"作为突破有效性的过滤器，即突破幅度要求偏离技术线3%以上，停留在另一侧达三天以上，这都是经验性的，这个方法本身的有效性也有待于验证。与其验证其有效性，不如做好应对准备，比如说，如果操盘者在突破时跟随买入（突破买入法），那就要做好突破失败的止损准备。

另外，技术上要求，如果向上突破后股价回抽，那么要求不能回到那根突破K线的低点之下，否则突破无效，这个低点也是止损的依据。向上突破后，之所以会有一个回抽确认动作，这是为了让市场筹码有一个沉淀过程，这有利于孕育更大的空间，也为建仓提供更好的机会，在回抽止跌时，要及时买入（回抽买入法）。不过，向下突破后，很少发生回抽。

当支撑线被向下突破或当压制线被向上突破后，对市场所起的作用就走向原来作用的反面，这同样是建立在一定的市场行为和心理基础之上的。那么突破前后的走势包含怎样的市场心理呢？以阻挡水平线为例稍做分析，如图6-4-1所示。

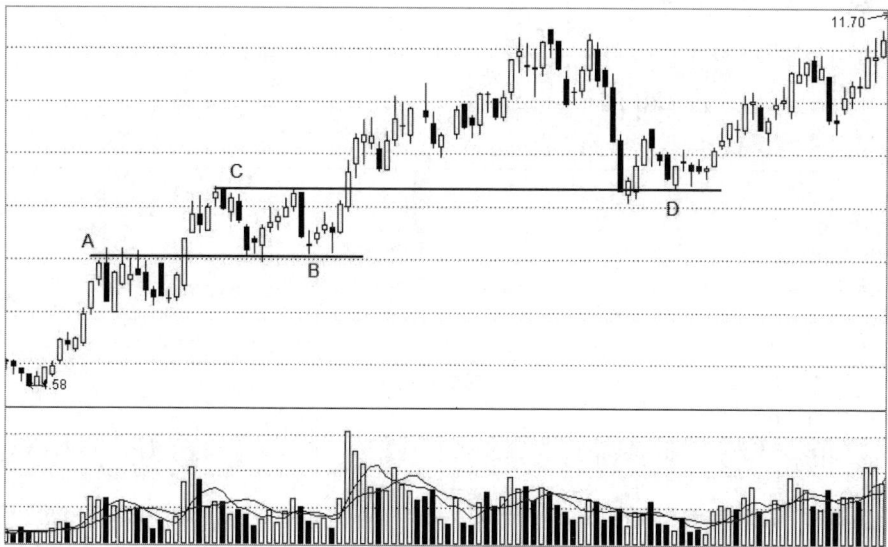

图6-4-1

当阻挡被突破后，如A波峰、C波峰，一条支撑水平线就形成了，那么市场就会有人达成了"当股价再下跌回到支撑线附近时，可以买进了"的一致心理认同，当股价真的又回到原来的止跌区域，如B、D区域时，就会有很多买盘。这种心理出现在三种人身上：其一，在A波峰、C波峰处卖出的操盘者；其二，在A波峰、C波峰处关注但没有买入者；其三，觉得应该在A波峰、C波峰价位买入更多却没有加仓者。

如图6-4-2所示，原本支撑的A、B区域，在C被跌破了，那么原本的心理认同就会一致地向反面转变。在日后的反弹中，当股价回到AB线时，就遭遇打压，如D区域。参与打压卖出的操盘者有在C区域没有及时卖出的人、在C区域企图抄底的人等。

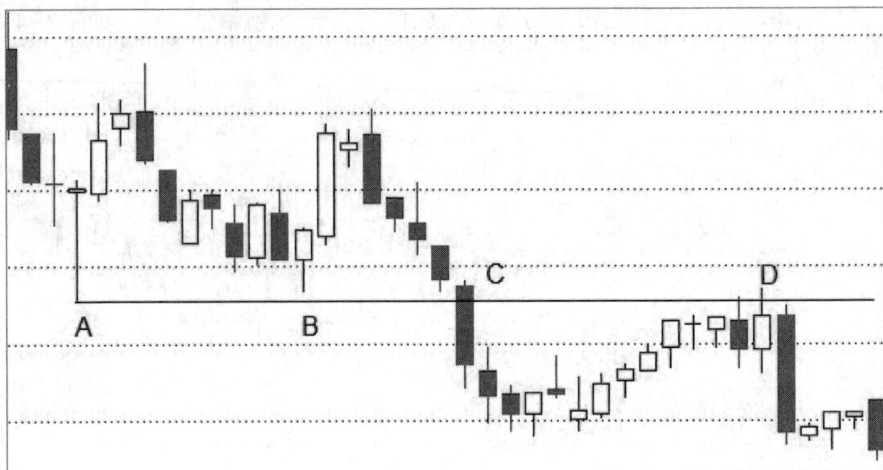

图6-4-2

市场行为及心理分析是技术分析的重要方面。技术分析者认为，技术图形直接反映了市场参与群体的心理和行为模式。技术分析方法就是心理分析方法，而且主要以主力的行为和心理变化为研究对象。市场时刻发生着多空之间的博弈，在短期趋势中空方要刺探多方的心理，多方要刺激和干扰空方的心理，散户与主力要相互刺探对方的心理。摸准了图形背后所隐藏的主力意图及其行为模式，就等于抓住了主力的行踪。如果通过技术图形分析揭示了市场参与群体，尤其是主力行为和心理的变化，也就意味着揭开了股价变化背后的秘密。

第五节　其他切线技术分析工具

除了趋势线、支撑或阻挡水平线和管道线外，技术分析还有以其他关键技术点位为依据所绘制的直线，如黄金分割回撤线、扇形三直线、速度阻挡线、黄金比率目标线、跳空缺口水平线等，它们也是技术分析的重要工具。趋势也常常会在这些线附近发生改变，所以这些线可以作为判断趋势是否会发生变化的参考，也可以作为买卖技术位置，是构成一些买卖技术模式的工具。缺口水平线是很重要的技术分析工具，将另辟专门文字予以介绍。接下来，只简单介绍黄金分割回撤线和黄金比率目标线。

什么叫回撤？股价经过一定幅度上涨，就会因供需关系逆转而回落，如果回落没有跌破之前的起涨点，也就是之前波谷低点，那么这种回落就是对之前上涨的回撤。同样，股价经过一定幅度下跌就会反弹，如果反弹没有向上突破之前的起跌点，也就是之前波峰高点，那么这个反弹就是对之前下跌的回撤。

无论是上涨趋势，还是下跌趋势，市场会发生多次回撤，只要回撤没有向下或向上突破之前波谷低点或波峰高点，那么市场就会有很高的概率恢复原来的趋势。如果回撤没有破坏"脚踏头涨"或"头顶脚跌"的格局，那么恢复原来趋势的概率就更大。通过分析回撤幅度可以提前预感市场趋势未来变化的可能性，可以在回撤结束时加入市场，如进一步做空或做多，所以学会分析回撤是有实际意义的。如何衡量分析回撤幅度呢？如何提前预期回撤所到达的位置呢？此处只以上涨趋势为例做进一步介绍。

有人用三分法将之前的上涨分成三等份，从上到下，在其33%和66%及50%的百分比位置分别绘制水平线。笔者倾向于黄金分割法，按黄金分割比例划分，从上到下，在之前上涨波段的38.2%和61.8%及50%的百分比位置分别绘制水平线。上涨趋势一旦发生回落，普通人就需要画出上述三条水平线（行情软件自带这种画线工具），以便对市场状况作出预期分析和推断。

如图6-5-1所示的三条直线分别为在上涨波段的38.2%和61.8%及50%的百分比位置所绘制的水平线。图中显示股价回撤到61.8%的位置结束。如果能提前预期到这种情况，那么是不是能很从容地在此位置逐步买入？

操作者可以在50%位置少量买入，并做好止损准备。虽然曾跌到61.8%的位置，但停留时间很短，无须止损，而且还可以在61.8%的位置出现"阳包阴"时再买入，也要做好止损准备，然后短期遭遇震荡，但如果心中对这个价位有止跌的信心，按照逐步买入而不会一次性买入太多的策略要求，并且做好止损准备，所以内心不会有什么担心的。在两次买入的几天后，在股价再次靠近61.8%的位置时，股价曾在盘中打破61.8%的位置支撑，随即收回，次日强力反弹。在打破又收回当日，也可以买入，在构成双底时再次加量买入，因为此时胜算很高。

图6-5-1

如图6-5-2所示为下跌趋势中的回撤。三根直线分别为在下跌波段的38.2%和61.8%及50%的百分比位置所绘制的水平线。其后的反弹情况如何？

图6-5-2显示，在38.2%水平线位置，反弹暂时受阻，最终止于61.8%水平线位置附近。能反弹到61.8%水平线位置，说明反弹力度强，据此可以预判下跌趋势结束的可能性很大。这样就可以做好寻机买入的准备。如果只反弹到38.2%水平线，就停止反弹并反身向下，那么就可以判断市场的反弹力度弱，空方力量很强，可以判断下跌趋势将继续保持的概率很大，如果可以做空，就可以做好寻机做空的准备。如果快速向上突破38.2%水平线，那么说明多方力量很强势，股价继续反弹到61.8%水平线的概率比较大。如果反弹没有突破50%水平线，那么说明下跌趋势没有减弱，空方力量还比较强，继续维持下跌趋势的概率比较大。如果反弹没有突破61.8%水平线，说明空方还占点优势，但市场继续维持下跌趋势的可能性下降。如果反弹快速突破61.8%水平线，而且很多，则意味着市

场可能形成上涨趋势。如果反弹突破之前波峰高点，说明下跌趋势已反转为上涨趋势。

总之，根据回撤过程中的气势和幅度，可以预判原有趋势保持的可能性，进一步预判趋势反转的可能性。如果快速回撤，而且在回撤时伴随放量，那么可以提前预知回撤能够到达原趋势的61.8％水平线，并进一步预判趋势反转的可能性比较大。

以上每一种情况及其判断可以作为操作决策依据，不同情况下，作出不同决策准备。就上涨趋势回撤而言，如果回落回撤到38.2％水平线上方附近，就反身向上，那么无疑不仅可以把在波峰位置卖出的筹码全部买回，还可以适当加仓买入。如果回落到50％水平线上方，就反身向上，则考虑把在波峰位置卖出的全部买回。如果回落到50％水平线之下，则保持观望。如果回撤到61.8％水平线，甚至跌破，则做好寻机卖出的准备。

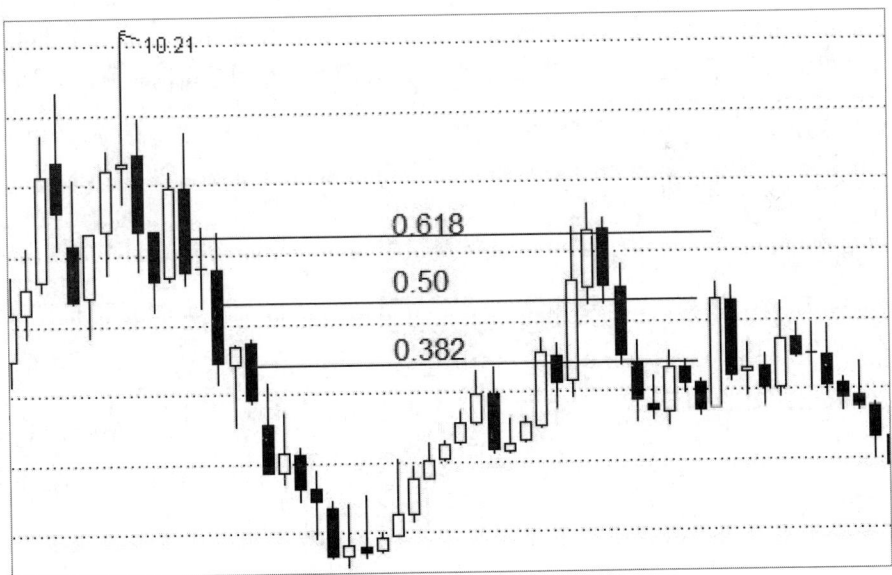

图6-5-2

建议读者大量观察历史走势图，在所观察图中画出这些回撤线，看看在实际回撤中，回撤到这些位置的情况占多大比例？结论是肯定存在着不符合以上说法多方强势的情况，但占的比例通常比较低。技术分析是一种概率分析，从来没有100%准确的结论。对于技术型操盘者，市场永远是不确定的，每一次操盘都会出错，都要做好止损的准备。

什么叫黄金比率目标线？以上涨趋势为例，在确立了上涨趋势之后，以上涨趋势的第一波段幅度为基数，以黄金比率，如1.382、1.618、2.618、4.236等为乘数，计算未来上涨趋势将到达的位置，并在这些位置预先绘制水平线。

比如，设之前下跌趋势的最低点为L，第一波段的上涨趋势幅度为h，那么将来的目标位有L+1.382h、L+1.618h、L+2.618h、L+4.236h等，在这些价位绘制水平线（有的行情软件自带绘制工具），这些水平线所在位置依次叫未来上涨的第一目标位、第二目标位、第三目标位、第四目标位等。这些目标线画好后，就可以对趋势发展抱有一定预期和准备，当走势接近目标位时，密切关注，做好行动的准备。并且可以根据不同情况，对未来趋势做进一步预估，提前做好规划和计划。

如果接下来的一波上涨，在没有到达1.382倍的第一目标位时就回落，那么说明多方力量太弱，上涨趋势结束的可能性很大，这时要做好卖出准备。如果接下来的上涨能快速穿越第一目标位，那么就很容易达到1.618倍的第二目标位，这是上涨行情的正常目标位。当到达这个部位附近时，要密切观察走势，如果出现滞涨迹象，那么需要考虑减仓，防止发生大的回落。如果上涨能快速穿越第二目标位，那么说明上涨趋势非常强劲，市场通常会到达2.618倍的第三目标位，此时需耐心持股。如果不仅到达第三目标位，而且还快速穿越它，那么上涨趋势将来有可能向4.236倍的第四目标位进军。有了这些目标位，自然可以提前制订计划，然后根据真实走势决策。

如图6-5-3所示为中石化的上涨趋势启动于2005年6月历史走势图（周线图）。第一波上涨从3.52元经过5浪上涨到达7.93元，即图中AB段，然后开始回落，以此段行情的长度"7.93-3.52=4.41"为基础，计算其未来上涨的关键目标位。计算方法如下。

第一目标位，（7.93-3.52）×1.382+3.52=9.61；

第二目标位，（7.93-3.52）×1.618+3.52=10.66；

第三目标位，（7.93-3.52）×2.618+3.52=15.07；

第四目标位，（7.93-3.52）×4.236+3.52=22.20；

第五目标位，（7.93-3.52）×6.854+3.52=33.75。

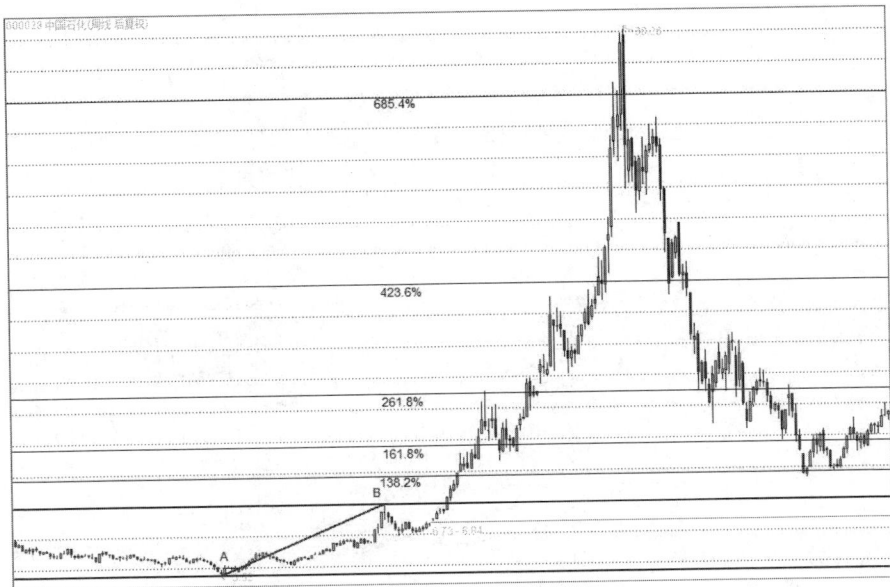

图6-5-3

然后用行情软件的自动计算和画图工具，提前画出目标位置，如图6-5-3所示。观察图6-5-3，可以看出股价快速穿越了1.382倍位置，这就意味着上涨动能强劲；当股价到达2.618倍目标位时，股价发生大幅回落；当股价分别到达4.236和6.854倍位置时，都曾出现回落。

如果以中石化的历史低点及第一波上涨行情为起点，那么该股的目标位如何呢？其历史最低点出现在2002年1月的2.93元，第一波上涨高点是5.97元，以第一波上涨幅度为基数计算未来上涨的目标位，计算方法如下。然后在图中标出，如图6-5-4所示为月线图。

第一目标位，（5.97−2.93）×1.382+2.93=7.13；

第二目标位，（5.97−2.93）×1.618+2.93=7.85；

第三目标位，（5.97−2.93）×2.618+2.93=10.88；

第四目标位，（5.97−2.93）×4.236+2.93=15.81；

第五目标位，（5.97−2.93）×6.854+2.93=23.76。

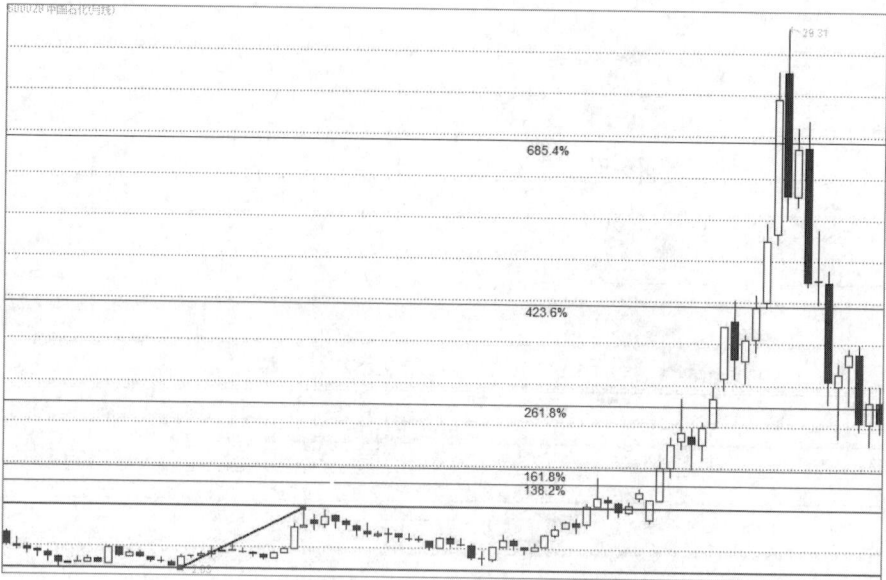

图6-5-4

观察有关走势，也可以发现当股价到达关键目标位时，走势都显示在这些目标位所发生的作用，至少在这些位置，有人持股意愿发生松动。

如图6-5-5所示为启动于2005年的牛市行情走势图。图中两条粗线之间是行情启动的上涨趋势的第一波段，低点与高点之间用斜线连接。在此基础上计算一些关键目标位的点位，并在历史走势图中画出相应的目标位。几个关键目标位计算如下。

第一目标位，（1695−1004）×1.382+1004=1958.96；

第二目标位，（1695−1004）×1.618+1004=2122.04；

第三目标位，（1695-1004）×2.618+1004=2813.04；

第四目标位，（1695-1004）×4.236+1004=3931.08；

第五目标位，（1695-1004）×6.854+1004=5740.11。

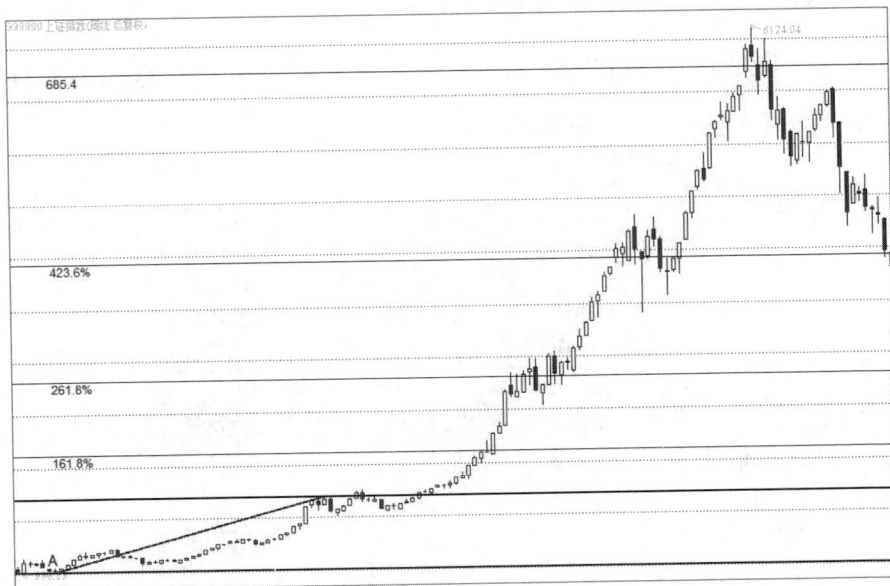

图6-5-5

从图6-5-5中也同样可以看到，当走势到达关键目标位时，市场出现了震荡回落。这种预期和规划是不是有利于操作者提前做好应对措施？没有这样的预期和规划，市场莫名震荡是不是容易让操作者慌乱起来？

如图6-5-6所示为启动于2007年的熊市行情走势图。图中两条粗线之间是行情启动的第一波段，高点与低点之间用斜线连接。在此基础上计算一些关键目标位的点位，并在历史走势图中画出相应的目标位。

几个关键目标位计算如下。

第一下跌目标位，6124-（6124-4779）×1.382=4265.21；

第二下跌目标位，6124-（6124-4779）×1.618=3947.79；

第三下跌目标位，6124-（6124-4779）×2.618=2602.79；

第四下跌目标位，6 124-（6 124-4 779）×3.236=1 771.58；

第五下跌目标位，6 124-（6 124-4 779）×4.236=426.58。

同样，市场在一些关键位置发生了震荡，在市场到达这些位置时，如果操作者提前做到了预期规划，那么当市场到达这些位置时，就不会对市场的变化感到困惑，就不至于到手足无措的地步。最终，市场没有下跌到第五目标位，因为有重大政策出台。

图6-6-6

第七章

形态技术的市场逻辑及其
实战运用

市场（指数或股价）以趋势方式上升或下跌，维持趋势力量来自供给和需求的差异，随着供需双方力量的此消彼长，市场会不断进入横向震荡状态。在此期间，在相近水平的横向位置上，市场会形成多个波峰或波谷，把前后所形成的波峰与波峰或波谷与波谷用直线连接起来，就会形成一定的几何图形，通过大量观察这些几何图形，技术分析者发觉一些图形会重复出现，而且它们所伴随的市场环境也具有一定的相似性。

这些形态包含一定的市场内涵和技术逻辑，因此通过观察分析这些几何图形，可以对未来走势的波动方向、路径和空间做多种预判，为决策提供依据。这种技术分析方法被称为形态技术分析法。

第一节　反转形态的内在逻辑

对于反转形态的学习，笔者倾向从"头肩形"开始，因为头肩形是最常见和最典型的反转形态，而其他反转形态都可以看成是头肩形形态的变体，它所包含的市场内涵和技术逻辑最为丰富，囊括了其他所有反转形态的市场内涵和技术逻辑。头肩形又以头肩顶的形态意义更丰富。如图7-1-1所示为头肩顶形态模式。

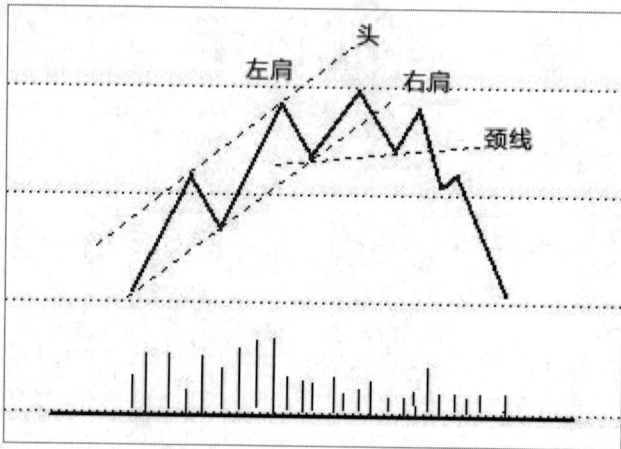

图7-1-1

承接原先的上涨趋势，股价呈波浪式上升，并以正常态势不断创新高，如保持着"涨放量跌缩量"的良好量价关系。在形态上，新形成的波峰和波谷都比前一次的波峰和波谷要高，即使后一波的波浪规模不比前一波大，但也不会比前一波小。如果之前以推动浪的方式上涨，那么不会破坏"推动浪"所具有的"脚踏头涨"规则。成交量形态也维持着"一浪高过一浪"的态势。用管道线规则来衡量，新的波峰和波谷都能到达通道的上下轨附近。当上涨趋势面临逆转时，这些情况将很可能面临改变。

其一，新"波浪"的波峰，虽然超过了前一波的波峰，但却在远离通道上轨的地方就开始回落，这显示上涨势头在减弱，维持趋势的市场需求不足以产生足够的动能将价格推向通道上轨附近，其实质是主力在积极卖出，过度消耗了需求，这种情况下的波峰很可能就是头肩顶形态的"头"，而上一个波峰就很可能是"左肩"，究竟是不是？这有待趋势演变进一步确认。

其二，与疑似"头"的价格波峰相对应的成交量波峰往往无法再创新高，这验证了上述有关动能减弱的分析。

其三，从疑似"头"的价格波峰回落所形成的新波谷下沉到前一个波峰之下，甚至比前一个波谷还要低，破坏了原有"推动浪"的"脚踏头涨"规则，这显示供给力量已经占据主导地位，把股价拉下更大的幅度，这实际上是技术派操作主力也加入到了供给队列，增大了市场供给。但所有卖出主力都做得比较节制，否则将一下子把需求全部打"跑"。

其四，如果接下来反弹所形成的又一个波峰是"右肩"，那么，这个波峰将无法超过前一疑似"头"的波峰，而且其所伴随的成交量更加萎缩。这波反弹依然有主力在发挥引领作用，目的是保护自己出货空间。

其五，被初步确认是右肩的回落跌破了颈线，即那根由之前两个波谷连接而成的连线，跌破时往往伴随着放量，并且超过一定幅度，如大于3%或停留足够时间，如停留在颈线下方达2天以上。

其六，跌破颈线后，接下来很可能发生缩量回撤，但反弹不能再回到颈线上方，这种走势在技术逻辑上叫回抽颈线，确认头肩顶形态成立。市场运行到这里可以说头肩顶已经完成，上涨趋势已经逆转为下跌趋势，还可以认为主力已完成出货任务而不再节制自己的卖出操作，不再顾忌市场形态已经走坏，全然不顾保护市场需求而抛售自己筹码，让股价像失去母亲的孩子听任市场的摆布，如图7-1-2所示为实际走势的情况。

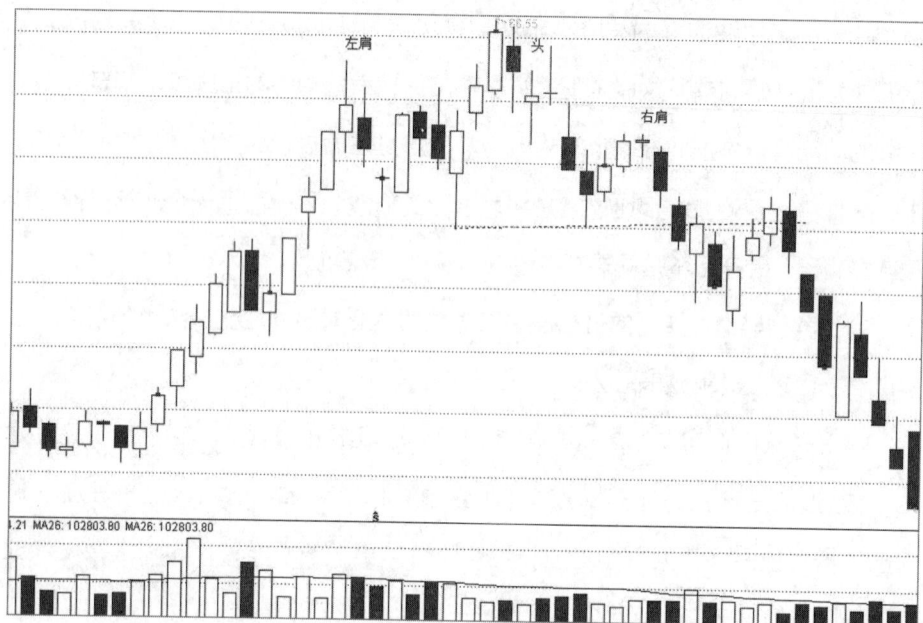

图7-1-2

头肩顶形态的完成过程说明趋势逆转的局势是逐步明朗的，这是一个不断预期而又逐一被验证的过程。如果所有趋势逆转技术信号都依次呈现的话，那么第一个信号就是"头"无法到达通道线附近，但这不是必要的，如果有这样的信号，则市场增加了反转的可能性。第二个信号是伴随着头部形成的成交量至少没有创新高，这个信号是必要的，一旦看到这个信号，就可以认为上涨动能在减弱，反转可能性很大。第三个信号是"头"的回落破坏了"脚踏头涨"规则，这也是必要的信号，其出现往往意味着上涨趋势已结束。第四个信号是"右肩"的波峰比"头"的波峰要低，并且伴随着成交量确定无疑地进一步萎缩，这也是必要的信号。第五个信号是颈线被"真"跌破，而且跌破右肩的起涨点，此信号意味着下跌趋势已形成。

如果从操作胜算的角度来衡量这些信号的价值，那么每一个信号的出现都会增加操作的胜算，随着上述信号依次出现，操作胜算在不断提高。实际操作可以伴随着信号依次出现而逐步卖出减仓，不过要控制好不同位置的卖出量，如第一信号出现仅意味着趋势只有很低的概率在构筑头肩顶，这时，如果想卖，那么只能卖得很少。当市场运行到"右肩"且"右肩"的波峰已经开始向下滑行，那么这种情况意味着头肩顶已完成了70%，此时卖出胜算即可达到70%，此时的卖出量应该超过70%，等到跌破颈线时，反转形态已经确立，这时就应该清仓了。

如图7-1-3所示为头肩底形态模式图。头肩底形态是如何形成的？

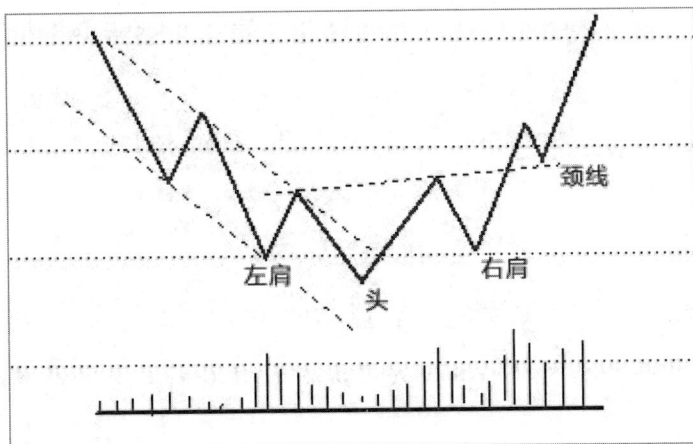

图7-1-3

下跌趋势已持续一段时间。之前，股价经过大幅度下跌，股价与其内在价值的背离已经足以引起一些先知先觉者（往往被称为市场主力）注意，他们趁着低位的下跌而趁机接盘买入，往往使行情出现价跌量升的快速下跌态势，却又戛然而止。

其后紧随而来的是缩量小幅反弹，这个主力承接的下跌波段就很可能是"左肩"，在疑似"左肩"之后，市场又开始新一波下跌，使股价再创新低，然后又开始放量反弹，形成一个波谷。

如果这个反弹使价格达到疑似的"左肩"低点上方，甚至达到疑似的"左肩"的反弹波峰高点附近，这就打破了下跌趋势中的"头顶脚跌"规则，那么这个反弹前的波谷很可能是头肩底的"头"，其波谷明显无法到达管道下轨附近，且其下跌波段的成交量是萎缩的，显示上方的"浮筹"在减轻，而"头"之后是更大规模放量的反弹，接下来，股价再度缩量回落，在没有创新低的情况下反身向上，再次形成一个波谷，无疑这个波谷就是"右肩"。

而且形成"右肩"的放量反弹一举突破颈线（由之前两波反弹所形成的波峰连接而成的直线）。如果突破颈线伴随着更大规模的放量，并且站稳在颈线上方，那么到此为止，可以认为"头肩底"已完成，下跌趋势已经反转。在向上突破颈线后，股价往往会回撤，但不会回到颈线下方，这既是回抽确认颈线的支撑作用，也是确认"头肩底"的形成。

如图7-1-4、图7-1-5所示为两个实际走势的情况。图7-1-4中的A、B、C分别是"左肩""头""右肩"，DE连线是颈线，A中的a、b是微型双底，K1是突破颈线的那根K线，伴随着放量，G表示K1低点，是一个重要观察点，如果股价发生回抽是不能跌破G的，否则说明对颈线的突破是无效的，也就意味着构筑"头肩底"可能失败。实际情况是突破颈线后继续放量上攻，然后才震荡回落。

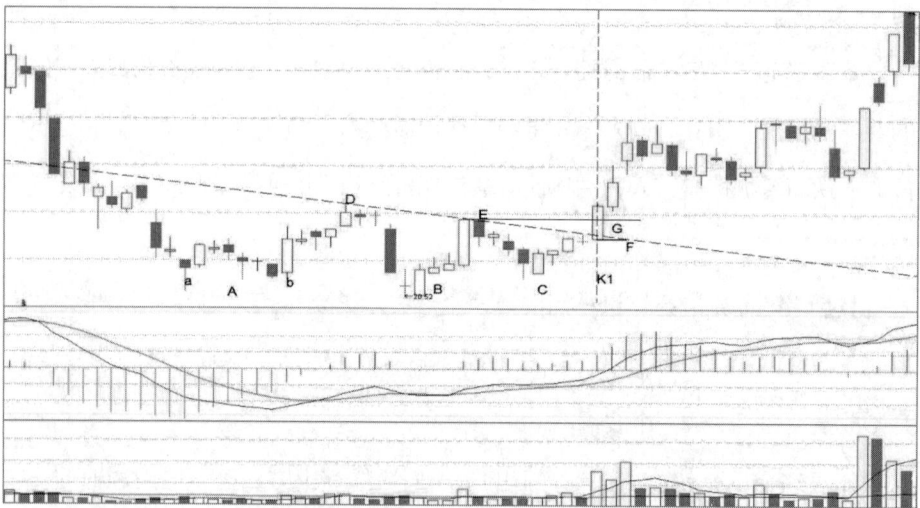

图7-1-4

　　图7-1-5是复杂的"头肩底"，其"左肩""头"和"右肩"都是多重的。从此图中可以清晰地观察到伴随"头肩底"的形成，不同阶段的成交量情况。形成"左肩"的下跌所伴随的放量不够明显，但反弹明显放量；形成"头"的下跌和反弹都是放量的；多重的"右肩"始终是涨放量跌缩量。突破颈线的放量更显著。低位放量都是主力主动承接筹码或买进筹码的结果。

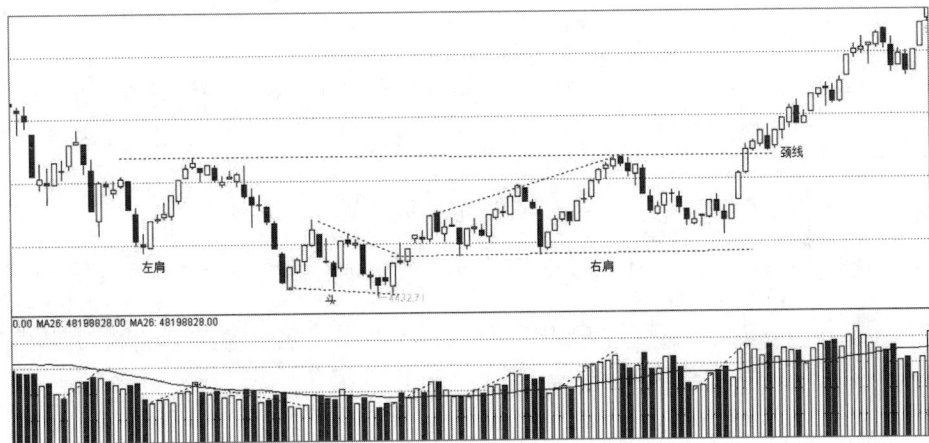

图7-1-5

　　"头肩底"的完成也包括一系列步骤和技术信号，有的信号不是必要的，但如果这些信号全部发出，那么其应该包含的所有信号与头肩顶情况，其性质基本相同，但也有不同之处。头肩底与头肩顶相比，不同之处主要有三点：其一，头肩底所对应的成交量峰的连线是向上的，而头肩顶所对应的成交量峰的连线往往不是向上的；其二，头肩顶向下突破颈线不一定伴随放量，而头肩底向上突破颈线一定要伴随大幅放量；其三，突破后是否会通过回撤、反抽来试探颈线的作用与大环境有关，头肩底回抽概率更大。

　　除了头肩形之外，反转形态还有其他种类，如W或M形态、多重W或M形态、三角形形态、矩形形态、V或倒V形态等，这些形态与头肩形的形态大同小异。从趋势推进过程看，所有底部或顶部形态不过是原有供求关系不能保持而逆转的过程。从形态和市场心理角度讲，所有形态都是由各类切线交织而成，其所包含的市场内涵和技术逻辑都是建立在切线所包含的市场内涵和技术逻辑的基础之上的，只要认识和理解了切线所包含的技术逻辑和市场内涵，也就能对价格形态技术分析的认识达到触类旁通的效果。

第二节　中继形态的内在逻辑

中继形态就是趋势中途出现的横向震荡形态，本来维持现有趋势的动能已经枯竭，市场需要重新积蓄力量，从而恢复原有趋势，这就是中继形态的市场意义。随着市场环境和参与者不同，中继形态极其复杂，形态多种多样，千变万化，没有什么规则可言，但不同形态所包含的市场心理内涵和技术逻辑是一样的。那么，中继形态包含怎样的市场心理、市场内涵和技术逻辑？以三角形中继形态为例讲解有关内容。

如图7-2-1所示为上涨趋势中的三角形中继形态模式。

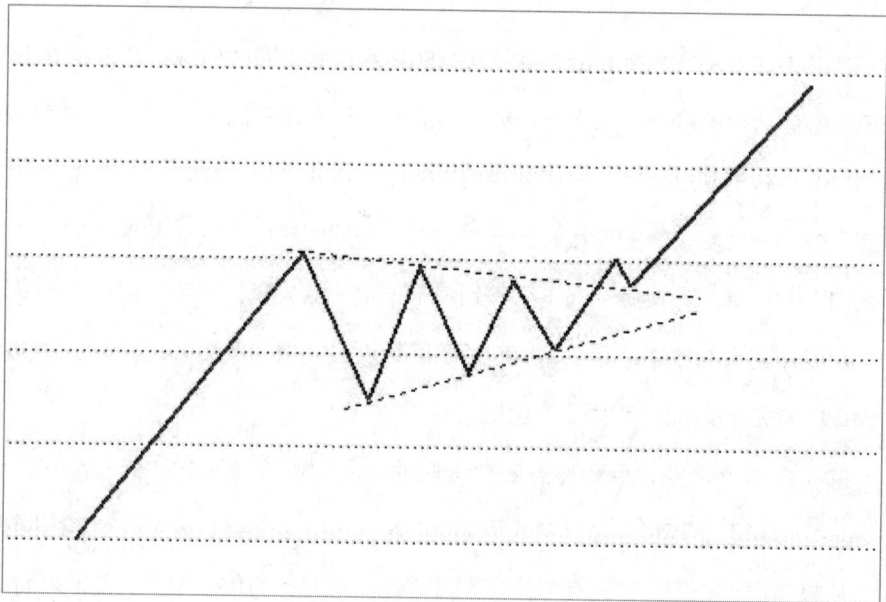

图7-2-1

供需力量的对比决定了趋势的方向。当需求超过供给时，市场就会上涨，需求随着股价不断上涨而减弱，供给随获利盘增加而不断增强，当供需达到动态平衡状态时，股价就进入横向震荡状态。对于个股而言，主力左右着局势变化。具体而言，经过一段时间的上涨之后，主力会主动趁势抛出一些筹码，惊动很多其他获利盘兑现出逃，使供给明显超过需求而使股价回落。当回落一定幅度后，主力在低位又开始承接，从而带动其他人买入，一起使股价止跌反弹，当股价还没有到达前波峰高点时，主力再次抛出，那些原先没有卖出的投资者也会跟着卖出，再次将股价压下。当市场还没有到达之前波谷低点时，主力及其他参与者又重新买回。就这样，主力动用少量资金如此反复操作，使股价由左向右逐日缩量震荡，震荡幅度不断缩小。把上方波峰高点和下方波谷低点分别连成两条线，所形成的价格区域呈收缩的三角形。如图7-2-2所示为上涨趋势中的三角形中继形态实际走势图例。

图7-2-2

主力为何如此耐心引导市场构筑一个三角形盘整区域？那就是积蓄新的上

涨动能，把股价推向更高。要达到这个目的，通过震荡，把上涨形成的获利筹码赶出去，否则，这些获利盘是不稳定的，它们将成为下一波上涨的阻力，一方面还是通过震荡，让那些有潜在参与意愿的人买入，这样就抬升了市场平均持股成本，市场筹码变得稳定，为接下来的上涨打下牢固基础。另一方面，原先被赶出去的获利者将成为市场潜在的新需求，当股价向上突破时，他们会因后悔而追价买进，成为推动市场向上的强劲动能。这就是上涨趋势中三角形中继形态所包含的市场内涵或技术逻辑。

如图7-2-3所示为下跌趋势中的三角形中继形态模式图。

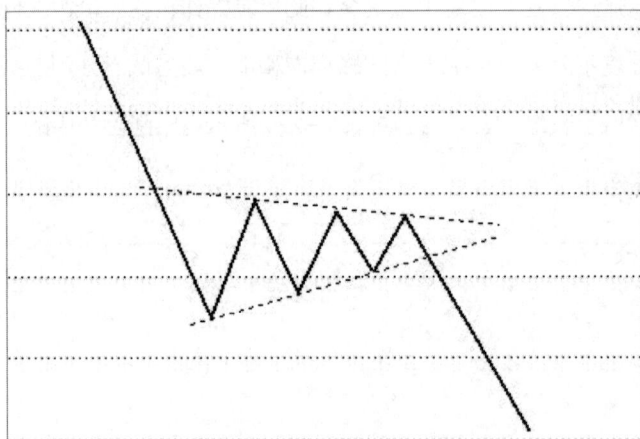

图7-2-3

下跌趋势中的三角形中继形态是如何形成的？由于A股市场缺乏充分的做空机制。在很大程度上，下跌趋势是由投资者共同推动的。当主力资金在顶部成功离场后，股价就像掉了线的风筝，在普通投资者的资金参与下，任意飘落。原有套牢者会断断续续地割肉，那些企图抢反弹的人成为新的套牢者而进一步加大抛压。

在此期间，在之前下跌的基础之上，市场又开始放量下跌，使浮动筹码得到快速释放，抛压减轻的情况被一些短线游资发觉，主动进场承接抛盘，并引领一次反弹，在反弹冲高中又趁势卖出，引发股价回落，在没有跌破之前波谷的情况下，游资再度买入，再一次引领股价反弹。如此来回几次，形成一个呈三角形的横向盘整区域。

如图7-2-4所示为下跌趋势中的三角形中继形态实际走势。

图7-2-4

三角形整理形态中的成交量，在三角形整理形态内部，随着股价上下震荡幅度越来越小，成交量会越来越萎缩，当成交量萎缩至极小量时，意味着洗盘彻底，那么主力就提前发动突破。当价格形成突破时，成交量则明显增加，尤其是向上突破时。放量对于验证上升趋势是至关重要的。虽然成交量总体是逐渐萎缩的，但在相邻的上下震荡中，如果是"价涨量增，价跌量缩"，那么所对应的应该是上升趋势中的三角形；反之，则是下降趋势中的三角形。三角形突破之后的反压或反抽趋势线的情况同其他整理形态一样，即在向上突破后，出现缩量回撤反抽比向下突破后的情况要多。

三角形整理形态蕴含着多空双方的争夺。在争夺过程中，对双方力量的强弱是可以作出判断的。对称三角形显示多空双方力量的势均力敌，暂时处于平衡状态。上升三角形显示买方的力量占据优势，一方面，显示多方在压价；另一方面，多方又趁股价回落时候急切地逢低买入，所以在整理形态范围内，低点有不断抬高的迹象。下降三角形显示卖方力量占优势，一方面，主力在逢高出货；另一方面，还一次比一次急切，从而导致反弹的高点越来越低，但在筹码没有出光之前，又必须维持价格底线。

1. 横向整理形态的测算技术

股价横向震荡的目的是积蓄力量，一旦积蓄足够的力量，市场就要突破。在突破之后，市场将运行多远呢？形态分析法提出了突破后的最小到达的目标。

（1）突破后最小目标的测量方法

其一，管道理论的运用。

如图7-2-5所示为上升趋势中途出现的持续性旗形整理形态，在股价于b处向上突破旗形上边线之后，就可以测算其未来上涨的最小目标。测算方法是从股价第一次"回辙"时的顶点A作出一条平行于旗形的下边线ab的向上倾斜的直线AB，将来不管旗形的宽度如何，这条平行线AB将是突破后的第一目标位。

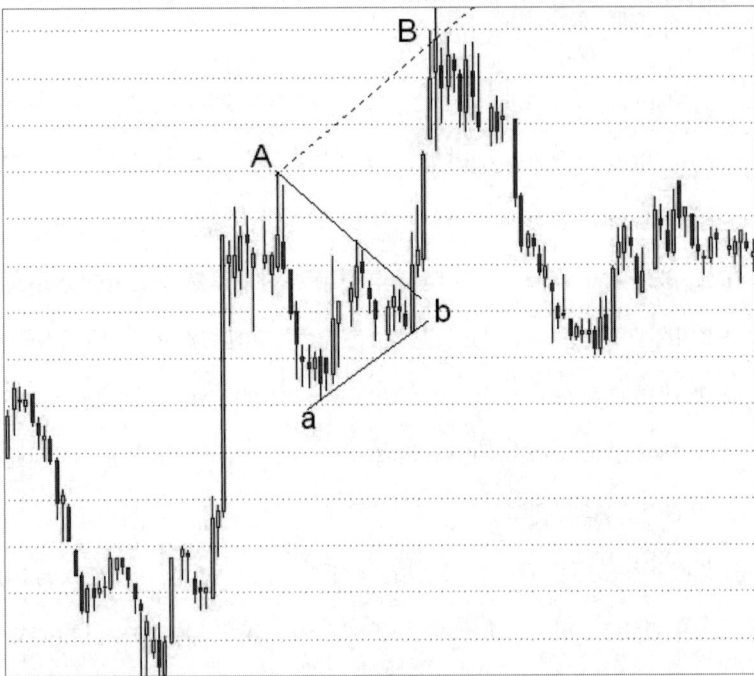

图7-2-5

其二，以所突破的趋势线为轴的对称原理运用。

在所突破的重要趋势线两侧，股价在突破后的惯性运动幅度至少是突破前震荡的最大幅度。如图7-2-6所示，图中AB为下跌趋势线，当股价放量反弹向上突破AB后，就可以测算这波反弹将持续的大致幅度。测算方法是从反弹起点C处到突破区域画出一条线段CD，把线段CD位移到下跌趋势线的另一侧，标注为EF。当其后走势持续到F点时，股价丧失进一步上涨的动力而回落向下。此测量方法的市场逻辑是什么？那就是CD段反弹所引发的跟随买入者随着股价上涨将逐步离场，使市场的抛压逐步增大，在F处抛压超过了需求所积蓄的力量，于是股价回落。

图7-2-6

其三，以中继形态为"轴"的对等原理的应用。

之前涨多高，之后就走多远。如图7-2-7所示为旗形或三角旗中继形态的前后走势。

图7-2-7

AB段为前一次突破之后的运动幅度，那么在旗形或三角旗形态突破之后的股价运动幅度CD通常等于或长于AB。

以上三种预测方法可以用于其他持续形态的分析。这些方法的测量幅度通常是最小幅度，在实际走势中，市场往往走出远大于这些方法所测量预估的长度，这与A股特殊性有关。参与A股市场的散户比重很大，而个人操作很容易陷于非理性状态，所以A股市场的追涨杀跌氛围非常浓厚。这种情况导致股价或股指出现剧烈震荡，一旦形成上涨趋势，那么就会涨过头；一旦形成下跌趋势，那么就很容易跌过头。

（2）突破后趋势所能到达的最大目标分析

虽有"上涨不言顶，下跌不言底"的说法，但在一轮牛市中，任何股票都有上涨的极限高度。只要不退市，下跌终会有终极目标。但不同个股上涨的空间是不同的，这既与指数有关，又与个股本身的基本面有关。有人说"不同个股，气数不同"。垃圾股的"气数"绝不能与绩优股的"气数"比，一般绩优股的"气数"没有成长绩优股的"气数"大。大流通盘股的"气数"比小流通盘的"气数"小,传统产业板块的"气数"远远不及朝阳产业板块的"气数"。一只股票的"气数"取决于什么?直接取决于市场需求,取决于有多少人投入多少资金于该股,而这又取决于该股的投资价值。

(3)底部突破后的空间测量:叠箱体法

底部突破后,市场会出现股价以底部高度的整数倍数的方式向上进攻。基于此,在上涨过程中,可以采取"叠箱体法"预估股价上涨目标位及发生调整的位置,具体方法如图7-2-8所示。

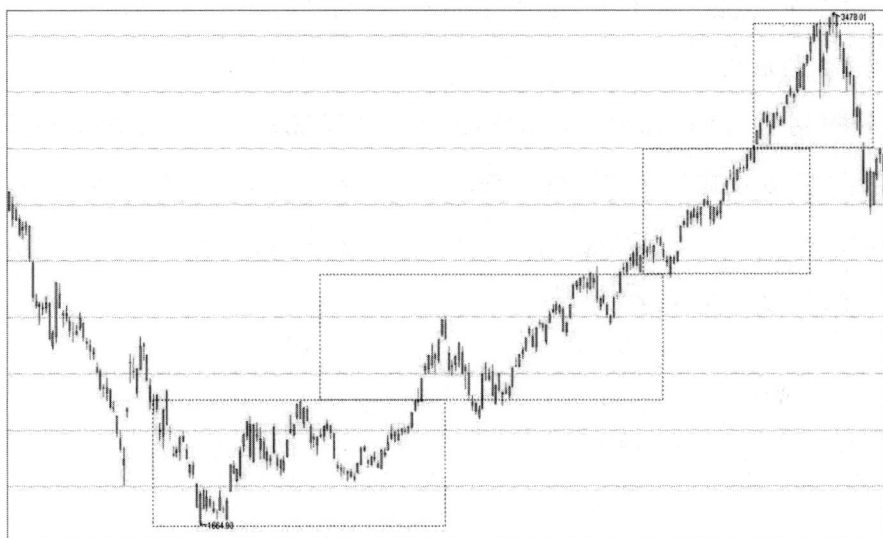

图7-2-8

2. 突破有效性的分析和判断

无论是反转形态,还是持续形态,股价都是做无趋势运动,这种无趋势状态迟早要以突破的方式结束,并开始新趋势。普通投资者通常不参与盘整,而是在突破时参与操作,因为这种参与胜算高、风险低、效率高。突破建仓的胜算要高于底部建仓的胜算,在突破回抽确认时的建仓胜算要高于突破时的胜算。要保证高胜算,就需要对突破的可靠性进行评估。

（1）突破有效性的三个判断依据

其一，根据突破时的成交量判断，因为在突破时，市场要放量，所以才能提供推动股价上涨的量能。尤其向上突破时，放量是必需的。其二，用过滤法判断，通常是"三三过滤法"，即在股价突破重要阻力线时，越过阻力线要有足够大的突破幅度，通常要求大于3%，并停留在阻力线的另一侧达3天以上。其三，用反抽或反压确认法判断，即突破阻力线时，股价要回撤，试探阻力线能否由阻挡变成支撑，而且要求回撤都要明显缩量。

（2）警惕突破的假信号

在突破回撤时，股价又回到原形态内部，或回到阻力线原来的那一侧，这就意味着突破无效。

警惕主力的诱多或诱空。在双重或三重顶的顶部形态中，主力会故意让股价无量向上，超过前期高点并停留一两天，给人以新一轮上涨行情又开始的假象。在双重或三重底中，也会故意让股价再创新低，然后快速反身向上，开始一波轰轰烈烈的上涨行情。

第八章

波浪理论技术的市场逻辑及其实战运用

在常见的几种技术分析方法中，哪种方法最深奥难懂？无疑是波浪理论，但波浪理论确实可以预测市场未来变化及其大致路径。波浪理论包含一些科学研究成果，比如群体心理学、数学原理等，具有一定的科学性。

笔者学习阅读该理论的原著译本，多次因无法读懂而不得不放下，前后长达三年之久。之所以会如此，笔者终究认为是该理论太深奥了。那么，笔者为什么要坚持阅读呢？因为它确实能提前预测市场未来变化。如果普通投资者能够深刻理解波浪理论的基本原理，并学会将之用于市场分析，那么一定能获得意想不到的收益。现在，通过笔者的努力，为初学者提供一个相对比较简单的文本，表达笔者对波浪理论简单化的理解，期望能对大家的学习和实践有一定益处。

第一节　波浪理论基本观点

1. 自相似模式是市场波动的内在逻辑

波浪理论认为指数形态反复以"波浪"模式向前运动。艾略特从各种各样走势形态的众多"波浪"中分离出十三种具有普遍性的形态，并分别对其命名、解释和画图。艾略特认为，这些较小规模的"波浪"以一定方式连接起来，就形成了自身模式的较大规模级别版本，较大级别的"波浪"再连接起来，再形成更大规模级别的自身模式版本，以此类推，这种波浪运动方式生生不息，发展模式将无穷无尽。这种自身形态连续不断地累进演变的价格运动叫结构化前进，而这种自体形态模式不断地自我复制、演变倍增而形成的结构叫自相似模式结构，这是数学领域的分形理论在股市中的运用。

分形几何形体在任意大小规模上都具有复杂而精细的结构，而且图形的每一局部结构或形态都可以被看成整体图形的缩小版本。反之，每一个小规模的分形几何形态与其他同规模同级别的分形几何形态一起构建更大规模的自身版本放大的分形几何形态。自相似模式是复杂系统所具有的一种特征，系统内部不断经受着成长期与下降期交替进行的生长发展，这样就建造出整体规模不断扩大又与自身以前小规模形态相似的形态。艾略特认为金融系统就是这样的一种系统。

2. 五浪模式

在任何时候，从整体看市场的形态，其看起来像完整的"五浪"形态，或者看起来市场正准备孕育更大规模的"五浪"形态。艾略特指出，指数的总体形态是"五浪形态"，又称"五浪模式"。如图8-1-1所示为上升趋势的"五浪模式"，分别标注浪1、浪2、浪3、浪4和浪5。波浪理论认为"五浪模式"是市场前进的主导形态，而且一个成长性市场是总体向上的"五浪模式"。市场也会呈现向下的"五浪模式"，如图8-1-2所示为向下模式的实例。

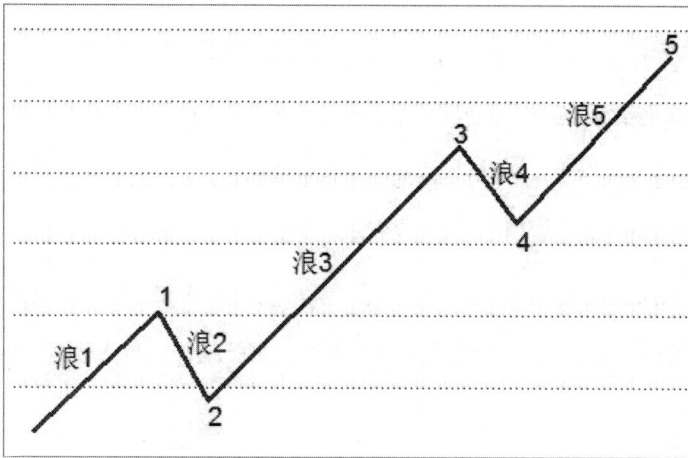

图8-1-1

图8-1-2

为什么是五浪模式？这是市场状况的真实反应，包含一定的市场内涵或技术逻辑。对于上升趋势而言，浪1反弹是基础分析者建仓的结果，因市场过度下跌而使股价远远背离了价值，基础分析者发现这种背离而买入，使市场止跌回升；

浪2是因为反弹推高了价格，不能满足基础分析者建仓需要，于是抛售打压股价；浪3是因为基础分析者再次建仓而启动的，吸引市场其他参与者跟随买入；浪4是获利盘兑现利润的结果。在浪3创新高后，市场开始进入普遍性盈利状态，这种信息开始向更大范围传播，普通人也进入市场，这就形成了浪5。

波浪理论认为"五浪模式"具有三个内在构造准则，它们揭示了五个波浪之间空间和长度的关系。

其一，浪2是对浪1的回撤，但永远不会回撤超过浪1的起点。比如，就上涨趋势而言，浪1是向上的，浪2是向下的，浪2不可能跌破浪1的起点。浪3与浪4也是这样。

其二，浪3永远不是最短的一浪，即浪3的长度不会同时比浪1和浪5都短。在上涨趋势中，浪3通常被称为主升浪，所以浪3通常是最长的。

其三，浪4永远不会进入浪1的领地，浪4是对浪3的回撤，但浪4与浪1不会重叠。对于上涨五浪，浪4的低点不会低于浪1的最高点，即严格遵循"脚踏头涨"规则。这些准则是技术分析者"数浪"所必须遵守的规则。

3. 八浪循环

在整体方向上，市场看起来是"五浪"，但如果再把范围扩大，那么市场看起来是由一次上涨波与一次下跌波构成，不是先涨后跌，就是先跌后涨，如此循环往复。艾略特认为，在市场走势运行完成一个"五浪模式"之后，随之而来的往往是一个与之相反的"三浪模式"走势。如图8-1-3所示，所谓"三浪模式"就是图中被标注为a、b、c或A、B、C的三个波段，其中，浪b是对浪a的回撤，但不会完全回撤，浪c是市场在浪b结束后对浪a的恢复。如果先前的主要趋势是向下的"五浪模式"，那么紧随其后往往就是向上的"三浪模式"的波动；如果先前的主要趋势是向上的"五浪模式"波动，那么紧随其后往往就是向下的"三浪模式"波动。这就是艾略特的"八浪循环"模式。

艾略特还认为，一个大的"八浪循环"包含多个更小级别的"八浪循环"。如图8-1-3所示，②是对①的休整，前者包含（A）（B）（C），后者包含（1）（2）（3）（4）（5），共计8浪；更小级别的是（B）对（A）的休整，其中又分别包括3浪和5浪，即A、B、C浪和1、2、3、4、5浪，共计8浪；还有（2）对（1）的休整或（4）对（3）的休整，又分别包括3浪和5浪，共计8浪。

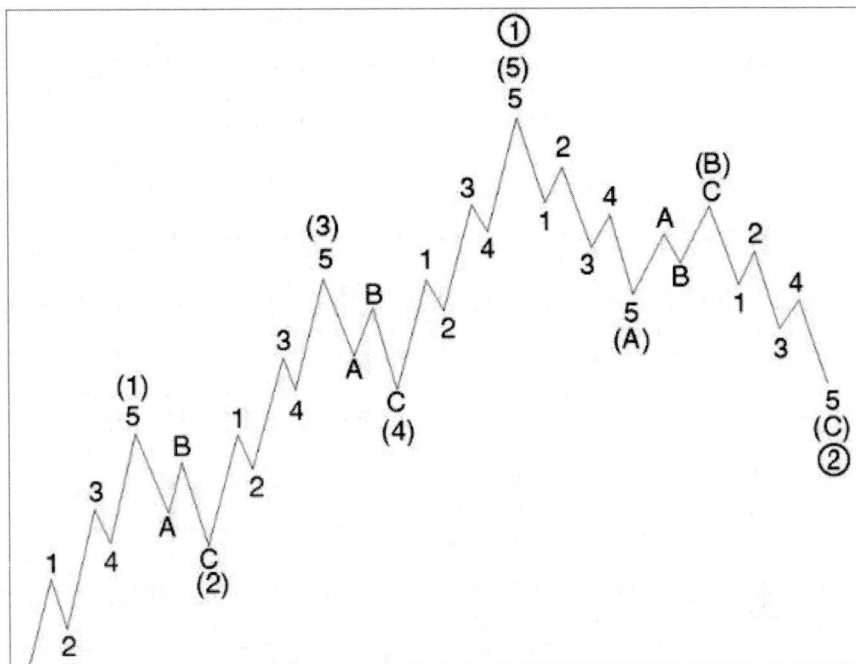

图8-1-3

如何进行浪形划分和浪级标注是运用波浪理论进行市场分析的关键。将某一波浪划分成五浪结构，还是划分成三浪结构，取决于其整体方向与更大一个级别波浪整体方向是相反还是一致。如果较小级别波浪的整体方向与比其大一级别的波浪整体方向一致，那么这个较小级别的波浪往往呈现或走出"五浪模式"，用数字1、2、3、4、5标示；如果较小级别波浪的整体方向与比其大一级别的波浪整体方向相反，那么这个较小级别的波浪往往呈现或走出"三浪模式"，用英文字母A、B、C标示。

如图8-1-3所示，①的总体方向是向上，其子浪是（1）（3）（5）也是向上的，所以（1）（3）（5）都是"五浪模式"，而（2）（4）是向下的，所以（2）（4）是"三浪模式"；因为②的总体方向是向下，所以那些与②方向一致的子浪（A）（C）是"五浪模式"，那些与②的方向不一致的子浪（B）就是"三浪模式"。即使在它们还没有走出来之前，分析者做这样的预期，往往是正确的。这种法则是波浪理论用来预测市场未来路径和幅度的较可靠依据。

上述是对图8-1-3中一个完整的"八浪循环"所做的从最大规模浪级向最小规模浪级的逐级分析，是从大"八浪循环"分析到次一级的小"八浪循环"。其实，小"八浪循环"还包含着更小的"八浪循环"。从未来的发展看，这个现有的"大"八浪循环将去构筑更大规模的"五浪模式"，并成为其中的一小部分。然后，再进一步构筑更大规模的"八浪循环"。就这样，市场会不断向更大规模的波浪"分形"下去，显示经济规模会不断发展壮大。

根据这个逻辑，可以对当前上涨趋势或下跌趋势的"寿命"做预估，并对当前市场所处的时期做判断，并据此决定自己的操作策略。如果预估现有的上涨趋势是"五浪模式"，而当前是第三浪开始，那么可以判断未来还有第四浪和第五浪，在这种情况下当然可以加大资金投入。如果当前是"五浪模式"上涨之后的调整，那么在当前方向上，市场要至少走完"三浪模式"，即当前趋势的"寿命"是"三浪"。如果当前市场所处时期是"B浪"反弹开始，其下面还有"C浪"下跌，那么当前只能短线买入，反弹结束，不管是否盈利，一定要暂时离场，回避接下来很可能的"C浪"下跌风险。如图8-1-4、图8-1-5所示为上证指数某一个阶段的实际走势，图中显示指数的运行是遵循"五浪模式"和"八浪模式"的。

图8-1-4

图8-1-5

4. 驱动浪和调整浪

从各种各样的波浪形态中，艾略特抽离出"五浪模式""三浪模式"和"八浪循环"模式，如图8-1-6、图8-1-7所示，其整体是"八浪循环"，又包含"五浪模式"和"三浪模式"。其中，图8-1-6左侧图的总体方向是向上的，其向上的"5浪模式"包含5个子浪，其中的浪1、浪3和浪5与"五浪模式"的总体方向一致，是驱动市场向上的，它们被称为驱动浪；其中的浪2和浪4的方向与"五浪"的总体方向是相反的，作用是阻止市场向上，是对趋势的休整，它们被称为调整浪。

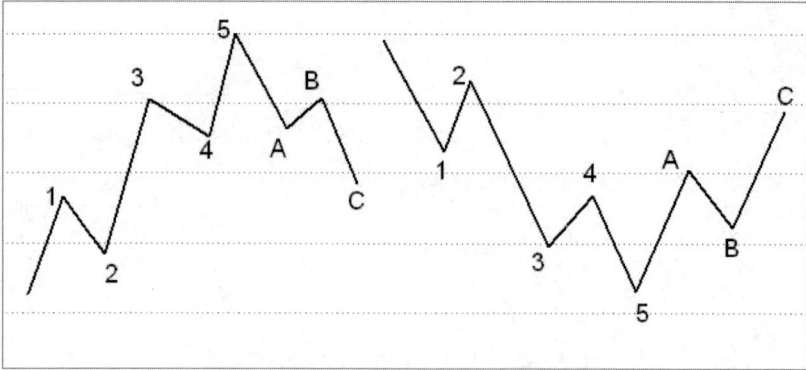

图8-1-6

再看图8-1-6中的右侧图，总体方向是向下的，其向下趋势的"五浪模式"包含五个子浪，其中的浪1、浪3和浪5与"五浪模式"的总体方向一致，是驱动市场向下的，它们被称为驱动浪；其中的浪2和浪4的方向与"五浪"的总体方向是相反的，作用是阻止市场向下，它们被称为调整浪。

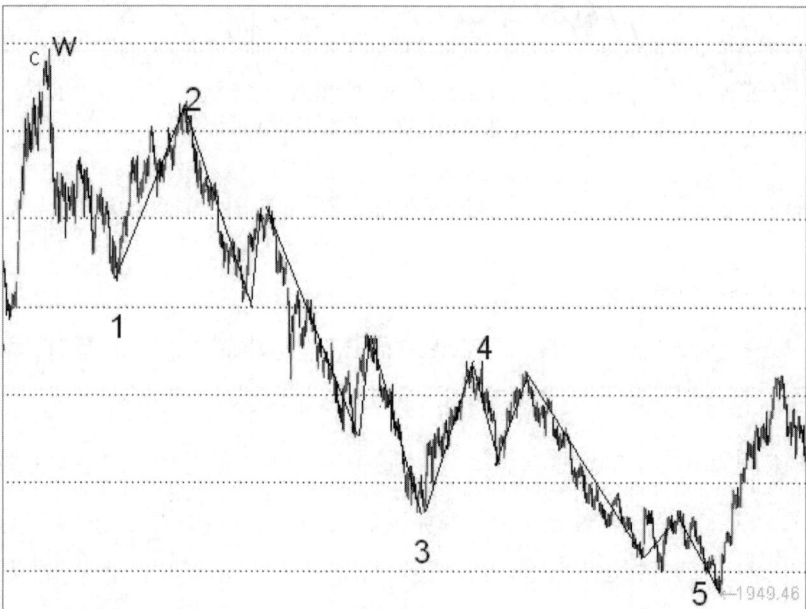

图8-1-7

总之，驱动浪不一定总推动股指向上运动，调整浪不一定总推动股指向下运动。一个波浪究竟是驱动浪还是调整浪，与其自身的实际方向无关，而是看其与更大级别波浪的方向是否一致。任何级别的波浪，与大一个浪级趋势同向，就以五浪方式发展；与大一个级别波浪逆向，就通常以三浪方式发展。"调整浪"是对"驱动浪"的调整。市场在"五浪模式"之后，通常至少是"三浪模式"。

5. 波浪理论的初步运用

依靠"五浪模式""八浪循环"和"分形"原理，就可以对指数走势进行"踏浪"和"数浪"，对当前的波浪次序进行标注，对未来走势的波浪形态进行推测、演绎。

首先，用好"分形"原理。金融系统发展成长引起其自身内部结构形态模式演变遵循"分形"原理。"分形"是科学家对自相似结构的形象概括。所谓自相似，就是图形的每一个局部都可以被看成是更大级别整体图形的一个缩小复本。其意思包括两点：其一，前期小规模形态和后期更大规模形态的造型是相似的；其二，后期更大级别规模形态是由前期小规模级别形态连接累积而成的，小规模形态是大规模形态的组成部分。

其次，用好"前后波浪之间、不同浪级之间"的关系法则。市场形态是由"五浪模式""三浪模式"和"八浪循环"按照一定的排列次序连接复合而成的，每一个"八浪循环"含有一个"五浪模式"和一个"三浪模式"，一个"五浪模式"之后往往是一个"三浪模式"。现有的一个"八浪循环"将向更大级别的"八浪循环"演变，现有的一个"八浪循环"是更大级别"八浪循环"的一部分。

不过，市场不会总呈现清晰的"五浪模式"和"三浪模式"或"八浪循环"，也不会是单纯的"五浪模式"和"三浪模式"或"八浪循环"的累加。市场也不是完全遵循"五浪模式"运行完毕后将有"三浪模式"调整的法则。接下来进一步认识驱动浪和调整浪。

第二节 驱动浪

波浪理论基本观点是艾略特针对自己所观察到许多实际指数走势高度抽象概括的结果,是理想条件下的波浪世界。股票市场的综合价格,也就是指数的坐标图走势会基本按此方式,循环往复、有节奏地波动,按这样的走势形态观察,市场总处于"五浪模式"中的某一位置上,或者总处于完成"八浪循环"周期的某一进程中。但真实的波浪世界并非那么简单,市场实际波动不会如此简单又准确地重复着历史。在历史实际走势中,驱动浪和调整浪有千变万化、千姿百态的表现,会呈现各种各样的变体。

驱动浪有力地推动着市场按既定的趋势运动,并总去构建更大级别的,包含自身在内的驱动浪,完整的驱动浪都呈"五浪模式"。如图8-2-1所示为实际的"五浪模式"。在五浪中,与"五浪模式"方向一致的子浪叫作用子浪,如浪1、浪3、浪5,不一致的子浪叫回撤子浪,如浪2、浪4。

图8-2-1

驱动浪通常细分为五浪,浪形简洁、清晰,容易识别和判断。如果某一波形不容易分辨,那么很可能不是驱动浪。驱动浪有三个基本规则,这些规则支配着驱动浪运行及其呈现出的形态,为人们提前预设未来走势提供依据。其一,浪2不可能回撤浪1的100%;其二,浪4不可能对浪3做100%的回撤;其三,浪3不仅不可能是"五浪模式"中最短的一浪，而且常常是驱动浪三个作用子浪中最长的一浪，通常会延长。

在遵守这些规则基础上，驱动浪会发生许多变化，导致同样是驱动浪，看起来却差别很大。比如，"浪4不可能对浪3做100%的回撤"，但回撤幅度可以有很大差别，有的回撤很深，进入了浪1的区域，破坏了"脚踏头涨"准则，有的浪4会守住"脚踏头涨"准则。根据驱动浪作用子浪与回撤子浪之间的关系，艾略特将驱动浪分为推动浪和倾斜三角形两种。根据驱动浪的作用子浪发展程度不同，艾略特从驱动浪的作用子浪分离出延长浪和衰竭浪两个概念。

1. 推动浪

驱动浪已有三个基本规则，在此基础上再加一个规则，即"浪4不会同浪1重叠"，也就是前文所说的"脚踏头涨"或"头顶脚跌"。所以推动浪的规则有四点：其一，浪2不可能回撤浪1的100%；其二，浪4不可能对浪3做100%的回撤；其三，浪3不仅不可能是"五浪模式"中最短的一浪，而且常常是驱动浪的三个作用子浪中最长的一浪，常常延长；其四，浪4不会同浪1重叠，也就是浪4作为对浪3的回撤，其最低点不会比浪1最高点低。推动浪的作用子浪往往也是推动浪，其子浪中的浪3一定是推动浪。如图8-2-2所示，标出的"五浪模式"不属于推动浪，甚至左侧图都不属于驱动浪，因为其浪3是最短的，右侧图的浪4与浪1重叠。左侧图的浪2、浪3和浪4可能构成推动浪中的调整浪。

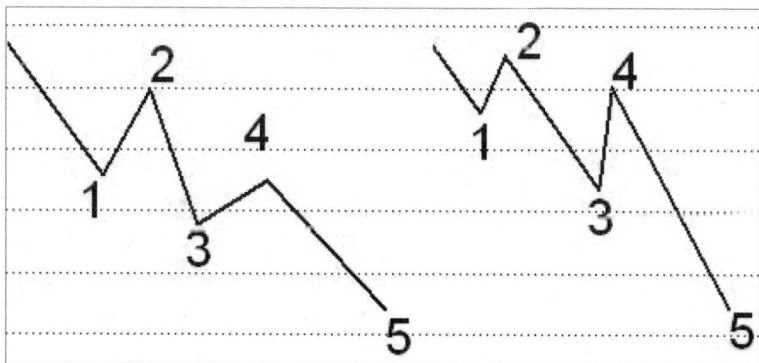

图8-2-2

2. 延长浪

大多数推动浪的某一个作用子浪会发生延长的现象，但一个驱动浪中只能有一个子浪可以延长，而且最常见的延长浪出现在第3浪。如果第1浪和第3浪的长度大致相同，那么第5浪就可能成为延长浪。如果第3浪延长了，那么第5浪就必然简单。在对走势做推测演绎时，首先要习惯考虑浪3很可能延长。如图8-2-3所示的第5浪是延长浪，而且第5浪的子浪第（5）浪也延长了，第（5）浪的第3小浪似乎也延长了。

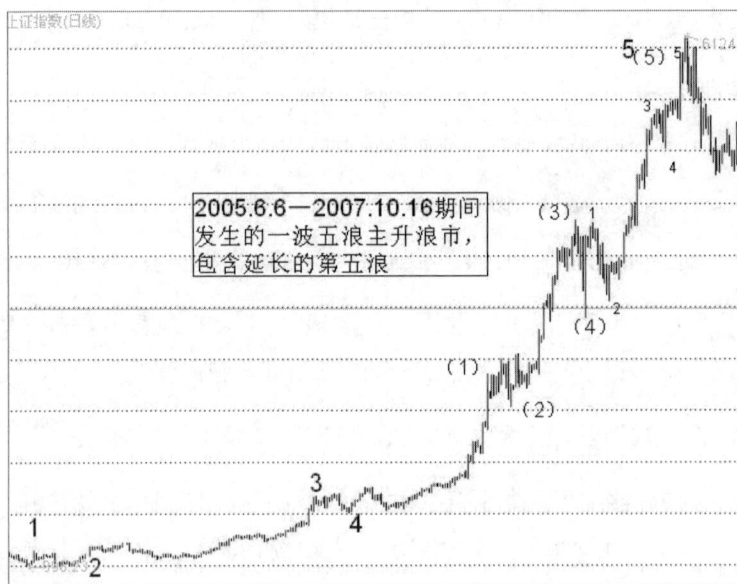

图8-2-3

由于延长浪的子浪与延长浪同级别的其他四个波浪有着几乎相同的幅度和持续时间，这样整个驱动浪看起来就不是5个浪，而是9个浪，并用1～9标注"九浪模式"，如图8-2-4所示。

有时，延长浪中的子浪再度出现延长浪，这样"九浪模式"就成了"十三浪模式"。

3. 第5浪衰竭

所谓"第5浪衰竭"，就是指第5浪运动未能超过第3浪的末端。虽然第5浪衰竭了，但第5浪仍含有5个子浪，如图8-2-5所示为牛市衰竭。第3浪通常会延长，而且延长浪中的第三个子浪通常会进一步延长，这样的第3浪太强，提前预支了第5浪的动能，这就是第5浪衰竭的原因。所以延长的第3浪之后的第5浪容易衰竭。

图8-2-4

图8-2-5

4. 倾斜三角形驱动浪

倾斜三角形驱动浪分为终结倾斜三角形或引导倾斜三角形两种。如图8-2-6所示是图8-2-5中的第5浪，呈倾斜三角形。倾斜三角形常常出现在推动浪第5浪的位置上，标示为1、2、3、4、5，市场在浪1与浪3的连线和浪2与浪4的连线构成的轨道中运行，两条连线同时向上或向下，呈楔形，所以倾斜三角形浪又叫楔形驱动浪，它的浪4总会进入浪1的区域。它之所以没有推动浪那样舒展或充分发展，常常是因为先前的浪太强劲了。如果第5浪延长、第5浪衰竭和倾斜三角形都暗示同一件事，那就意味着趋势即将反转，这样的倾斜三角形就叫终结倾斜三角形。终结倾斜三角形通常出现在推动浪的第5浪，也会出现在调整浪的浪C位置。

图8-2-6

倾斜三角形还可以出现在推动浪的第1浪位置上，它的出现往往意味着接下来就是一个推动浪的第3浪，连同它自身在内一起构造推动浪，因为其"引导"着一波新趋势的开始，所以称其为引导倾斜三角形，如图8-2-7所示为上证走势中出现的近似引导倾斜三角形，其"引导"出一波汹涌的上涨趋势。

图8-2-7

　　两种倾斜三角形有什么异同呢？首先，它们都属于楔形驱动浪，它们都包含5个子浪，但它们的子浪浪形却不同。终结楔形内部的子浪结构为3-3-3-3-3，这种浪数至少说明推动趋势发展的力量和阻挡趋势发展的力量处于平衡状态，这意味着原有趋势将结束，这就是终结的含义。

　　引导楔形内部的子浪结构为5-3-5-3-5，这种浪数符合驱动浪的浪形，显示推动趋势发展的力量比阻挡趋势的力量强大，所以它的出现意味着趋势将进一步发展，这就是"引导"的含义。此外，它们的第4浪与第1浪是有重叠的，引导倾斜三角形之所以如此，是因为之前是一波明显的下跌趋势，市场普遍处于一种看空的思维中，因此每一次的上涨都被视为反弹，既然是反弹，那么主流的思路就是逢反弹放空了，因此每一次上涨都遭遇大规模抛压，导致上涨步履维艰，3浪无法走出浩浩荡荡的正常涨势，紧接着的4浪回撤又非常剧烈地下杀。

第三节　调 整 浪

　　如果一个波浪的方向与包括其自身在内的大一个级别波浪的总体方向相反，

那么这个波浪就是调整浪，这就是调整浪的判断标准，它是现有主要趋势的休整，是主要趋势的反作用浪。与驱动浪通常具有清晰的"五浪模式"不同，调整浪是通常包含三个子浪的"三浪模式"，或者是由"三浪模式"组成的复合变体，其种类较多，结构更复杂。在展开它的子浪时，调整浪会以复杂的方式进行，形态演变难以识别，人们能够识别一个调整浪所属类型及名称往往是在一个调整浪形成之后。

就驱动浪的"五浪模式"和"八浪循环"来看调整浪。"五浪模式"本身是一个驱动浪，其子浪1、浪3、浪5还是"五浪模式"，是小一级别的驱动浪，"五浪模式"子浪中的浪2和浪4是调整浪。"八浪循环"包括一个"五浪模式"的驱动浪和"三浪模式"的调整浪。简单的调整浪往往是"三浪模式"，其三个子浪分别标示浪A、浪B和浪C，其中的浪A、浪C一定是驱动浪，浪B是更小级别的调整浪。如果调整浪不是简单的"三浪模式"，就会是非常复杂的"三浪模式"变体或复合体。"三浪模式"的调整浪种类如下。

1. 锯齿形调整浪

锯齿形调整浪是一种标准的"三浪模式"，调整浪模式如图8-3-1所示，左侧是上涨趋势中的锯齿形调整浪，右侧是下跌趋势出现的锯齿形调整浪。

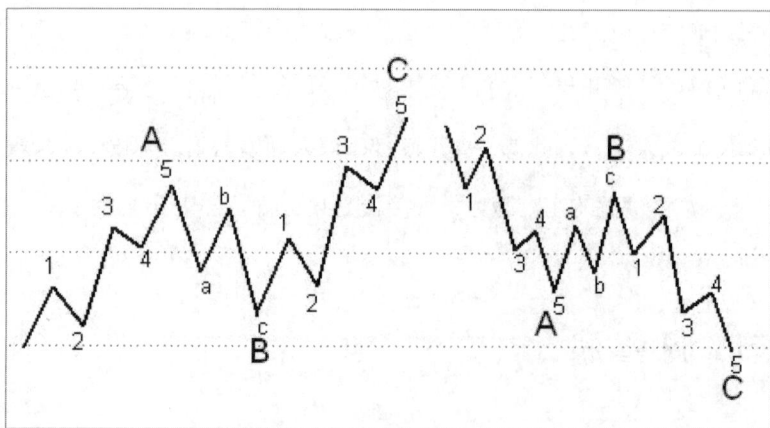

图8-3-1

锯齿形调整浪的三个子浪被标示为A-B-C。其子浪的计数及序列为"5-3-5"，即其子浪的浪A、浪C为驱动浪，可进一步划分为5个子浪，其子浪的浪B为调整浪，可被进一步划分成3个子浪。浪B是对浪A的休整浪，浪B不会对浪A做100%的回撤，也就是说，浪B的终点不会回到浪A的起点，但浪B一般至少回撤浪A的30%。

浪C的长度通常接近浪A的长度。浪A必须是推动浪或者引导楔形；浪C是推动浪或者是终结楔形。A、C不能同时为倾斜三角形，如果浪A是引导楔形，那么浪C就不能是终结楔形。锯齿形调整浪实际走势如图8-3-2所示，由浪a、浪b和浪c构成。

图8-3-2

锯齿形调整浪是一种浪形简单、休整幅度很深的调整浪，通常出现在推动浪的第2浪的位置上，这符合第2浪所处的市场环境及投资大众的心理特点。此时，市场还没有走出之前趋势的氛围，绝大多数操作者还保持着原来的趋势思维，还没有意识到新趋势第1浪已经开始，操作者对趋势的逆转还心存疑虑，一旦市场发生休整，操作者对自己的疑虑深信不疑，因为市场在恢复之前的趋势，导致第2浪回撤幅度很深，这就是锯齿形调整浪出现在浪2的原因。也会出现在第4浪、调整浪本身的B浪及三角形中的E浪、D浪等位置。

锯齿形调整浪有三种变体，分别是单锯齿形、双重锯齿形的调整浪和三重锯齿形的调整浪，单锯齿形的调整浪就是上述的调整浪，其他锯齿形是它"分形"结果。有时锯齿形调整浪会一连发生两次，至多三次，尤其是在第一个锯齿形调整浪没有充分发展，或没有达到正常目标的时候，就会再来一个或两个锯齿形调整浪。在这些情况下，两个锯齿形的调整浪之间会插入一个"三浪"，把两个锯齿形调整浪连接起来，产生所谓"双重锯齿调整浪"或"三重锯齿调整浪"。这些结构类似于推动浪的延长浪，但不常见。

2. 平台形调整浪

如图8-3-3所示为平台形调整浪（右侧）与锯齿形调整浪（左侧）模式对比。平台形调整浪通常作为推动浪的第4浪出现。

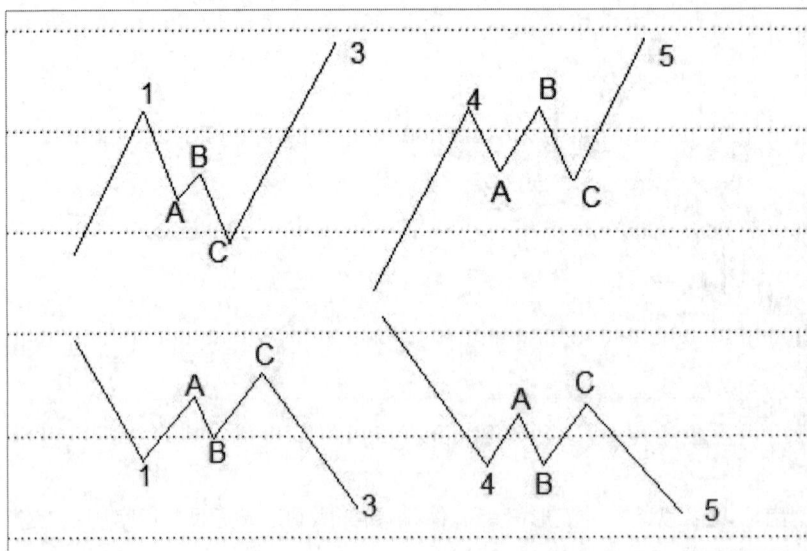

图8-3-3

平台形调整浪也是三浪结构，被标示为A-B-C。其子浪的划分和标注为3-3-5，也就是说，浪A、浪B都是含有3个子浪的锯齿形浪，C浪是"五浪模式"的驱动浪。平台形调整浪与锯齿形调整浪相比，其对于之前推动浪所做的回撤幅度要小，这是由推动浪第4浪形成时的市场氛围决定的，之前的第3浪通常是最剧烈且被延长的波浪，牛市氛围浓厚，经济环境转好更让人满怀操作激情。所以平台形调整浪不像锯齿形调整浪那样大幅度回撤。在平台形调整浪形成之前，趋势会出现延长浪，如果不是这样，那么在它之后通常会出现延长浪。总之，它出现在强劲有力趋势的中途。实际走势图如图8-3-4所示。

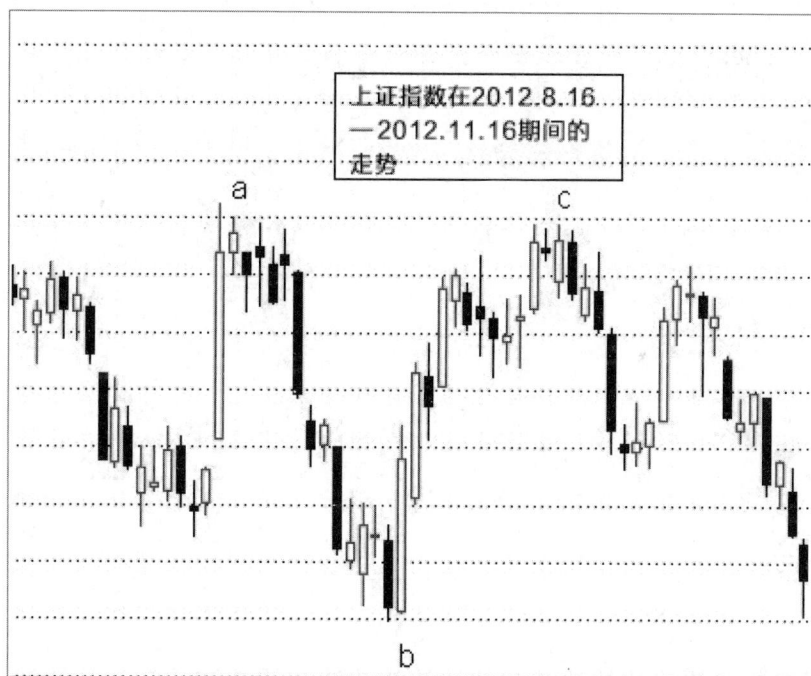

图8-3-4

同样是三浪结构，平台形调整浪与锯齿形调整浪是有区别的。其一，平台形调整浪的浪A是三浪，锯齿形的调整浪的浪A是五浪。因为先前的第3浪太强，导致作为对第3浪休整的平台形调整浪的浪A缺乏足够的向下动力，暂时休整为操作者提供难得的再次建仓机会而纷纷进场，阻止A浪演绎成五浪模式。

其二，两者的浪B都是对浪A的修复，但平台形调整浪的浪B回到浪A的起点附近甚至超过浪A的起点。锯齿形调整浪的浪B回撤幅度很小。

其三，同样的原因，使平台形调整浪的浪C也没有锯齿形调整浪的浪C强劲，平台形调整浪的浪C通常在略微超过A终点就结束，有时还不能到达。总的来说，两者风格不同，平台形调整浪做横向调整，锯齿形调整浪做陡直（深幅）调整。平台形调整浪的出现说明投资者对既成趋势坚决看好，锯齿形调整浪的出现说明投资者对新趋势疑虑重重。平台形调整浪是"标准或理想"平台形，即浪B在浪A起点的附近结束，浪C在略微超过浪A终点的位置结束。平台形调整浪还有"不标准"变体。根据浪B所到达的位置将平台形的调整浪进一步分为扩散平台形调整浪和顺势平台形调整浪，如图8-3-5所示。

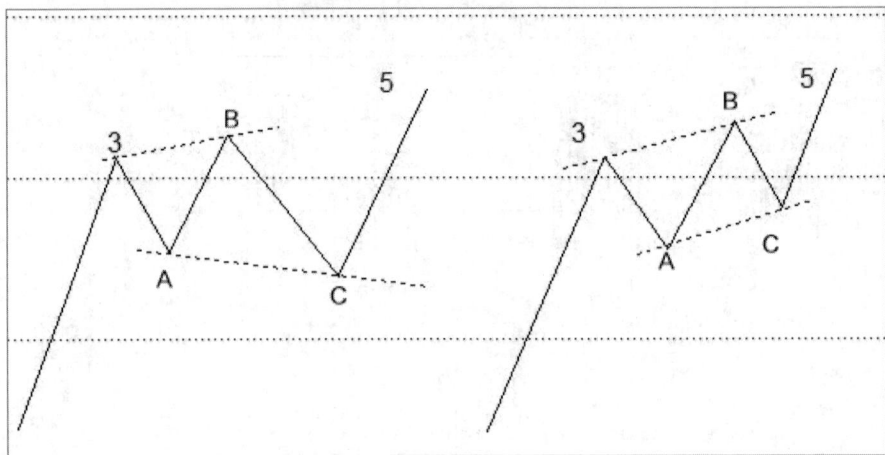

图8-3-5

（1）扩散平台形调整浪。虽然普通平台形调整浪是标准的平台形，但没有扩散平台形调整浪更常见。如图8-3-5（左）所示为牛市扩散平台形调整浪。扩散平台形调整浪的浪B会超过浪A起点，浪C会在远远超过浪A终点的位置结束，浪C是对浪B的过度反应。浪C在远离浪A终点位置结束比普通平台形调整浪的浪C结局更符合市场环境，操作者总会对先前的趋势作出过度反应。

（2）顺势平台形调整浪。如图8-3-5（右）所示为牛市顺势平台形调整浪。顺势平台形调整浪与扩散平台形调整浪相比，浪A、浪B情况相同，只是顺势平台形调整浪的浪C不但没有超过浪A结束的位置，而且还明显没有达到浪A结束的位置，就像衰竭的驱动浪。顺势平台形调整浪的出现说明市场动力更加坚挺，顺势平台形调整浪往往出现在超强而快速的市场中，因为市场不愿意推动浪C深入发展，使其超过浪A结束的位置。

推动浪第4浪会走出平台形调整浪，但是，由于第4浪投资者已经出现了分化，因此，第4浪更多的是出现"三角形调整浪"。

3. 三角形调整浪

在驱动浪中，有一种驱动浪变体叫倾斜三角形，倾斜三角形出现在推动浪的第5浪或调整浪C浪，被称为终结倾斜三角形，所包含的子浪计数序列为3-3-3-3-3；倾斜三角形出现在推动浪第1浪或调整浪浪A，被称为引导倾斜三角形，所包含的子浪计数序列为5-3-5-3-5。这两类三角形的两个边都向上或向下倾斜，所以名为倾斜三角形或楔形。

即将认识的三角形调整浪是水平三角形，属于调整浪的一种变体。与倾斜三角形两个边都向上或都向下不同，这类三角形的两条边指向是不一致的，如果其中一条边向上，那么另一条边就不会向上倾斜，而是向下或水平，反之亦然，这类三角形就称为水平三角形。因为这类三角形有一个共性，那就是其顶角不明显向上或向下倾斜，所以用"水平"与倾斜三角形的"倾斜"相区分，如图8-3-6所示。

在分析水平三角形浪时，操作者既要连接浪A、浪C的终点，也要连接浪B、浪D的终点，这样指数波动就有了大概的范围，一般不会越过这个范围，一旦超过，就意味休整已结束。但浪E会出人意料，它不能达到或超过AC线。在突破三角形之后，新一波趋势运行幅度常常是三角形最宽处的高度，或者在此高度的位置震荡。

图8-3-6

收缩三角形的两条边相交之处也常是股价突破或反转的地方。水平三角形何时发生突破？成交量变化是一个关注点，伴随着水平三角形浪，成交量的振幅会逐渐减小，当成交量萎缩到极低水平时，水平三角形调整浪随时会因成交量重新连续放大而结束。向上突破时一般要量增，向下无须量的配合。

调整浪整体看起来不会是"五浪模式"，但调整浪的一部分可以是五浪，因此与更大趋势相反的最初"五浪模式"永远不是调整浪的结束，而是调整浪的一部分。三角形调整浪通常出现在最后一个作用浪之前的位置，也就是作为推动浪的浪4或调整浪A-B-C中的浪B，或者双锯齿形、三锯齿形、联合形调整浪的最后一个连接浪X。另外，如果推动浪的浪4是联合形调整浪，那么这个联合形调整浪的最后一个作用浪也可以是三角形调整浪。推动浪的浪2局部可以是三角形，但本身不会是三角形。

收缩水平三角形调整浪通常都在先前推动浪的范围内完成，如图8-3-7所示，牛市中的BD连线一定低于浪A的起点。符合这个标准的三角形调整浪是普通三角形。否则就是特殊的水平三角形，如顺势水平三角形调整浪。

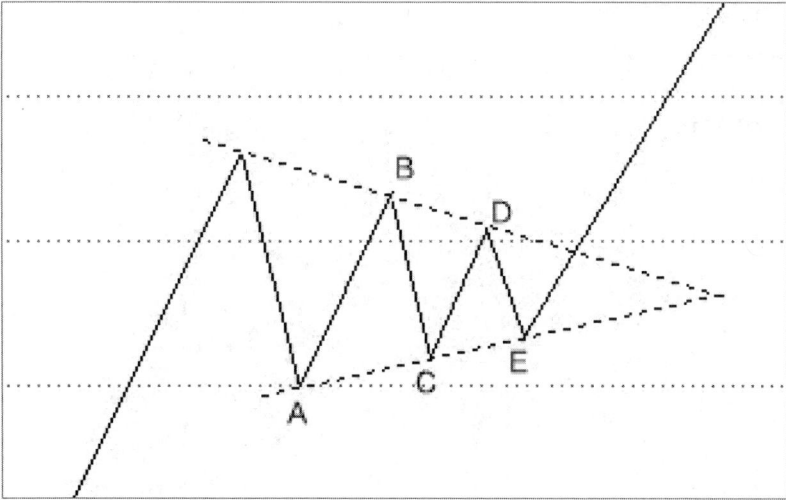

图8-3-7

4. 顺势三角形调整浪

如图8-3-8所示为牛市顺势调整三角形。当收缩三角形调整浪的浪B长度超过浪A的起点时，就叫顺势三角形调整浪，暗示强势调整。这种类型变体比规则三角形更为常见。顺势三角形的调整浪常出现在大规模或大浪级推动浪的第4浪或调整浪A-B-C的浪B位置上。

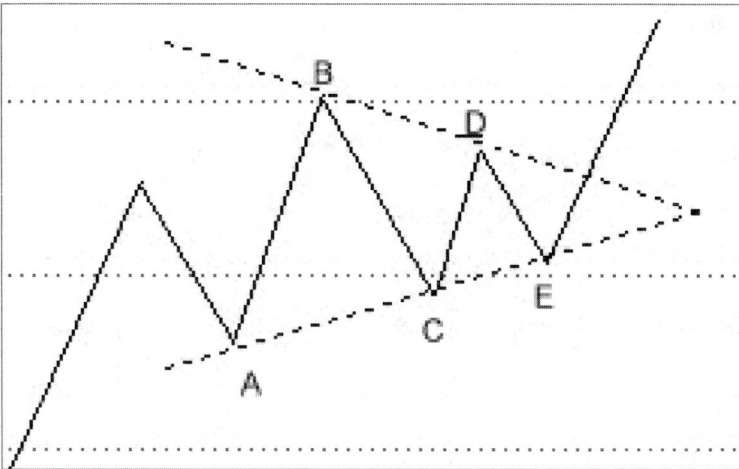

图8-3-8

5. 九浪水平三角形调整浪

水平三角形调整浪的每一子浪通常是锯齿形的调整浪。在少数情况下，浪E会发生波浪延长，使自身成为三角形调整浪，这样的三角形调整浪就成了九个子浪，如图8-3-9所示。

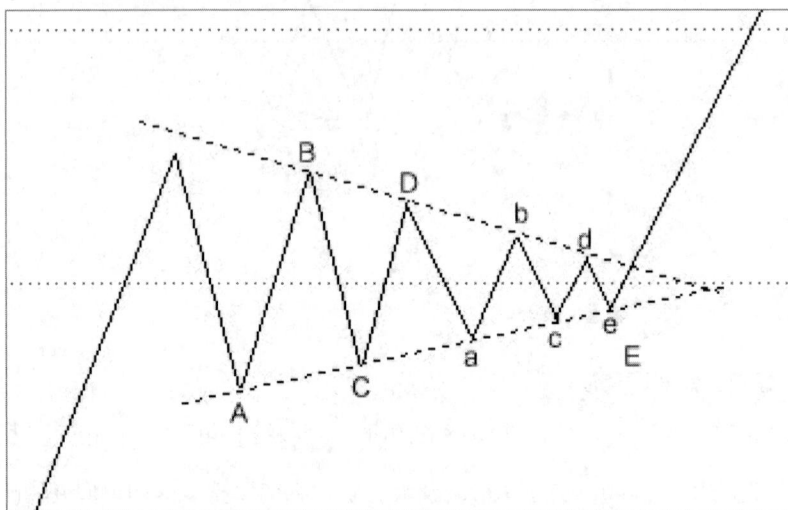

图8-3-9

6. 浪E衰竭三角形的调整浪或浪E翻越三角形的调整浪

通常情况下，浪E所到达的位置有两种情况：其一，是浪E距AC线还有一定距离，就做反向运动，这种情况下就是浪E衰竭的水平三角形的调整浪，如图8-3-10所示。其二，是浪E明显超过AC线，这种情况下就是浪E翻越水平三角形调整浪。其实，浪E翻越是假突破，如图8-3-11所示。水平三角形调整浪的出现，不仅意味着市场接下来的方向，而且可预测接下来的目标。如果三角形调整浪出现在推动浪第4浪，则可预知突破BD线后，运行幅度大致为三角形调整浪最宽部分，而且速度快、时间短。可见三角形调整浪一旦出现，对其后市场运行目标也不能看得太远，其后是一个极短暂的上涨。在大浪级的三角形之后第5浪就不可能是延长浪了。

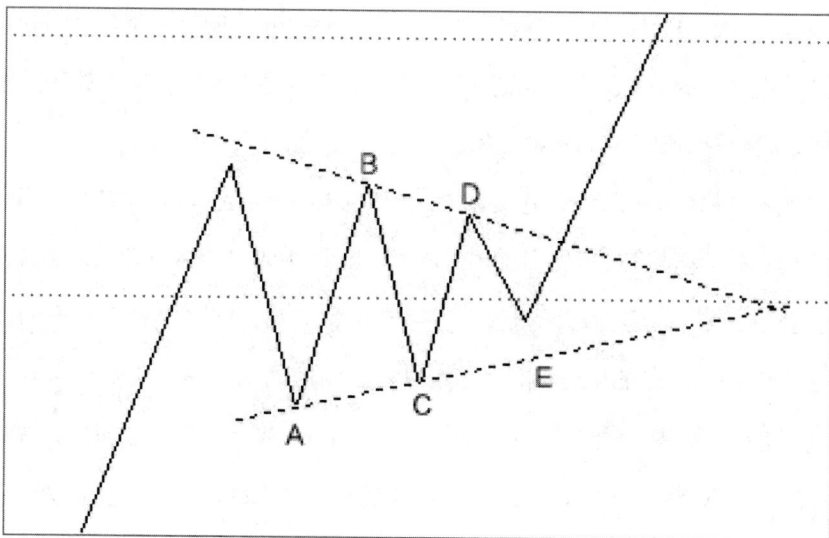

图8-3-10

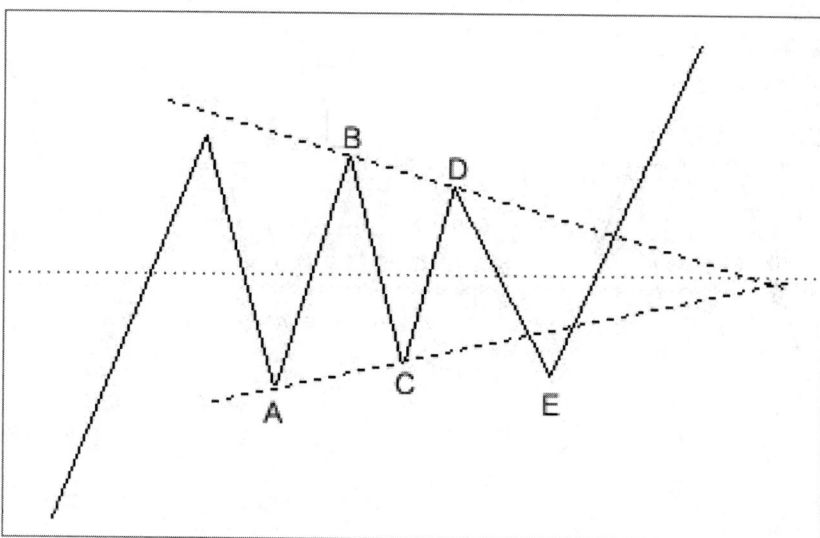

图8-3-11

7. 联合形调整浪

联合形调整浪就是由两个或者三个不同种类简单调整浪组合而成的调整浪，分别叫"双重三浪"或"三重三浪"。三种简单调整浪包含锯齿形调整浪、平台形调整浪和三角形调整浪。"双重三浪"和"三重三浪"的构造与"双重锯齿形

213

调整浪""三重锯齿形调整浪"的方式相同，在两个相邻简单调整浪之间的通常是"三浪模式"的浪X，浪X通常为锯齿形，也可以是平台形，极少数是其他调整模式。联合形调整浪又有多种变体。

如图8-3-12所示为"双重三浪"，大浪级标注的结构是W-X-Y，即两个"三浪模式"的调整浪并列，中间由浪X相连，图中W是平台形调整浪，X是锯齿形调整浪，Y也是锯齿形调整浪。可以有多种变化，W可以是平台形的调整浪，也可以是锯齿形的调整浪，Y还可以是三角形的调整浪。需要注意的是，浪W、浪X、浪Y是同一浪级，也可标注为A-B-C-X-A-B-C，其中浪X要比浪A、浪B、浪C大一个浪级，其本身也是调整浪，一般为锯齿形，包含A-B-C三浪，没有标注。实际走势中的"双重三浪"比这个理想模式要复杂。

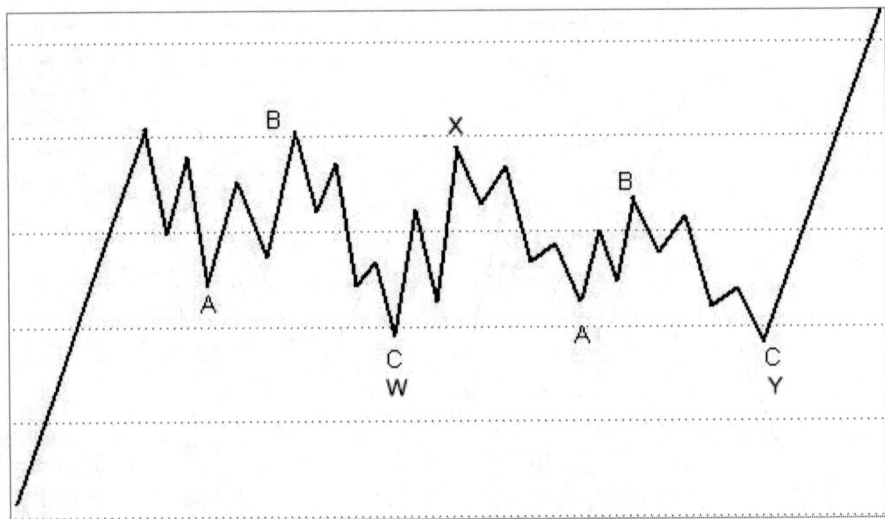

图8-3-12

如图8-3-13所示为"三重三浪结构"，可标注为W-X-Y-X-Z，即是由两个"三浪模式"调整浪和一个水平三角形调整浪借助中间的两个浪X将它们连接起来的调整浪结构，也可标示为A-B-C-X-A-B-C-X-A-B-C-D-E，图中的A-B-C，一个是锯齿形调整浪，另一个是平台形调整浪，前后顺序不固定；图中的X是锯齿形，也可以是平台形；图中最后一个是三角形调整浪，实际也可以是A-B-C"三浪模式"。

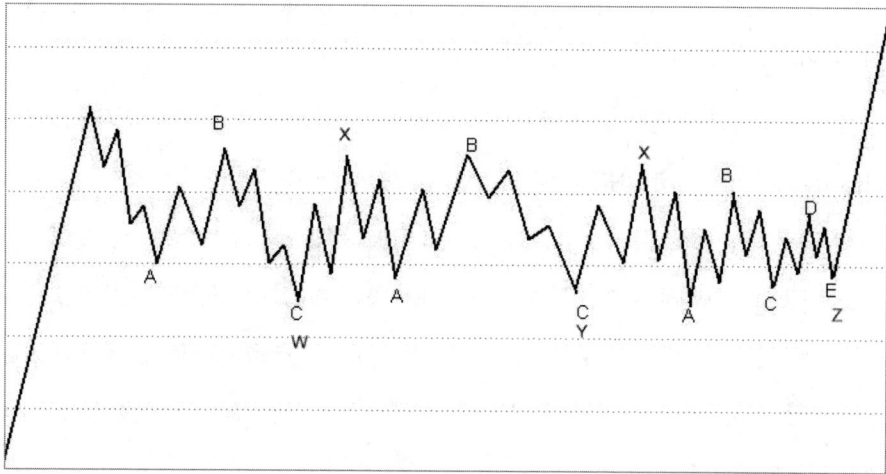

图8-3-13

第四节　数　　浪

　　波浪理论不仅可以用于分析推测指数走势的路径，还可以推测指数上涨或下跌的目标位，其方法就是"数浪"。比如，驱动浪最少包含5个子浪，其中某一个子浪通常会延长，所以很多时候驱动浪是九浪。一波行情，不要因为它涨得太快、太高就"恐高"，也不要猜测其将涨到什么高度，只要它没有完成足够的浪数，那么它就不会结束。"数浪"是"踏浪"成功的关键。那么，数浪的关键是什么？

　　其一，大处入手，由大级别到小级别。从最大规模入手，当前最大规模形态看起来像"五浪模式"还是"八浪循环"？当前趋势演变到当前最大规模"五浪模式"或"八浪循环"的什么部位？在此基础上，再识别最大规模浪形的子浪情况，特别是要判断最近子浪的位置和类型，模拟今后某一段时期波浪形态，预设两套以上的方案和图谱。

其二，不要追求太精确的"数浪"。从微小层次上分析波浪的级别或规模，尤其是试图精确划分和标注60分钟K线，甚至更小周期走势图的波浪浪级的难度是很大的，没有必要。

其三，随着行情发展，排除那些与实际情况差异太大的预设方案和图谱，保留并调整那些与实际走势接近的图谱，预设新的方案和图谱。

A股市场成立已三十余年，如果尝试用波浪理论对已有指数走势的浪形进行辨别和划分，就要学会如何划分及标注A股市场的指数现有走势的浪级。如图8-4-1所示（此图是2016年截取的）是笔者对上证指数的走势及其浪形所做的划分和标注。此种划分肯定存在着不符合波浪理论之处，谨以此图抛砖引玉，请朋友们不吝赐教。

笔者以为，现有的A股指数的整体形态已完成一个"八浪循环"，目前处于"五浪模式"的第二个"八浪循环"的"五浪模式"的起点，也就是说，第（三）浪的第1浪和第2浪已经完成，接下来开始酝酿第（三）浪的第3浪。之前的第（一）浪是从1991年10月到2007年10月，持续时间16年，上涨幅度达30余倍，在分类上，这个"五浪模式"的第1浪的起点到第4浪终点的形态不符合推动浪的浪形规则，更像引导三角形，这种情况与A股市场作为新兴市场是相适应的。其中，第3浪是从1994年7月到2001年7月，持续7年，指数上涨7倍，第4浪下跌从2001年7月持续到2005年7月，长达4年，指数下跌达60%。但第5浪又不完全符合引导三角形的浪形规则。第（二）浪是从2007年11月开始到2013年7月结束。当前，处于第（三）浪的第3浪起点上，第3浪也包含第（1）浪、第（2）浪、第（3）浪、第（4）浪和第（5）浪。如图的反弹是第（三）浪的第3浪的第（1）浪吗？A股市场属于发展初期，处于快速成长阶段，因而非理性成分多一些，随着日益向成熟过渡，指数变化节奏会越加平稳，也更具规律性。

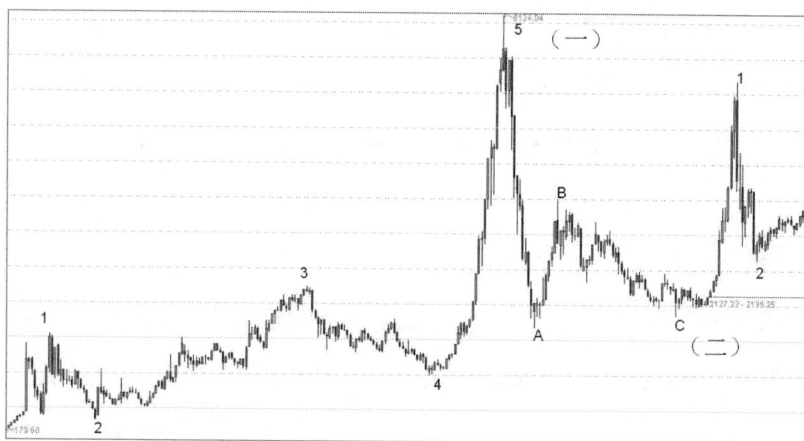

图8-4-1

第五节　波浪之间的形态和结构关系

波浪理论认为市场运行和发展遵循自身规律。不仅每种类型的波浪有各自的形态和内部构造，而且前后波浪之间存在因果关系，也就是说，先形成的波浪对后浪的形成有重要影响，如持续时间、波动幅度。艾略特把波浪的自身特征叫市场规则；把前浪对后浪的制约关系称为指导方针。这些对"数浪"和"踏浪"特别重要。

1. 市场规则

市场规则是波浪运行时所表现的必然特征，它支配着波浪发展。普通人在划分和标注浪形时不能违背。市场原则有如下几点。

其一，市场（指无期限的市场，如股票）遵循着一种周而复始的规律，"八浪循环"是市场周期性波动不变的模式。一个完整周期中，总是先"五浪模式"驱动向前，随后通常是"三浪模式"的调整，有时是包含"三浪模式"的变形浪或复合浪调整。一个小规模的"八浪循环"完成后，再去发展包含"自己"在内的更大一级的"八浪循环"。市场就是这样，遵循"分形"原理不断扩展构造，永不停息。

其二，驱动浪"五浪模式"的浪2不会把浪1回撤掉100%，浪4也不会回撤掉浪3的100%；浪3永远不是最短的一浪，浪3一定会超过浪1的终点。

其三，推动浪"五浪模式"的浪2不会把浪1回撤掉100%，浪4也不会回撤掉浪3的100%；浪3永远不是最短的一浪，浪3一定会超过浪1的终点，浪4永远不会进入浪1的价格领地。

其四，在任何趋势中，与更大级别趋势同向的波浪以"五浪模式"的方式发展，而与更大级别趋势方向相反的波动以"三浪模式"或者"三浪模式"的变体方式发展。

其五，驱动浪是五浪结构，调整浪可以包含五浪结构，但本身永远不会是五浪结构，而是三浪结构及其变体。

2. 指导方针

指导方针是市场在实际波动中经常出现的现象，但有时在某一位置又出乎意料地没有表现。这种现象对"数浪"也有一定的指导作用。凡是用"绝大多数""通常""往往""最常见""并不总是"等词表述的都算作指导方针。

大多数驱动浪以推动浪的形态出现，也有少见的驱动浪以倾斜三角形的形态出现。推动浪通常可用平行线画出边界——通道。推动浪中的浪1、浪3或浪5都会延长，最常见的延长浪是浪3，而且延长浪的第3浪通常也会延长。

如果第3浪超强，或者过度延长，往往引起第5浪衰竭。如果第5浪延长，则通常引起趋势的猛烈反转。延长浪的各细分浪与比其大一个浪级的推动浪其他四浪有着几乎相同的幅度和持续时间，因而大多数时候"数浪"会数出"九浪"。

在股票市场，推动浪子浪的浪2和浪4的风格通常不会相同（交替）。在浪1、浪3和浪5中，如果其中一个浪延长，那么另外两个浪幅度通常趋向于相同。终结倾斜三角形总能在较大浪级模式的终点找到。终结倾斜三角形主要发生在较大浪级"五浪模式"的第5浪。倾斜三角形自身第5浪通常在"翻越"中结束。上升倾斜三角形是看跌的，而且通常至少回撤到其开始的位置。下降倾斜三角形是看涨的，通常引起向上猛涨。引导倾斜三角形通常出现在推动浪第1浪的位置和锯齿形的调整浪的浪A位置。

各种调整浪通常在先前同一浪级推动浪的第4浪范围内结束。推动浪的第2浪通常走出锯齿形的调整浪，而第4浪很少如此。相反，推动浪第4浪通常走出平台形调整浪，而第2浪很少如此。平台形调整浪往往出现在更大趋势强劲有力的情况下，在它之前或之后总是出现延长浪。形态不规则的平台形调整浪要比规则平台形的调整浪更常见。如果有三角形调整浪出现，则三角形调整浪通常出现在比其大一个浪级模式的推动浪的第4浪或者A-B-C调整浪的浪B或者联合形调整浪的最后一个浪的位置。如果三角形调整浪在推动浪第4浪的位置出现，那么第5浪快速而敏捷。

3. 交替规则

交替规则属于"指导方针"。虽然波浪理论认为市场运动是循环往复的，具有周期性，但又认为循环往复的变化并不意味着简单精确的重复，而是会出现"交替"现象，即市场通常不会连续以同样的方式演变。如"八浪循环"先是五浪驱动，然后是三浪调整，"八"与"五"不重复，"驱动"与"调整"不重复，方向不同，幅度不同。后一个顶或底与前一个顶或底的形态通常不重复。

同为调整浪的浪2与浪4出现交替现象更明显，从形态来说，如果第2浪调整浪是简单三浪结构，如锯齿形，那么第4浪就很复杂；从发展风格讲，如果第2浪是陡直的，通常为单锯齿形，那么第4浪就可能是横向的，通常为平台形调整浪。推动浪中第1浪、第3浪和第5浪的交替现象主要表现在长度上，一般是浪1短，浪3长，然后浪5又短，相邻通常不重复。

4. 波浪等同

在推动浪中，如果浪3延长，则第1浪与第5浪在时间和幅度上通常相同，第2浪和第4浪的幅度也会相同；再如"三浪模式"调整浪的浪A与浪B的幅度通常相等。如果应该"等同"的两个波浪实际不"等同"，那么它们的长度关系就会符合黄金比例。

5. 价格翻越

"倾斜三角形的第5浪通常在翻越中结束"，趋势反转前，市场会对浪1、浪3的终点连线产生一次极短暂的放量突破，然后又迅速返回三角形内部并做与翻越相反的运动。价格翻越不仅会出现在倾斜三角形驱动浪中，也会出现在推动浪中，常出现在牛市的推动浪第5浪。第5浪会对其平行通道的上边界线发生假突破，同时伴随着短暂的成交量放大。翻越是一个假信号，其发生恰恰预示着价格要朝着与翻越方向相反的方向进行剧烈运动——当心随时发生趋势的陡直反转。翻越也会在熊市的浪C发生。

6. 前浪对后市的影响

推动浪通常有且只有一个作用子浪会发生延长。在股票市场中，最常见的延长浪是第3浪，第3浪延长通常引起第5浪的衰竭，使第5浪运行为终结倾斜三角形。这属于前浪对后浪产生影响的实例。如果第4浪是三角形调整浪，那么第5浪通常是一次迅速敏捷的驱动浪，是一次"冲锋"。如果第5浪是延长浪，那么第5浪的延长对后市有何影响呢？就是剧烈反转。如果是上升行情，那么继而发生的调整浪将是陡直的，而且会在延长浪中的浪2的最低点得到支撑。

第六节　前后波浪之间的长度关系

前后波浪之间的比率是指前、后两个波浪波动幅度的关系，包含长度和完成所需时间。两者的长度比值通常是黄金比率（斐波那契数列间的相邻数之比）。不仅相邻的波浪是这样，相邻间隔的波浪也是这样。波浪间的长度比率和时间比率对波浪划分有验证作用。对未来波浪的预测或虚拟预设要参考形态和比率。如果市场波动在长度和时间完成上远远没有达到通常的幅度，那么需要在形态上做一定延展，从而使波动符合比率或时间的要求。

1. 斐波那契数字和数列

斐波那契数字和数列是波浪理论的数学基础。数列"1，1，2，3，5，8，13，21，34，55，89……"就是斐波那契数列。这组数字的特殊性体现在数列各项之间存在着恒定关系。其一，数列中任意两个相邻的数字之和是下一个更大数字，如1+1=2，1+2=3，2+3=5……；其二，这组数列各项数字之间比率有0.236、0.382、0.5、1、1.236、1.382、2.236、2.618、3.236、4.236、5.236、6.854……，它们统称斐波那契比率，其中包含黄金比率0.618或1.618或0.382。

2. 黄金螺线

黄金螺线也是波浪理论的数学基础，如图8-6-1所示。黄金螺线隐含一些重要特性。其一，黄金螺线意味着运动，从螺线上任何一点，螺线都可以向内和向外无限推移，既不会止于中心，又不会碰到终点，虽然没有边界，但是形状稳定。其二，小规模的黄金螺线片段与大规模的黄金螺线片段之间的比例符合黄金比率。

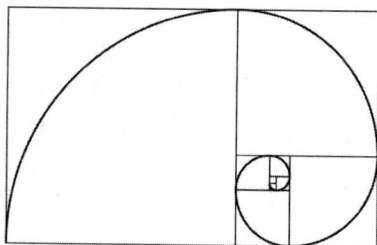

图8-6-1

3. 黄金比率、黄金螺线与波浪理论

波浪理论认为，如果黄金比率和黄金螺旋线是宇宙物理运动和生命运动不断扩展的一种形式，那么它们也是股票市场指数不断扩展的形式，波浪理论认为股市指数运动的变形和扩展就如同黄金螺线。比如，在"五浪模式"中，后一波浪所持续的时间和长度将比上一波浪更长、更大，最终目标将是最初波浪的1.618、2.618、3.236、4.236、5.236、6.854倍，这些数字称为黄金螺旋线倍率。根据这

种规律，就可以提前对价格运动所到达的未来空间进行估测和规划。例如，新趋势的第一波幅度是10，在第2浪结束并完成了对浪1高点的有效突破后，根据黄金螺旋线展开的规律，其第三波至少是第一波的1.618倍，股价到达的位置至少是16.18（设起点为0）。

4.“波浪世界”中所蕴藏的斐波那契数字

斐波那契数列主宰着市场总体运动（指数运动）所含的波浪数。一个完整的市场循环，包含从“1”开始一直到“144”的斐波那契数列。一次完整的市场循环包括“1”次上升的推动浪和“1”次下降的调整浪，即“2”种发展方式；其中，调整浪是“三浪结构”，推动浪是“五浪模式”，合计组成了一次“八”浪循环，子浪“三浪结构”的调整浪划分为13个“孙”浪；“五浪模式”的子浪划分为21个“孙”浪，这样一次完整的“八浪循环”就包含34个孙浪。每一个“孙浪”再进一步划分成更小浪级的“重孙浪”，这样推动浪包含89个“重孙浪”，一个调整浪包含55个“重孙浪”，一个“八浪循环”就由144个“重孙浪”组成……如此“繁衍”下去，浪数的增长始终服从斐波那契数列。

5.调整浪与推动浪之间的斐波那契比率或黄金比率

一个调整浪是对先前推动浪的回撤。在“五浪模式”中，浪2是对浪1的回撤，浪4是对浪3的回撤。在“八浪循环”中，“三浪结构”调整浪是对“五浪模式”推动浪的回撤。浪b是对浪a的回撤。针对之前推动浪的回撤，一个调整浪通常是推动浪的一个斐波那契百分比。一个陡直的调整浪通常会回撤掉之前推动浪的61.8%，如推动浪的浪2对浪1，锯齿形调整浪的浪B对浪A。如图8-6-2～图8-6-5所示，这种符合黄金比例的回撤大量存在于中国A股的指数走势中。

其中，图8-6-2、图8-6-3展示的是每一波上涨后，其后的回落往往结束于之前上涨幅度的斐波那契百分比的水平位置。

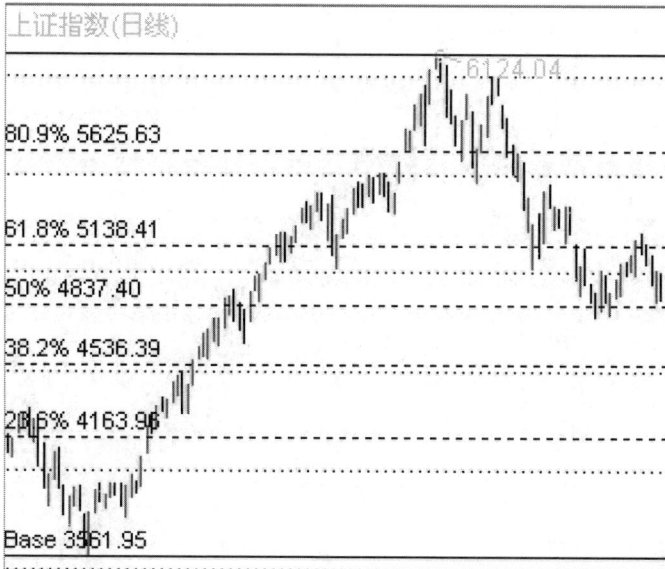

图8-6-2

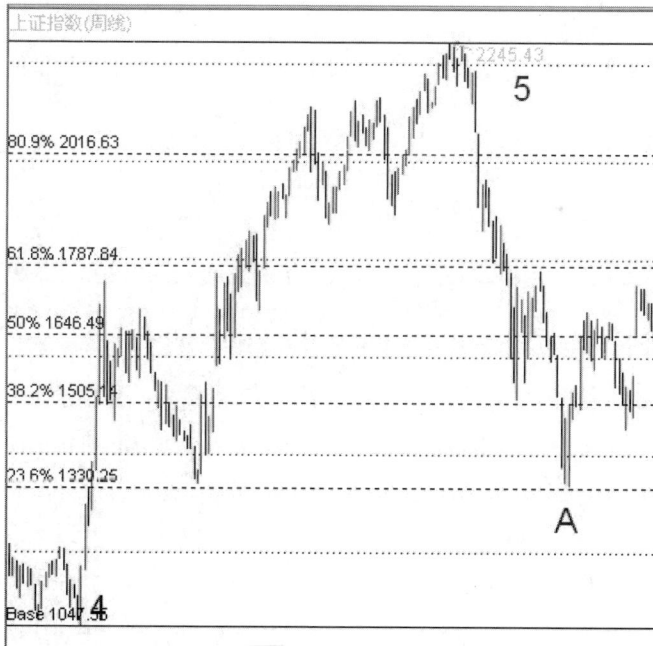

图8-6-3

图8-6-4、图8-6-5展示的是每一波下跌后，其后的反弹往往结束于之前下跌幅度的斐波那契百分比的水平位置。

图8-6-4

图8-6-5

　　一个横向调整浪通常回撤掉先前推动浪的38.2%，如推动浪中的浪4。如果回撤比例不是黄金比率，那么就考虑是黄金比率的近似值，如50%、67%、100%、33%、62%、38%等。

6. 推动浪的作用浪之间的斐波那契数列或黄金比率

波浪理论认为推动浪作用浪的长度会包含斐波那契比率关系。比如说，如果第5浪延长，则第1浪通常与第3浪大致相等；如果第3浪延长，则第1浪长度通常与第5浪相等，如果长度不等，则长度之间呈斐波那契比率关系。如果第5浪延长，那么第5浪的长度有时是第1浪起点至第3浪结束点长度的1.618倍。如果第1浪延长——虽然罕见，则第1浪的长度是第2浪终点至5浪结束点的1.618倍。如果第1浪没有延长，那么第4浪的底通常处于第1浪起点到第5浪顶点的黄金分割点。推动浪的第4浪与第2浪的震荡幅度关系常常是1或0.618。

7. 调整浪的斐波那契或黄金比率

锯齿形调整浪浪C通常与浪A的长度相等，如果不相等，那么浪C的长度就会是浪A的1.618倍或0.618倍。在规则平台形调整浪中，浪A与浪B长度通常几乎相等。在扩散平台形调整浪中，浪C的长度通常是浪A的1.618倍或浪C突破浪A终点的0.618倍。有时候浪C是浪A长度的2.618倍，浪B是浪A长度的1.236或1.382倍。在三角形调整浪中，至少有两个交替浪长度是0.618倍，即不是E=0.618C或C=0.618A，就是D=0.618B。

8. 黄金螺旋倍数和黄金比率在目标位测算中的运用

按照黄金螺旋线的原理，市场将在第1浪的基础上酝酿更大、更远的波浪，而且以黄金比率的倍数扩展。所以根据浪1的大小可以测算浪3、浪5的目标，如把浪1的长度乘以1.618或2.618，加到浪1的起点，通常就是突破后的最低目标和正常目标，乘以4.236或6.854就是未来更大目标的大致范围。

如图8-6-6和图8-6-7所示，笔者运用电脑行情软件的画线系统对某指数历史走势中的波段进行画线，其中包含黄金比率和黄金螺旋线原理。

图8-6-6展示的是第一次上涨回落结束后，其后每一波上涨所能到达的目标位往往是第一波上涨幅度的黄金比率倍数位置或附近。有关计算方法参见第7章的有关内容。

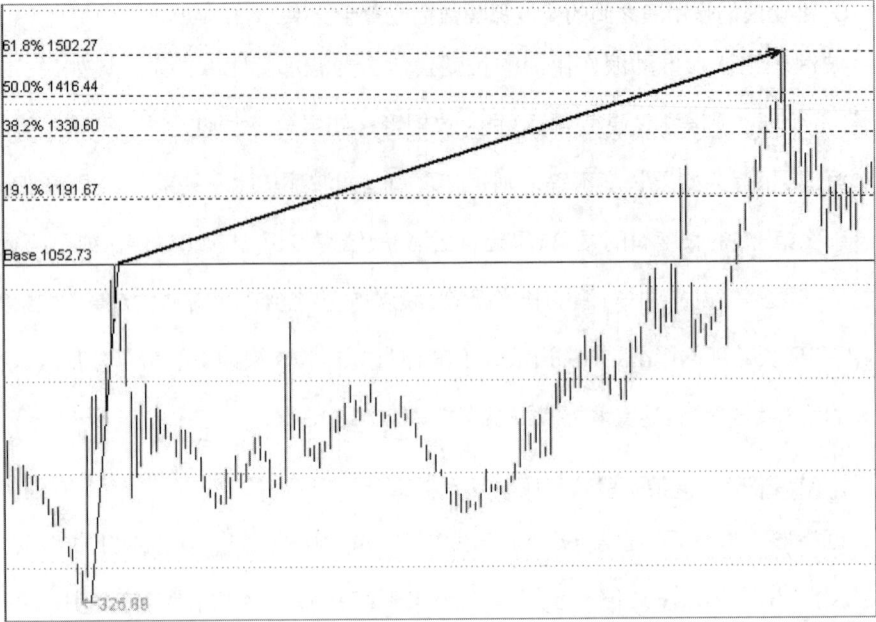

图8-6-6

如图8-6-7所示，展示的是第一波下跌反弹结束后，其后每一波下跌所能到达的目标位往往是第一波下跌的黄金比率倍数位置或附近。

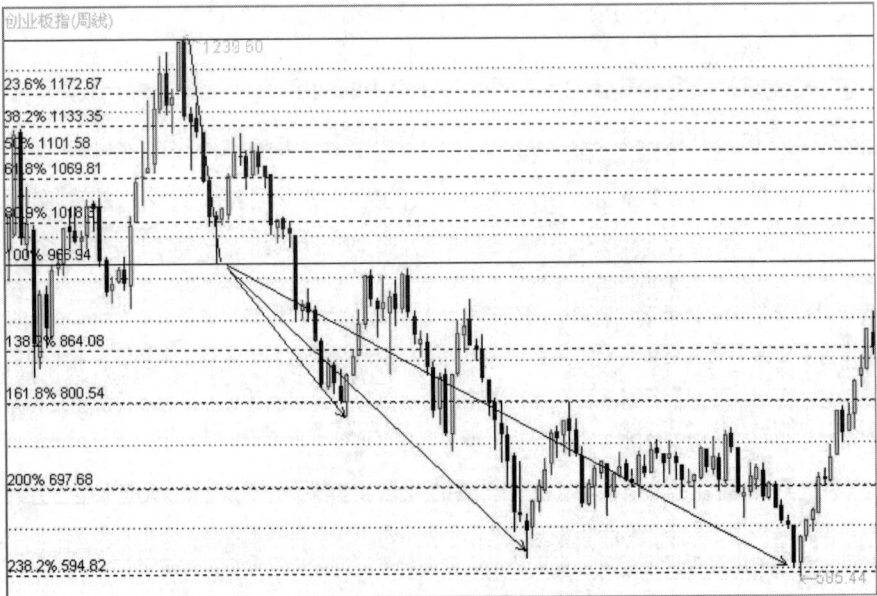

图8-6-7

以浪1来测算浪5的到达目标是这样算的，把浪1的长度乘以3.236（即1.618的2倍），加到浪1的起点上，就是浪5通常到达的最小目标位。

如果浪1和浪3长度大致相等，那么估算浪5延长后的目标位的方法是这样算的，浪1起点到浪3顶点的距离长度乘以1.618，加到浪4的起点上，就是浪5的目标位。

以锯齿形调整浪的浪a测算浪C到达的目标是这样算的，把浪a的长度乘以0.618作为减数，以浪a的底点为被减数，所得的差通常就是浪C到达的目标位。这与浪C的长度通常与浪a相等不矛盾。

以平台形调整浪的浪a测算浪C的目标是这样算的，浪C的长度是浪a长度的1.618倍。以三角形调整浪的前子浪测算后子浪的方法是这样算的，每个续后浪通常是其前一浪的0.618倍。

对于测算，强调三点，其一，上述测算方法常常是首选的目标位，如果实际运行目标已远远超出目标位，则可选择其他斐波那契数列数字测算。其二，在级别较小的波浪中，运用算术刻度进行测算，在大浪级中，要求使用半对数刻度进行测算，浪级越大越有必要使用半对数刻度。其三，波浪形态分析优于比例关系分析，正确的数浪是正确比例分析的基础。时间分析服从比率分析，时间和比率分析都服从于形态分析。

第七节　前后波浪的时间关系

指数反映人类群体经济活动情况，而经济活动是建立在心理动机基础之上的，人的心理活动一定有规律，群体心理更是这样，所以波浪理论认为指数波动也遵循一定规律，具有周期性。这种周期性体现在指数走势的前后高点与高点之间、低点与低点之间、高点与低点之间的时间长度关系，其往往与斐波那契数列有关，如上述时间长度往往就是或接近斐波那契数列（1，2，3，5，8，13，

21，34，55，89，144……）中的某一个数。

如图8-7-1所示，展示的是双底的两个低点相隔5个月。当然也会出现双顶的两个高点相隔5个月等。

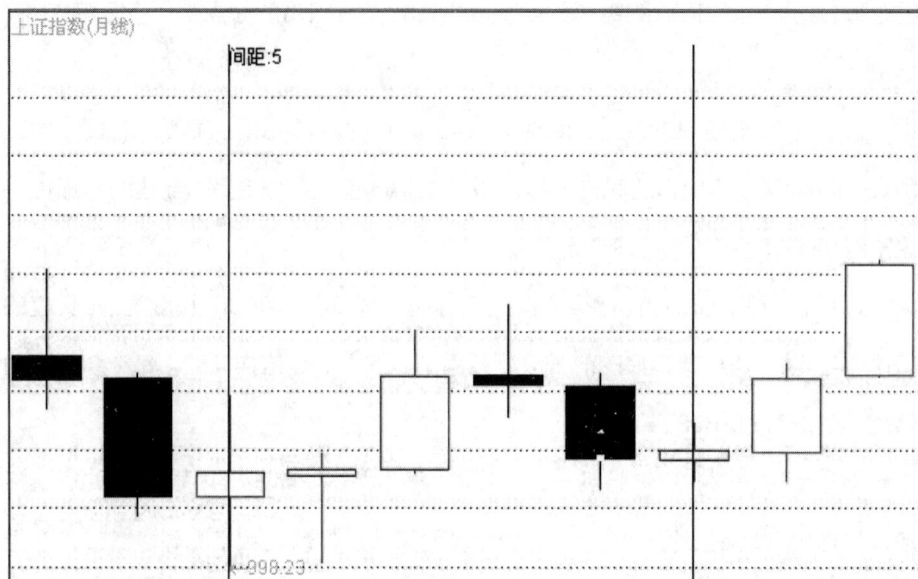

图8-7-1

如图8-7-2所示，展示的是一波下跌的起点与结束点相隔8个月，也会出现一波上涨的起点与结束点相隔8个月的情况。

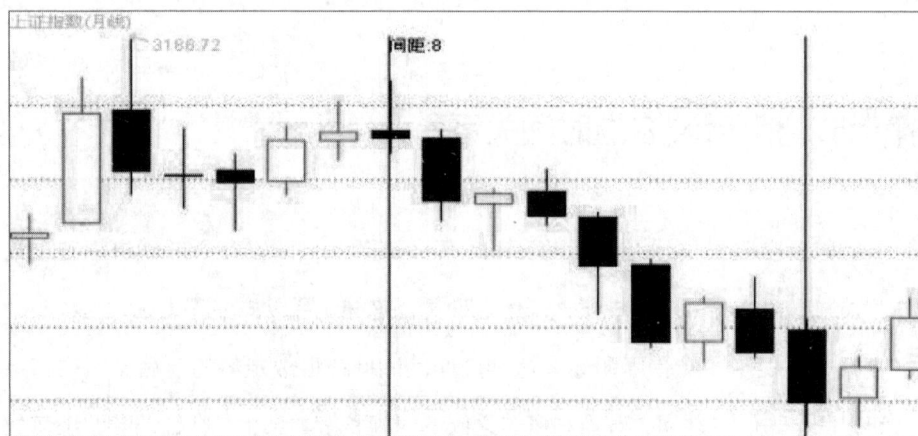

图8-7-2

如图8-7-3所示，展示的是两个相邻的反弹高点相隔近似21周。时间短，则出现相隔13周的情况。

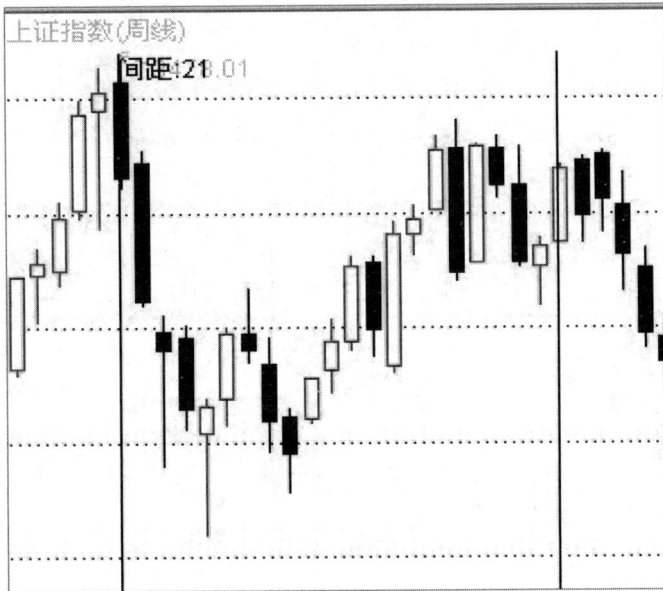

图8-7-3

如图8-7-4所示，展示的是一个低点距离第三个低点89周。

图8-7-4

如图8-7-5所示，表示在一个重要高点之后，一些重要的高点或低点往往处在其后斐波那契数列的时间周期节点上或附近。据观察，像这种情况在指数走势中非常普遍，由于篇幅所限不能更多地展示这些图。

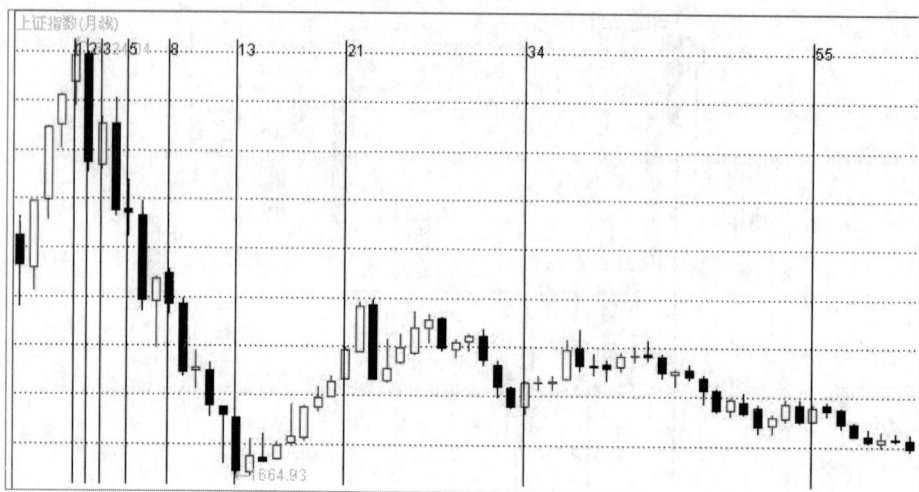

图8-7-5

第九章

K线技术的市场逻辑及其实战运用

无论是买入（做多），还是卖出（做空），操作者都希望在趋势发生转折的第一时间进场建仓，获得成本优势。那么，哪一种技术分析可以帮助操作者实现这个愿望呢？哪一种技术分析能为操作者提供精准的技术信号呢？答案无疑是K线技术分析。K线是主力动向、多空力量此消彼长的直观写照，K线技术分析总能在趋势发生改变时最先发出提示性信号，K线总能最早泄露主力意图。

第一节　多角度认识K线

其一，从概率的角度认识和运用K线技术分析的价值。

K线技术分析能够用来对趋势的未来变化做预测吗？不能，只能是各种预期分析的工具。K线技术分析对趋势所做的是可能性分析，是对未来走势多种可能的方向进行概率估算，这一点同其他技术分析一样，而且K线技术分析的效用比较低。如果单一使用K线技术分析判断趋势变化并据此操作，那么成功率比单一使用其他技术分析要低。如何提高K线技术分析的有效性？答案是与其他技术分析结合使用和使用较长时间周期的K线。

其二，从K线对心理的影响角度认识K线形态。

在电脑行情走势图上，K线形态具有很强的视觉效果，具有直观的形态特征，对潜意识的作用远远超过对意识的作用。如图9-1-1所示，当看到图中A、B、C三个较长的上影线时，操作者还会及时加仓进场吗？而持股者能坚持持筹不动吗？

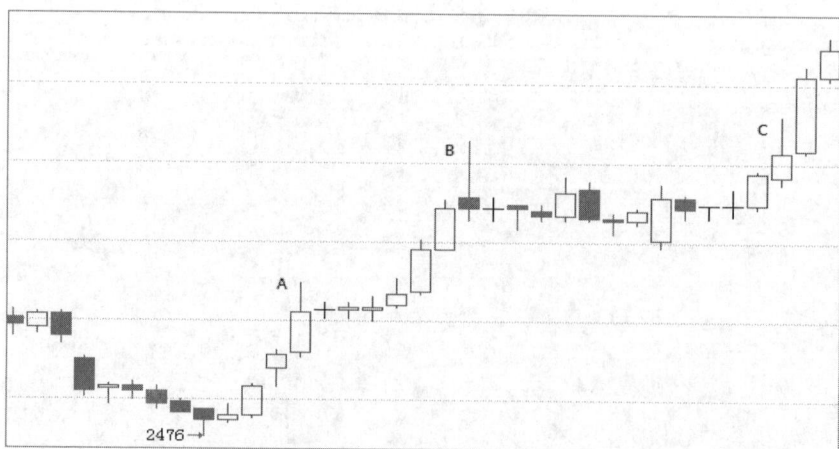

图9-1-1

　　红色的大阳线给操作者带来的直觉就是市场还会涨，很容易激发操作者做多看多而追涨的冲动，如图9-1-2所示，图中的A给操作者的直觉就是趋势向上。如果真的是多方攻击，则即使发生回落，也应该守住大阳线的低点，若次日回落，应该坚守大阳线的50%位置以上。而事实上，次日回落跌破了预期位置，其后不久跌破大阳线低点，形成向下趋势。即使走出下跌趋势，操作者也会因为这根阳线而仍然会对做空的决策产生疑虑。

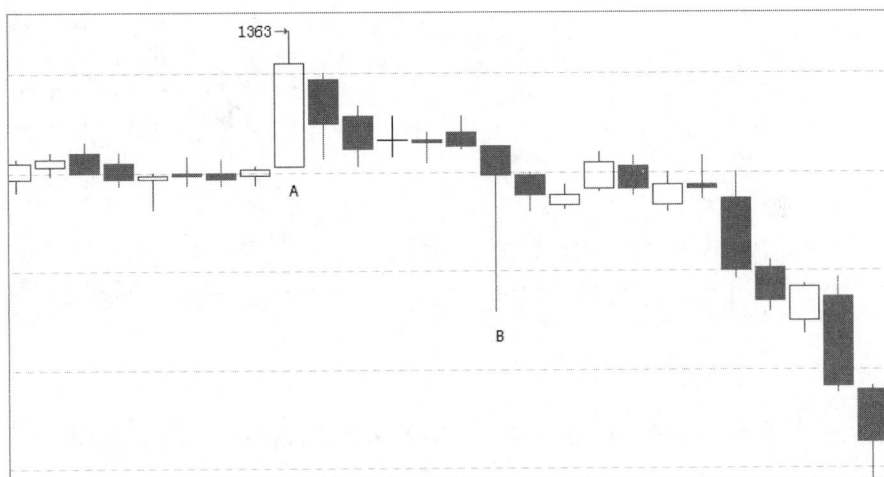

图9-1-2

　　为防止K线对心理产生负面影响，操作者一定要在运用其他技术分析之后再运用该技术分析。比如，在运用切线技术分析的情况下发现股价遇到阻力水平线，再运用K线技术分析，这样判断的正确率才能比较高。

　　其三，K线由其所在位置决定的技术意义大于形态本身给人带来的直觉意义。

　　一种K线形态，为什么会有不同的甚至相反的市场意义？因为它们处在不同的位置。位置不同，意味着其所处的市场环境不同，或趋势发展所处的"年龄"不同，其蕴含的市场逻辑及对其后的趋势变化的影响不同。K线所处的位置，对于判断K线极为重要。操作者一定要从K线所出现的位置来认识K线，脱离具体的位置无从谈K线的技术意义和市场内涵。如图9-1-3所示，图中a、b所示的K

线是同一种形态，因为所处位置不同，其所含的市场内涵不同，所以其后走势不同。

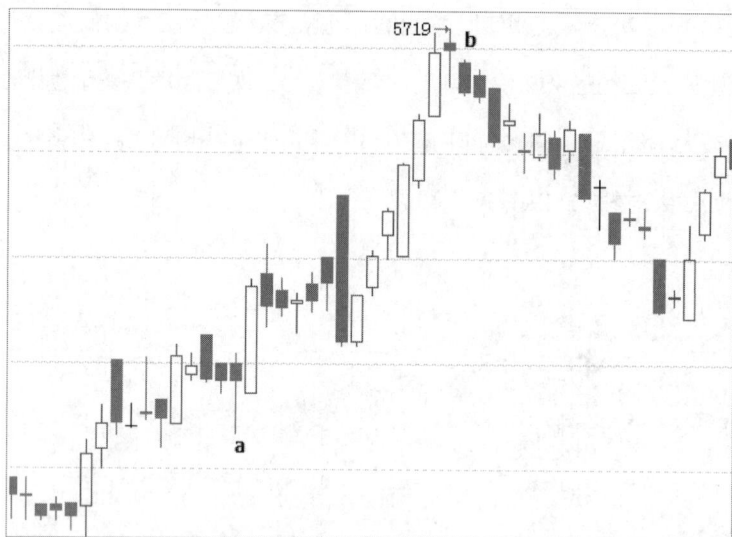

图9-1-3

K线位置的识别有两种方法，其一，在趋势的相对位置，其二，在历史高低价的绝对位置。波段操作者关注前者，如波段开始、波段中期和波段后期，而大资金关注后者。从K线的位置认识K线，其实就是把K线技术分析方法与其他技术分析方法结合起来使用，其他技术分析将告诉分析者K线的相对位置，如与某支撑位或阻力位的相对距离，与重要均线的距离，所在波浪的浪级及其位置。运用K线作为进出场的依据就是要寻找一些重要技术位的K线，处于重要位置上的K线所包含的市场信息的可靠性强。

第二节 K线分类认识的方法

在长期的实践中，人们总结和分解出三十余种K线形态类型，因为处在不同的市场环境中，同一种K线会有多种市场意义，所以K线技术分析知识庞大而零碎，这在客观上不利于操作者的学习和运用。如何改善这种状况呢？答案是分类。分类是化庞杂混乱为简单有序的最好方法。完整、清晰地认识K线，从对K线分类开始。如何对K线进行分类呢？

1. 从K线幅度大小角度对K线进行分类

幅度分类只有两种类型，即幅度大的和幅度明显小的。从形态上看，单根K线的区别主要体现在实体长度及上下影线的长度，长度代表震荡幅度，代表多空搏杀持续的空间大小，也意味着市场博弈的激烈程度。长度没有绝对的标准，而是相对于近期而言的，要与近期的K线相比，如图9-2-1所示。

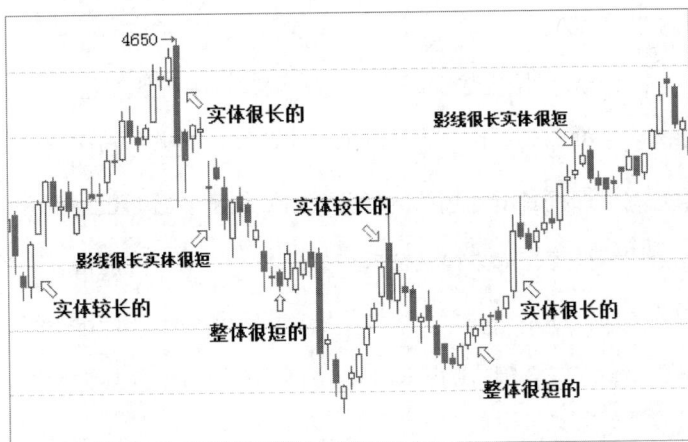

图9-2-1

其一，整体长度明显短的。这就是日内成交价格在非常小的范围内变化，日内价格变化非常平稳，没有连续惯性上攻下杀或上穿下刺动作，代表多空双方整天处于势均力敌的僵持状态，难分胜负与强弱，揭示了市场内的筹码非常稳定。这意味着新一轮趋势在孕育，方向面临抉择，操作者要密切关注跟踪，随时离场或进场。

其二，整体长度较长的。这就是说全天价格波动范围很大，有连续惯性上涨或下跌的行情，代表全天市场氛围热烈，多空争斗猛烈，筹码发生大量转换，多空力量发生显著消长，现有趋势的不稳定性在增强。这种情况最好是持币或持仓不动观望。

其三，带有较长上下影线的K线。这类K线都属于多空大战后的平衡线，在一个操作日，多空双方经历了你来我往的反复争斗，激烈搏杀，但胜负未分。

2. 从博弈角度对K线进行分类

K线可以称之为多空搏斗线，直观地显示多空双方搏杀状况，是多空双方短兵相接的前沿阵地，直接显示博弈的过程和结果，也蕴含着局势的未来变化。

每一根K线都可以揭示当日收市时的博弈胜负情况，也就是显示是哪一方占据市场优势并且占有多大的优势，也意味着双方力量的消长及其持续性，结合分时图的全天争夺的路径，也可以分析博弈的主动权在哪一方。据此情况将单根K线形态分为如下几类。

其一，表示多方占据优势的阳线，如大阳线、中阳线（上下影线都很短或没有），实体的长度显示当日多方的强度，根据这些技术逻辑可得出趋势未来变化的大概率方向。根据其所处趋势的位置，可以推测多方力量是在聚集还是在消耗，以及能否持续稳定。如果再结合成交量情况，就可以推测接下来多方力量及上涨趋势的持续性，通常情况下，连续阳线伴随着稳定温和增量，趋势进一步向上延续的概率高。再结合附近的重要阻力位情况，可以推测双方力量的消长，如图9-2-2所示。对于横向震荡时期的大阳线、中阳线，上述市场意义不明显，没有跟踪和分析价值。

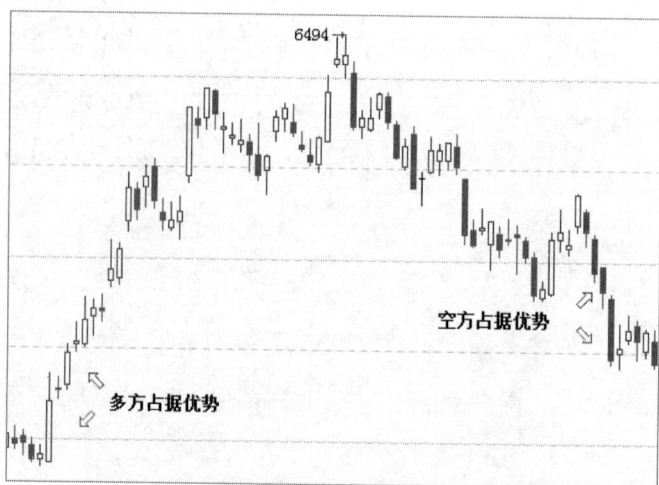

图9-2-2

其二，表示空方占据优势的阴线，如大阴线、中阴线（上下影线都很短甚至无），实体的长度显示当日空方的强度，根据这些技术逻辑可得出趋势未来变化的大概率方向。根据其所处位置，可以推测空方力量是在聚集还是在消耗。如果再结合成交量情况，就可以推测接下来空方力量及下跌趋势的持续性。再结合附近的重要阻力位情况，可以推测双方力量的消长，如图9-2-2、图9-2-3所示。对于横向震荡时期的大阴线、中阴线，上述市场意义不明显，没有跟踪和分析价值。

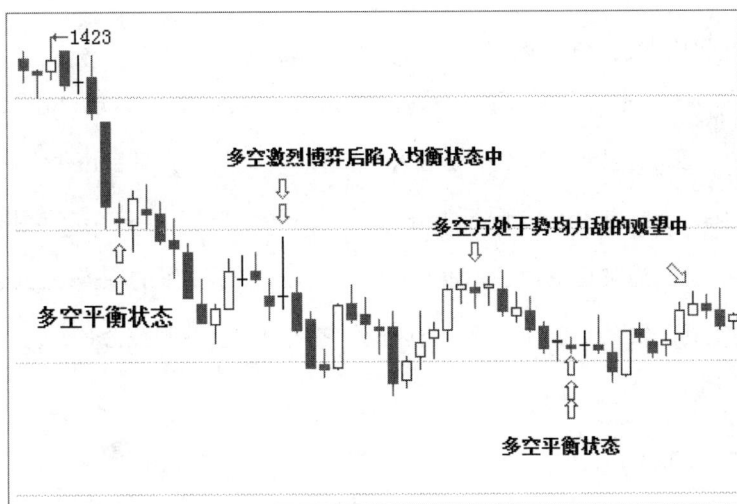

图9-2-3

其三，表示多空双方处于势均力敌平衡状态的K线，如上下影线很短而且实体很小的小纺锤体K线、十字星K线及T字线、倒T字线。这种K线往往伴随着微弱的成交量，表示市场各方保持谨慎观望状态。根据其所在趋势的位置，可以推测是上涨趋势中多方暂时停止攻击的休整状态，还是下跌趋势中空方暂时停止攻击的休整状态。对于横向震荡时期的此类K线，上述市场意义不明显，没有跟踪和分析价值。

其四，表示多空双方在全天发生反复激烈搏杀、在收市时又暂时处于僵持状态的K线，如带有长长上下影线的"螺旋桨"状K线，带有长下影线的锤头状K

线，带有长上影线的倒锤头K线，长脚T字线和倒长脚T字线。这种K线往往伴随着巨大的成交量，意味着筹码发生巨量转换，同时也意味着多空力量发生巨大的消长转化。根据趋势所处的位置，可得出趋势未来变化的大概方向，如图10-2-3所示。如果这些K线处于横向震荡时期，则上述市场意义就不会很明显。

第三节　几种典型K线的市场内涵及其实战运用

1. 中阴（阳）线、大阴（阳）线

中阴（阳）线、大阴（阳）K线是一类实体很大而上下影线很短的K线。通常情况下，它们的出现意味着市场进入剧烈的波动阶段，短期会产生大量不稳定的获利筹码，市场进入不利于控制风险的阶段，所以它们本身通常不会提供好的操作机会，但其通常是主力主动表态的结果，含有这样K线的趋势往往会带来很大的盈利空间，如图9-3-1所示。所以操作者可以寻找并跟踪含有大阴、大阳的走势，但不要急于进场操作。

图9-3-1

收盘价低于开盘价的K线是阴线。按其长度分为小阴线、中阴线和大阴线。中阴线与大阴线之间，除了强度差别外，它们所包含的技术逻辑或市场内涵相似。大阴线的收盘价远远低于开盘价，既代表当日空方力量占据绝对的优势，也意味着市场下跌动能被大幅消耗，所以其后空方不一定将继续占据优势，市场不一定继续下跌，有时情况恰恰相反。不管是上涨趋势还是下跌趋势，大阴线会导致做空力量减弱，而看多的力量增强。

要从趋势的相对位置认识大阴线及其操盘技术价值。

大阴线给操作者的直观感觉就是下跌动能强劲，从而让操作者产生的直觉是价格还要进一步大跌。其实，大阴线所蕴含的市场意义或技术逻辑取决于它所在的相对位置，如图9-3-2所示。

图9-3-2

（1）有的大阴线出现在低位底部。市场处于五浪波形或三浪波形之后的相对低位，或者处在历史低位。此时，市场已经过连续下跌或大幅下跌，下跌动能已经得到充分释放，市场进入横向震荡的筑底时期。如图9-3-3所示，图中标示为a、b的大阴线就是出现在波形明显为五浪下跌之后的止跌反弹震荡中。此时市场已经历大幅下跌，市场下跌动能得到充分释放，多方力量洞悉此情况后，会乘虚而入。其后多空双方的博弈进入拉锯状态。

图9-3-3

在低位盘整中，市场交替出现大阳、大阴K线，会使操作者对后市的看法产生怎样的变化？在出现大阳时，操作者会担心市场会进一步上涨而追涨，随后却遭遇大阴，当操作者止损后，又出现大阳向上，反复如此，会使操作者的心态紊乱，导致"看多不敢做多，看空不敢做空"。底部大阴存在如下技术逻辑，如果是做多主力的吸筹成本区，那么大阴线是主力故意打压所致，其后通常就不会再继续下跌，而是出现反弹，反弹后再次回落。底部就是这样，大阴之后是大阳，大阳之后是大阴，其中的大阳是主动吸纳筹码，大阴是"诱空"震仓。

（2）有的大阴线会出现在上涨趋势的中途。这根阴线使很多操作者对趋势产生疑惑，促使短线进场获利者或前期套牢者离场，但同时也给伺机进场做多者带来机会，促使筹码发生交换，抬升市场持有筹码的平均成本，有利于保持市场稳定，为进一步向上攻击打好坚实的基础。这是做多者加仓的机会。在趋势明显的上涨趋势中会发生一日洗盘，即一根大阴，随后马上止跌回升出大阳线，如图9-3-4所示。

图9-3-4

（3）有的大阴线出现在大幅上涨或快速连续上涨之后的高位。这样的大阴线往往是高开压力大阴线，并伴随着巨量，这样的大阴线往往是上涨趋势结束，甚至是趋势反转的信号，其至少将引发一轮波段下跌，如图9-3-5所示。

图9-3-5

（4）有的大阴线出现在下跌趋势中途的反弹相对高位。这样的大阴线无疑代表反弹结束，市场将恢复下跌，如图9-3-6所示。

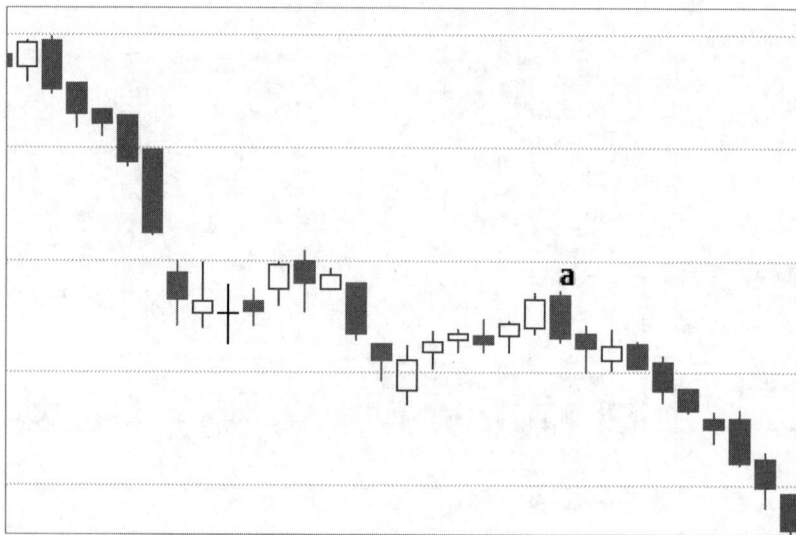

图9-3-6

从博弈的角度认识大阴线及其操盘技术价值。

按照大阴线参与主体的不同，可以将大阴线分为主力大阴线和散户大阴线。在很多情况下，大阴线是主力发动的出货线，一旦出现，往往意味着主力在高位毫无顾忌地出货，说明做多主力已基本完成筹码的高位派发。

（1）主力出货大阴线。它通常出现在中长期上涨趋势或波段反弹末期，也就是下跌趋势的开始。如果这样的大阴线出现在下跌趋势中途反弹波段高点，那么这样的阴线代表反弹结束，接着跌破前期低点并恢复下跌趋势是大概率事件，如图9-3-7所示。

（2）主力"诱空"大阴线。这是出现在上涨趋势中途的大阴线，有时是一日回抽大阴线，有时是在中长期上涨趋势中途发生波段回落的阴线，其实质都是多方主力进行震仓洗盘。这样的K线显然会使普通人对上升趋势产生疑惑，这样就可以促进筹码的交换，抬高市场平均成本，有利于进一步上涨。这样的阴线是买入时机，也是短线做多者的进场良机，如图9-3-7所示。

图9-3-7

（3）散户杀跌大阴线。它出现在大幅下跌或长时间下跌趋势的末期，此时参与主体不是主力而是散户。长期下跌或连续下跌，使市场笼罩在恐惧氛围中，不堪亏损的普通投资者开始最后杀跌。分清一根大阴线是"主力线"还是"散户线"对于认识一根大阴线的操盘技术价值非常关键，可以根据K线的相对位置来分清，通常认为出现在波段高位大阴线是主力线，是主力积极抛售的结果；出现在波段低位的是散户线，是散户恐慌性抛售的结果。还可以根据大阴线的最高价是否被其后不久的反弹走势突破来确认，如果是主力出货引发的大阴线，那么在很长时间范围内股价不可能再通过反弹突破大阴线的最高价。如图9-3-8所示，标示a、b、c、d的大阴线是主力所主导的，标示f的大阴线是由散户恐慌性抛售引发的，其后不久，其最高点被突破。

下面与其他技术分析方法结合来认识大阴线。

操作者要把大阴线分析与其他技术分析结合起来，也就是寻找处于特殊技术位的大阴线，这些技术位的大阴线具有很高的观察价值。

其一，出现在前期高点的水平线附近，因为反弹遭遇阻力而回落，形成大阴线，其后市场继续回落向下，如图9-3-9所示。这是持股者的最佳卖出时机。

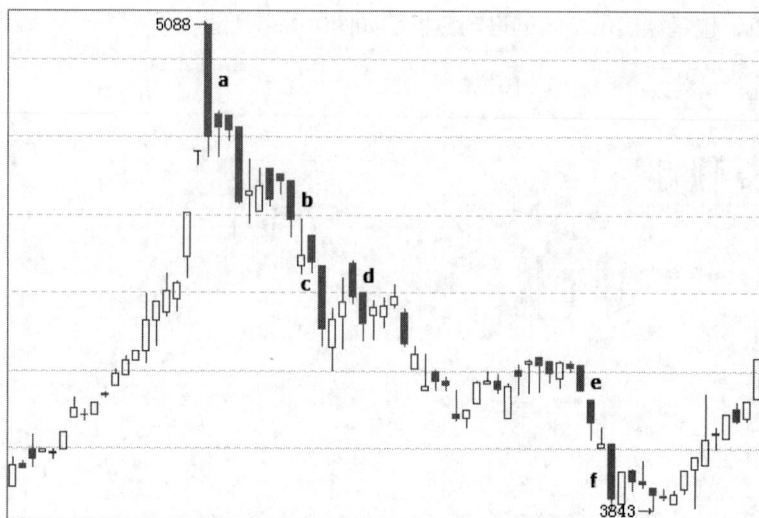

图9-3-8

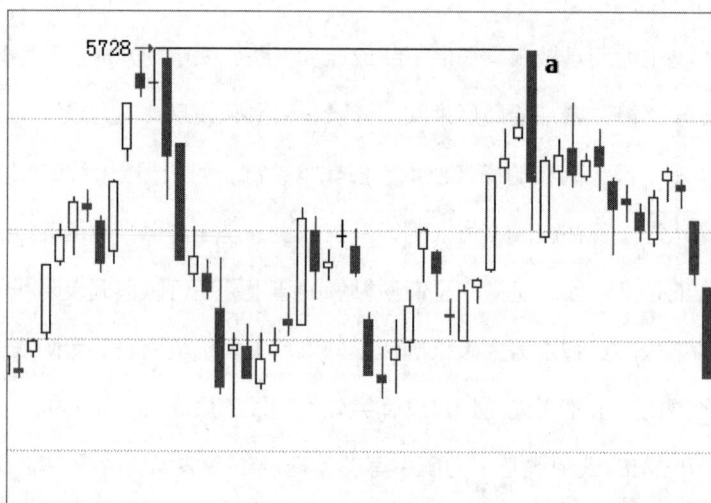

图9-3-9

其二，出现在前期低点的水平线附近，前期低点构成支撑而止跌，如图9-3-10所示，其后市场止跌反弹，甚至反转。这次买入良机，普通投资者敢不敢买入？

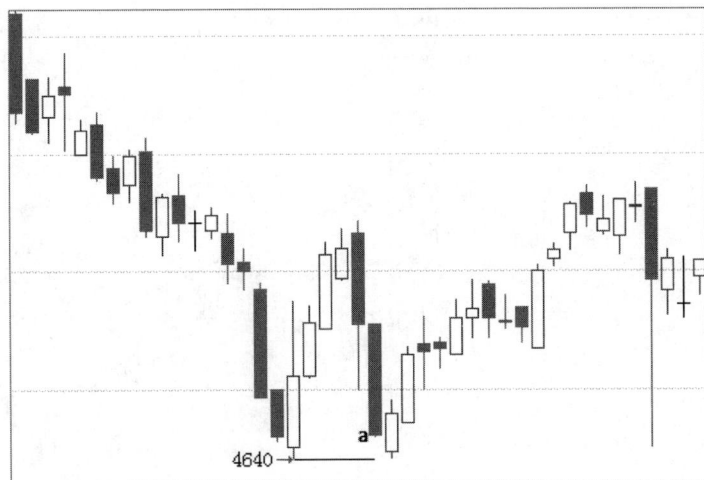

图9-3-10

其三，出现在一条上升趋势线上方附近，上升趋势线构成支撑而止跌，如图9-3-11所示。这是再次买入良机，一般投资者敢不敢买入？

图9-3-11

其四，出现在一条下跌趋势线附近，下跌趋势线对反弹构成阻力而回落，形成大阴线，如图9-3-12所示，其后市场再度向下。

图9-3-12

其五，出现在上升趋势通道线附近。因为遭遇通道的阻力而回落，形成大阴线，其后继续回落，如图9-3-13所示。这种情况，短线操作者可以卖出。

图9-3-13

其六，出现在重要的均线或均线构成的形态附近，如图9-3-14所示。在上涨趋势中，向上的20日均线是做多主力中期成本线，也就是主力的重要防线，对价格具有较强的支撑作用。当价格回落到向上的20日均线时会获得支撑，即使是大阴线，也会戛然而止。其实，上涨中的大阴线是主力强力洗盘的结果，重要的均线是主力洗盘的限度。普通投资者敢不敢买入？

图9-3-14

如图9-3-15所示，20日均线由原先的支撑作用逐步变成阻力作用。b阴线是下跌启动信号，是卖出良机。

图9-3-15

2. 中阳线、大阳线

在A股市场，一只股票能否孕育较大盈利的操作机会，就看走势图中有无大阳线，这意味着是否有主力进驻。大阳线是主力积极活动的结果。如果操作者要寻找主力的踪迹，那么就需要关注并跟踪大阳线。

以日K线为例，之前没有跳空缺口，大阳线的收盘价远远高于开盘价，其市场意义就是当天多头力量占据绝对优势，代表当日做多的力量很强劲，可以说它就是做多主力标志线，一旦出现在相对低位，则意味着主力进场。

下面从趋势的相对位置认识大阳线及其操盘技术价值。

大阳线所包含的市场内涵或技术逻辑取决于大阳线所在的位置。任何位置都能出现大阳线，但其后走势会出现不同的情况，说明大阳线具有不同的市场意义，包含不同的技术逻辑。如图9-3-16所示，a、b、c、d出现在底部，e、g出现在向上突破时，f出现在上涨中途回落的相对低位，h、i出现在连续上涨途中，j出现在连续上涨后的高位，k、x出现在高位震荡区域，m、n出现在下跌趋势中途。

图9-3-16

（1）底部或低位筑底大阳线和突破大阳线

底部大阳线又称"主力吸筹大阳线"。在底部阶段，多空双方处于拉锯状态，多方还没有占据优势，空方也在努力维持自己在市场中的主导地位。或许是因为多方主力还没有吸足筹码，在上下激烈震荡中，主力便能完成建仓并控制好建仓成本。如果大阳线真的是做多主力积极吸筹的结果，那么大阳线的低点不会轻易再被跌破。如图9-3-16所示，标示a、b、d大阳线都可视为主力建仓大阳线。只要主力没有完成建仓，即使大阳线很猛，但其后却不会进一步拉升，而是随即就回落，但回落幅度不会太深，更不会轻易跌破大阳线低点。

操作者建仓进场是逐步进行的，每获得一个代表趋势可能发生反转的信号，就增加一定比例仓位，每增加一次仓位，都要相应地重新设立止损位，如图9-3-17所示。

a点是低位大阳线，因为这是一个看涨止跌信号，意思是止跌上涨的概率较大，所以在当日收市前，操作者有必要做一点尝试，即买入建仓，止损点设在当日大阳线最低点稍下方；a之后出现回落，回落的第三天出现止跌信号，可以少量加仓买入，止损点设在当日最低点，其后市场回落到a大阳线最低点附近时再次出现止跌信号，再一次买入；其后b、c都发出加仓的技术信号；e之后不久市场发出了逐步离场的信号。

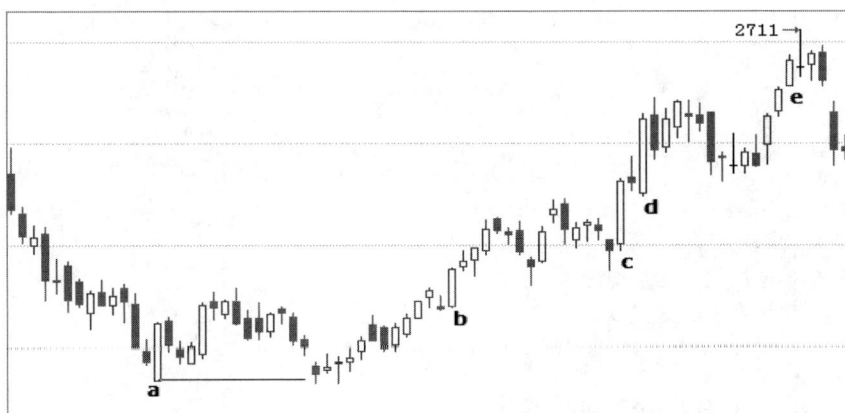

图9-3-17

（2）上涨趋势中途的调整回落止跌时所伴随的大阳线

在上涨趋势中途，价格会短暂回落，调整结束后，再以中阳线或大阳线的方式突破短期回落的下跌趋势线，恢复上涨趋势，如图9-3-18所示。

图9-3-18

（3）大幅上涨或连续上涨末期的大阳线

近期伴随着成交量的倍增，开始加速上涨，阳线越拉越长，此种大阳线可称为"赶顶大阳线"，因为这种连续增量上涨会迅速地消耗多方力量。如果是多方最后一搏的大阳线，那么这根大阳线50%位置、低点很快就会被依次跌破。总之，当趋势出现高位大阳线的情况，趋势随时可能反转向下，如图9-3-19所示。

图9-3-19

（4）高位横盘震荡中的大阳线

在高位，股价也会横盘震荡，这可能是市场氛围不利于主力出货。当主力没有完成出货时，无论大环境如何，主力都会想方设法维持股价，时而抛售产生大阴，时而拉大阳护盘，既可以吸引跟风追涨者，也可以保持出货空间，有利于继续出货。"千拉万拉为出货"，高位反复大阳又不向上突破，只说明主力还没有完成出货，如图9-3-20所示。

图9-3-20

（5）出现在下跌趋势中途的大阳线

在价格下跌到重要的支撑技术位，或者受利多影响的情况下，下跌趋势中途会出现反弹大阳线，有时是一日反弹，随后马上反身向下，恢复下跌趋势，并很快跌破大阳线低点，如图9-3-21所示。

图9-3-21

通过以上分析，出现大阳线的行情蕴含着快速获利的机会，却很少能提供建仓良机。唯一有操作价值的大阳线就是底部大阳线和市场上涨中途回落后，再次向上攻击的大阳线。为了进一步把握大阳线所带来的操作机会，操作者还需要从多空博弈的角度进一步认识大阳线。

下面从多空博弈的角度认识大阳线及其操盘技术价值。

位置决定主力的态度和散户的心态，特定位置的大阳线往往能透露出主力的行踪，给其他操作者洞悉主力的意图创造条件，所以大阳线有很高的关注价值。大阳线是典型的异动线，可以称为多方主力标志线，为操作者寻找主力深度介入的股票提供了可能，但其本身不能直接提供操作机会，因为如果在大阳线当日买入，那么操作者就因"止损空间"设置得较大而承担较大风险。

（1）主力建仓大阳线

主力建仓大阳线出现在长期下跌或短期大幅急跌后。少数游资性质主力往往采取快进快出的方式进行中短期波段操作，经过逆势建仓、快速拉升中建仓、边拉升边出货等操作，这些操作的建仓就会产生大阳线，如图9-3-22所示。

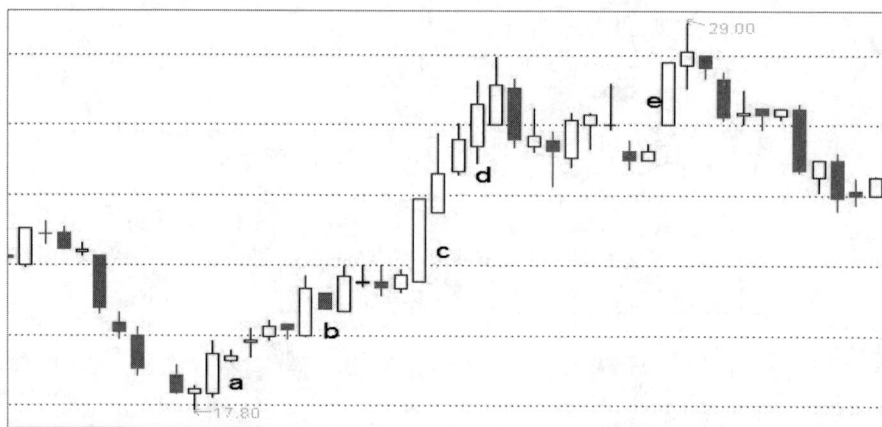

图9-3-22

图中标示a、b中阳线是主力拉升建仓的结果，然后通过标示c、d阳线拉升扩大盈利空间；可以认为从标示d阳线就开始出货，e大阳线作出向上突破的气势，随后是一根假突破所导致的螺旋桨K线。同样是大阳线，只因位置不同，有的阳线是吸纳筹码，大阳线低点短期不会跌破；有的阳线是拉升出货。前者是不破低点，后者是不久低点就会被跌破。

（2）主力向上攻击大阳线

多方主力攻击大阳线分为两种情况。第一种情况是突破大阳线，如完成建仓后的向上突破大阳线。再如，面临重要阻力区域时，主力"号令"场内外齐心协力大阳线，如图9-3-23所示的标示c大阳线。当上涨趋势面临阻力时，多空之间的博弈将加剧，为了使多方阵营齐心协力，核心主力不忌讳公开自己的行踪，用大阳表态，引领市场各方力量一起向上，这样才能在不耗费主力太多资金的情况下，顺利走出盘整区。如果一根大阳线是主力在表态，那么这根阳线的低点是多方最后的防线，不能轻易被跌破，否则就是假突破，不但不是主力向上攻击大阳线，而且很可能是主力在诱多大阳线，如图9-3-22标示的e大阳线，其后是最低点被跌破。参与这种大阳线，既要设立止损，又要控制买入量。

（3）主力"诱多"大阳线

出现在连续上涨之后的高位大阳线往往是主力"诱多"阳线，其目的是吸引普通投资者跟风进场，让主力顺利出货。是否是"诱多"大阳线，关键看大阳线的低点是否会很快被跌破。因为主要是普通投资者买入的结果，所以称其为散户大阳线，如图9-3-23所示的标示c、d的阳线。

图9-3-23

总之，从博弈的角度综合看，大阳线可以分为主力建仓大阳线、主力攻击大阳线和主力诱空大阳线（即散户大阳线）。在很大程度上，大阳线出现的位置决定其性质，在随后不久，其50％位置和最低点是否被跌破是判断证据，也是操作者参与操作的止损位。

下面结合其他技术分析方法认识大阳线。

操作者要把大阳线分析同其他技术分析结合起来，提高大阳线信号可信度。

（1）出现在前期高点的水平线附近。有时这样的大阳是突破大阳线，通常伴随着放量，其后量能不减，这是可以跟随买入的。

如图9-3-24所示，图中的a突破有力，要果断跟随买入，买入后，以突破阳线的低点稍下方为止损位。"诱多"大阳线是主力奋力拉抬的结果，目的是给自己创造解套或获利了结的机会，其后大幅回落，量能会迅速萎缩，这种高位突破是不能随之买入的，图中的b与之前高点构成"2B形态"，次日低开。

图9-3-24

（2）出现在前期低点水平线附近的大阳线，这很可能代表下跌获得支撑，短期至少有一波反弹，如图9-3-25所示。此时，坚决买入，但别忘设置止损。

图9-3-25

（3）出现在一条上升趋势线附近，这同样代表着趋势获得支撑，设置好止损买入，如图9-3-26所示。但通道线附近的大阳线，却可能是短期的最后一涨。

图9-3-26

（4）出现在重要的均线或均线构成的形态附近，如图9-3-27所示。

死叉下的大阳线，无论如何有气势，也很难克服死叉所包含的双重压力，决不能看到大阳线甚至早晨之星就心动，逆势买入。

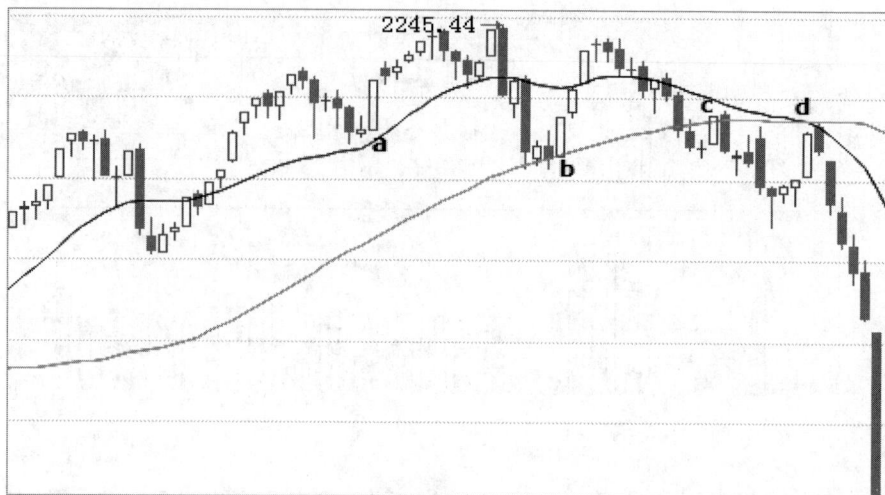

图9-3-27

如图9-3-28所示股价回落到大周期上行的均线附近出现大阳线，是止跌信号，要敢于买入，同时做好止损准备。

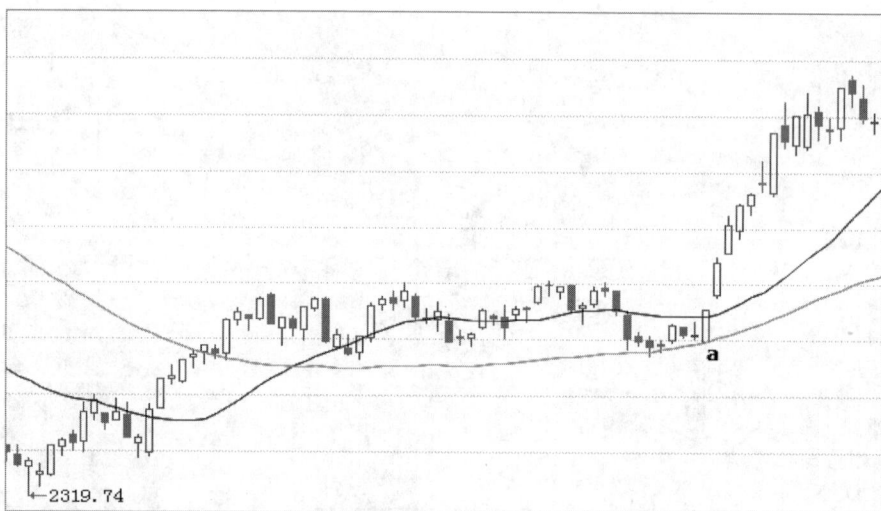

图9-3-28

把当前K线与其自身所处的技术位置结合起来分析判断，把K线技术分析与其他技术分析结合起来运用，目的是什么？预期其后K线及趋势变化的可能性，然后制订操作的技术策略、技术模式和操作计划。如果所预期的大概率走势没有发生，则需要调整原先的技术逻辑，甚至需要逆向思考，同时按计划执行止损。

3. 上下影线很长的K线

因其形态，上下影线很长的K线被称为螺旋桨。这是一种上下震荡幅度很大的K线，其上下影线很长，实体很小，有时就是"一"字线实体，影线的长度往往是实体的两倍以上，上下影线越长，技术意义越重要。如果伴随着巨大的成交量，那么其技术意义更重要。螺旋桨有时就是长脚十字星，则其技术意义更重要。

螺旋桨是十分重要的K线，它表示多空双方在日内发生激烈争斗，并且往返拉锯式争夺达两次以上。开盘后，处于强势的一方主动进攻，另一方节节败退，其间必伴随着动能的此消彼长，实际是强者变弱、弱者变强，等到前者动能衰弱时，后者在积蓄足够能量后，乘对方虚弱反击，使价格越过开盘价并推向反向，其间又伴随着双方力量的消长。最终，双方都不甘失败而把价格维持在开盘价附近，显示局势暂时处于平衡状态。虽然争斗激烈，但胜负难分；虽然价格剧烈震荡，但方向不明；虽然市场气氛热烈，但举棋不定。

不管是上涨趋势还是下跌趋势，螺旋桨会导致市场筹码进一步松动，市场波动增强，是变盘的强烈信号。螺旋桨所包含的市场内涵技术意义与其位置有关。如果出现在上涨趋势高位，显然是做多者在出货，那么次日低开或低收盘是大概率；如果次日或日后跌破最低价，那么将进一步确认趋势是多转空，并且对此后反弹构成强大阻力。如果出现在连续下跌的低位，情况则相反，如图9-3-29所示。

图9-3-29中的螺旋桨"导致"反弹反转，首先次日低开，然后低点被跌破。

如果出现在趋势中途，接下来将延续原来的趋势，一旦在次日或日后不久就得到确认，那么趋势将持续与之前波段等长幅度。因为全天伴随着巨量筹码转换，意味着市场筹码平均成本得到提高，甚至趋向一致，所以市场进入新的稳定状态。也意味着新的市场力量加入到推动趋势的主力队伍中。这种情况下的螺旋桨就是中继形态，如图9-3-30、图9-3-31所示。

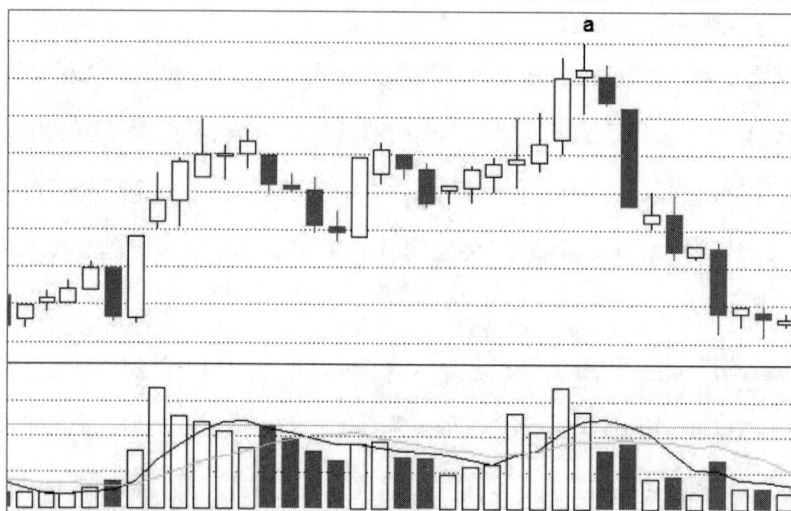

图9-3-29

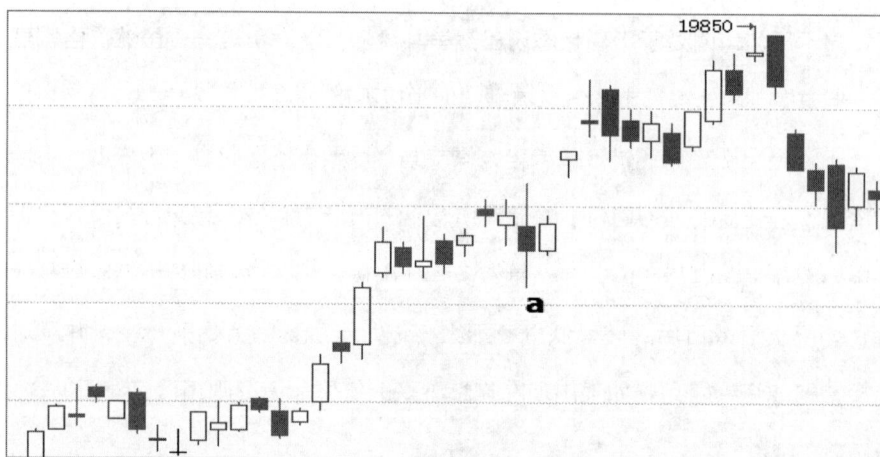

图9-3-30

无论出现在上涨趋势，还是下跌趋势，关键看其高点或低点是否被突破，一旦突破，原有趋势则延续。上涨趋势提供一次买入机会，买入量不能大，毕竟是中途，并做好止损准备。

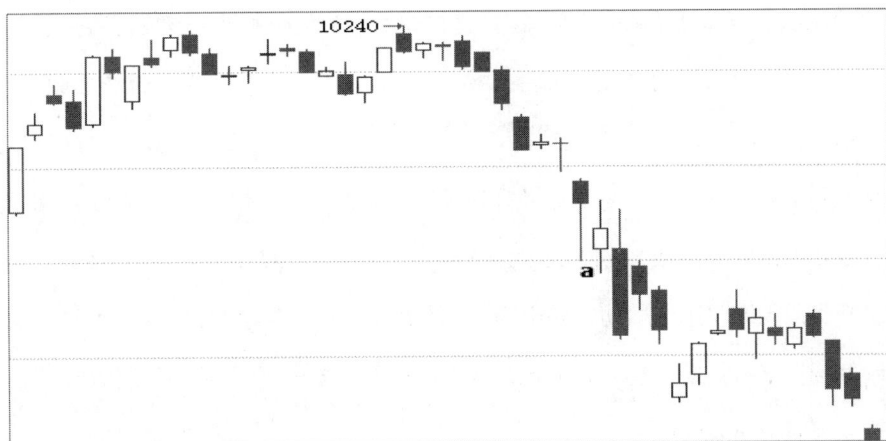

图9-3-31

　　如果出现在长期下跌的某一位置，可以叫低位螺旋桨，或许是主力在买入建仓，以其低点是否会跌破来验证，如图9-3-32所示。出现这种螺旋桨，可以少量买入，以其低点稍下方为止损价。

图9-3-32

　　总之，上涨（或下跌）趋势中的螺旋桨，或意味着主力在洗盘，是"诱空"（或"诱多"）；也可能是主力在出货（或对冲）。究竟如何？需等次日或日后检验确认。若是主力在筑顶（底），将成为今后波动提供强大的压力（或支撑）；若是洗盘，则为中继，日后会成为重要的支撑（或压力）。螺旋桨蕴含多空力量演变，其中一方力量在显著增强，另一方力量在显著减弱。多方和空方虽然是两个对立的阵营，但没有绝对的界限，两者之间时刻存在着相互转化的可能，双方力量此消彼长、不断变化。螺旋桨的出现，本身就说明筹码不稳定，也会进一步促使筹码出现松动，使市场人士对趋势的看法出现分歧，既有很多人看空而离场，又有很多人看多而进场，这就意味着市场进入新的不稳定状态，新一轮的大幅度波动即将开始。

4. 长上影K线

长上影K线也是一种日内波动幅度很大的K线，其实体很小，或阴或阳，处于底端的位置上，其上影线很长，通常是实体长度的两倍以上，下影线很短或无，整体像个倒锤头（手柄朝上）。有时候，这种K线就是长脚倒T字星，其技术意义更重要。实体阴阳不同，市场意义有差别。位置不同，市场意义也不同。当其处于上涨趋势的高位时，阴实体的倒锤头所蕴含的市场意义更可靠；当其处于下跌趋势的低位时，实体为阳的倒锤头所蕴含的市场意义更可靠。当其出现在横盘状态中，没有什么技术分析价值。其上影线越长，技术意义越重要。伴随其形成的成交量越大，其技术意义越重要。

可以这样描述这种K线所包含的多空博弈：开盘后，多方积极上攻吸筹，将价格推高，当价格到达高位时，则停止买入，甚至趁着其他人买入而抛出，于是空方力量增强，将价格打回开盘价附近。倒锤头代表当日多空双方发生了激烈争夺，开始是多方占优势，推动价格向上，当价格到达相对高位时，或许是空方发觉多方力量的衰竭而发动反击，将价格压回开盘价附近。收盘表示全天争夺的结果是双方都没有进一步取得优势，而是以相持不下的方式暂停争斗。伴随着这种攻防退守过程，市场在每一个价位上发生两轮交易，筹码发生两轮转换，所以全天成交量很大，市场筹码的平均成本有所提高，多空力量消长显著。

一根K线究竟蕴含什么市场意义和技术逻辑，其对其后趋势变化的影响，操作者一定要结合其所处的位置进行分析。

（1）上涨趋势中的倒锤头线

在上涨趋势中，倒锤头表示上涨趋势遭到空方阻击，代表空方在收盘时已占据优势；也代表多方上攻无力，多方不愿意维持自己的战果。总之，上涨趋势已经出问题，短期上涨行情难以维持。究竟市场出现什么情况？这需要从现有上涨趋势来看，需要跟踪次日或其后不久的走势。

如果出现在上涨趋势中途，而且次日或不久继续上攻且突破其高点，则为上涨中途的洗盘，其目的是通过震荡清洗短期获利浮筹，不仅让获利者离场，也让上方套牢者卖出，减轻上攻压力，而新的买入者进场必然提高市场普通投资者的持筹成本，增强市场的稳定性，为进一步上涨夯实基础。这种情况下的倒锤头线就成了多方尖兵，像一把利剑刺入空方阵营，如图9-3-33所示，市场向上刺探一下就缩回，但并没有破坏上涨趋势。

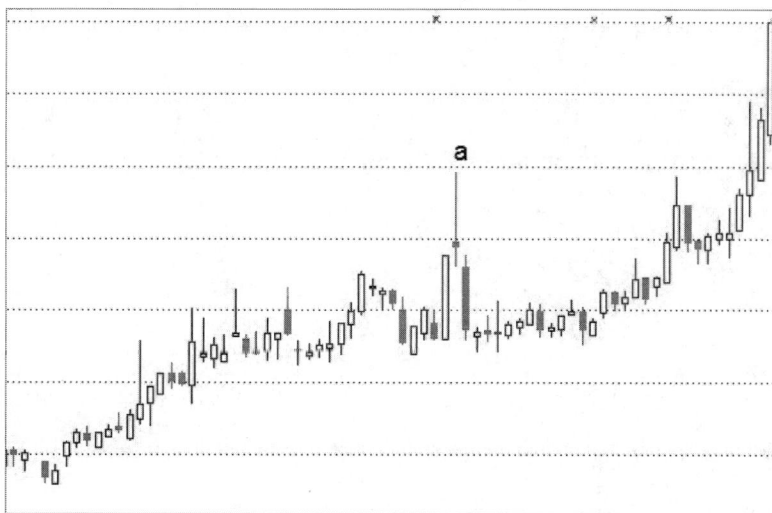

图9-3-33

如果市场重新震荡向上，普通投资者就可以跟随买入，并做好止损准备，比如以震荡下轨为止损价位。有人说多方尖兵，就是多方的先头部队，其指到哪里，将来价格就将涨到哪里。上涨中途的倒锤头上影线，往往是控盘主力的一种盘中洗盘手法，通过先上后退，使上方的筹码自动离场，减轻日后上攻的阻力。

如果倒锤头线出现在上涨趋势的短线回落低位，那么就意味着调整将结束，以其高点被突破为证，如图9-3-34所示。市场已经发生回落，风险已经得到释放，此时进场做多胜算很高。操作者可以在临收盘时买入，如果次日能突破其高点，可继续寻机买入，比如在分时图中，寻找回落低点进一步加仓，继续以倒锤头线低点稍下方为止损位。

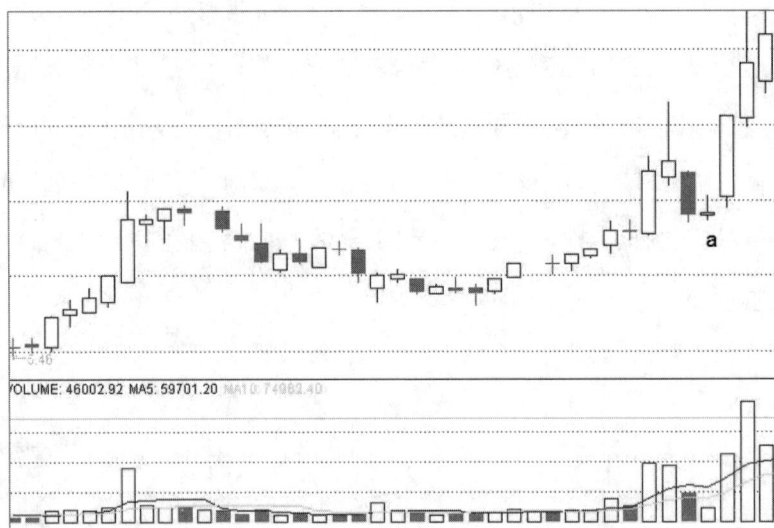

图9-3-34

有时倒锤头出现在一波大幅上涨或长期上涨的高位，表示在当日开盘或早盘，多方仍然竭力控制着市场方向，到了后市或尾市时，多方力量耗尽，不但无法进一步上攻，而且已经承受不了抛压。空方洞悉这种情况后，积极组织反攻，将价格打回开盘价附近。如果次日收低，甚至低开低走，则意味着空方已完全控制局势，趋势将反转向下，这就是避雷针，如图9-3-35所示。

所谓避雷针就是高高在上的长上影线，是主力毫无顾忌地出货的结果，这种K线信号通常意味着头部的到来。如果不是主力在出货，那么次日就应该重新站到最高点以上，否则，这样位置所出现的这样一根K线，必然使大多数操作者一致性看空。如果倒锤头实体为阴，那就是强烈的看跌信号。有三个理由：其一，开盘向上攻击，再创新高，这是做多动能的最后释放；其二，当日实体收阴，意味着全天买入者全部套牢；其三，伴随着放量使多方力量被大幅消耗，空方力量大幅增强。如果次日低开，那么将有更多持筹者纷纷改弦易辙。

图9-3-35

（2）下跌趋势中的倒锤头

在下跌趋势中，倒锤头表示多方在开盘或早盘就敢于逆势入场、主动进攻，向上扫盘。当价格到达当日高位时，又遭遇空方反击，多方主动或被迫退却，使价格回到开盘价附近。在这种情况下，市场究竟是在看多还是在看空，判断逻辑是什么？逻辑是早盘多方就敢于逆势进场，显示多方有备而来，如果次日买入者再度入场攻击，将价格推高，甚至高开高走，则说明空方已失去抵抗，多方已主导市场。

如图9-3-36所示为长期下跌后出现的倒锤头。

图9-3-36

　　经过长期下跌，市场已充分消耗做空动能，多方洞悉空方虚空，趁机向上进攻，当价格到达全天高位时，多方主力停止上攻，已有的反弹也增强空方力量，空方一时占据优势，向下反击，把价格打回开盘价附近。从主力动机看，反弹或许是多方开始进场吸筹的结果，当价格到达心理高位时，多方停止吸筹，甚至打压价格，使价格回到开盘价附近。如果确实代表多方开始进场吸筹，那么次日不会再创新低，而且股价继续反弹超过今日最高价收盘。

　　倒锤头会出现在下跌中途，成为下跌中继，如图9-3-37所示。因为下跌趋势到达一个技术支撑位，所以有人猜底买入，想获得成本优势，随即遭到空方的强力反击，那么这时候的倒锤头就是下跌中继。一旦次日收盘跌破其低点，甚至出现低开低走，则宣告市场恢复下跌趋势。

　　如果倒锤头线出现在下跌趋势中途的短线反弹的高位，那么意味着短线反弹很可能即将结束，如图9-3-38所示。

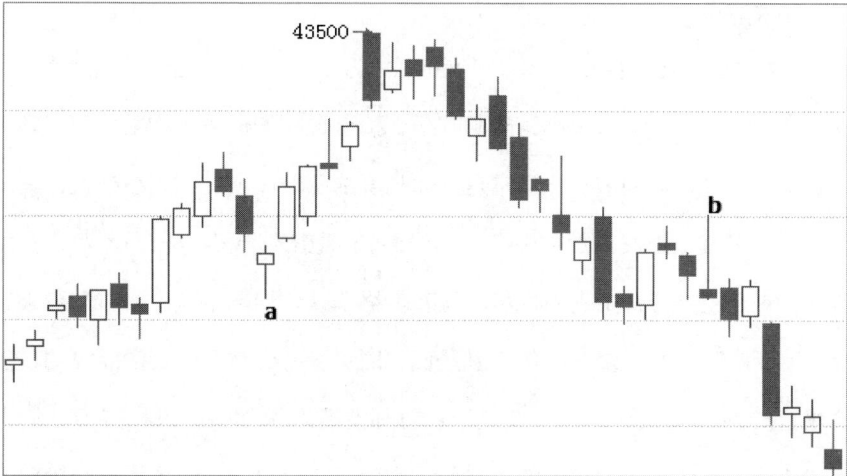

图9-3-37

图9-3-38

　　此外，操作者要结合其他技术分析，这样可以提高K线技术分析的可靠度。例如，如果在下跌趋势中，市场发生反弹出现一根倒锤头，而其上方有一条下行的60日均线，那么这个倒锤头更意味着反弹行情即将结束。总之，倒锤头线有时是主力在洗盘或"诱多"，有时是主力在建仓或试盘。究竟如何？需等次日或日后走势检验。若高点被突破，就是建仓，其将成为底部；若低点被跌破，就是下跌中继，会成为以后反弹的阻力。

5. 长下影K线

长下影K线又名锤头线（像被举起的锤子），包含与倒锤头意义相反的市场内涵或技术逻辑。其实体很小，或阴或阳，接近顶端的位置，如果为阴，则市场意义更重要。其下影线很长，通常是实体长度的两倍以上，下影线越长，其市场意义越重要；其上影线很短或没有上影线。长下影K线代表当日多空双方发生激烈搏斗，先是空方在开始占有优势，压着价格下跌。伴随下跌，空方力量必然被消耗，反而增强多方力量。当价格到达低位时，多方察觉空方衰竭而发动攻击，将价格再推回开盘价附近。收盘表示双方都没有取得优势，以相持不下的方式暂停"争斗"。伴随着攻防退守的过程，在每一个价位上，市场发生两轮筹码转换，全天成交量很大，多空力量有很大消长，原有的市场筹码平均成本被改变，市场筹码开始松动。

锤头线给人的感觉就是下方有支撑，当日市场无法维持下跌行情，从而让人感觉就是趋势将要反转。其实未必是这样，其长长的下影线只意味着当日下跌遇到支撑，并不能代表其后还将进一步向上。其所包含的技术逻辑及其后趋势的变化，要视其出现的位置来分析。它只表示多空双方发生激烈交锋，市场或将面临选择，但市场将由哪方主导还需要等待次日或其后走势验证。

锤头线出现在下跌趋势中，则说明下跌趋势已经出问题，至少是看空的筹码开始松动，或者多方开始尝试进场。即使是空方主力在洗盘，其下跌行情也难以持久。因为它的出现意味着下跌趋势遭到多方阻击，也揭示多方在收盘时已略占据优势，空方已无力或不愿维持自己的战果。锤头线出现在下跌趋势中途，如果次日或其后不能继续维持反弹，反而跌破其低点，那么此锤头线为下跌中途的洗盘，这种情况下的锤头线就是空方尖兵，如图9-3-39所示。

所谓空方尖兵，就是空方的先头部队，下影线指到哪里，将来价格至少将跌到哪里。所以下跌途中出现下影线，不要急于看多。因为下降通道中的绝大多数下影线也将被打掉。下跌途中的下影线，有时只不过是控盘主力洗盘"诱多"而已。

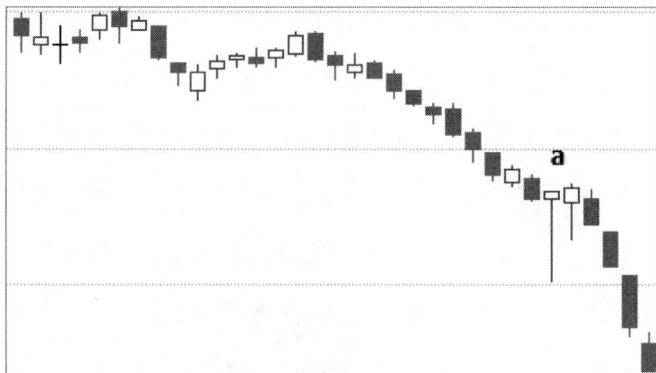

图9-3-39

　　如果锤头线出现在下跌趋势中途的短线反弹高位，那么意味着短线反弹很可能将结束。

　　如果锤头线出现在大幅下跌或连续下跌之后，则其市场意义可以这样理解：在当日早盘，空方仍然在主导着市场，继续向下，但到了后市，空方的衰竭已被多方洞悉，于是多方积极入场反攻，将价格推回至开盘价附近，使全体收成锤头线。如果次日继续上涨，突破其高点，则说明多方已完全控制局势，趋势开始反转向上，这就是看涨的探底针，又叫定海神针，如图9-3-40所示，a就是定海神针。

图9-3-40

所谓定海神针，就是大幅下跌后的长下影线，这往往是多方肆无忌惮向上扫盘的结果。这意味着主力机构大规模进场了，短期市场至少产生一波大级别反弹。行情能否持续取决于成交量能否持续温和放大。如果量能停止持续放大，忽然放出巨量，然后迅速缩量，则价格会停止反弹。如果价格回落，则需密切跟踪，观察市场是否会在定海神针低点出现支撑，若有支撑，则可买入。

在上涨趋势中，锤头线表示空方在开盘就敢于逆势入场，向下砸盘，当到达低位遭遇多方反击时，空方主动或被迫退却，收成锤头线。分析判断这种情况的技术逻辑是在早盘，空方就敢于逆势进场，显示空方有备而来，如果次日继续将价格压低，则说明多方已放弃抵抗，听由空方主导市场。

在上涨趋势中，锤头线有时出现在一波上涨趋势末端，连续上涨很可能已充分消耗做多动能，空方乘机进场砸价，当价格下跌到当日低位时，空方遭到多方反击，将价格推回到开盘附近。在A股市场，高位锤头线意味着主力已经开始出货。如果次日不能再创新高或不能收盘在其最高价之上，则可确认是主力在出货。接下来，主力将继续出货，使价格跌破锤头线最低价。这种高位锤头线就是上吊线，如图9-3-41所示。

图9-3-41

所谓上吊线，就是指被高高吊在山顶上，尤其是在大幅拉升后，在波段高位出现一根带有下影线的实体为阴锤头线。因为这根K线是主力先出货后"诱多"拉升所形成的，它的出现暗示上涨趋势已经结束。上吊线还可能包含这样的市场心理，价格被推至目标位后，主力筹码经过拉高派发已大部分出手，今日开盘主力先毫无顾忌地派发砸盘，将价格一路压低，当价格跌幅太大时，主力暂时停止抛售，甚至买入，市场将价格拉回开盘价附近，这样做的目的是暂时维持市场的多空平衡，为次日出货留有余地。可以说高位下影线就是主力出货的标志，是护盘无力的表现。如果在上吊线次日出现低开，将意味着当日开盘和收盘的做多者全部被套牢，那么，股价形成顶部的概率显著增大。

在上涨趋势中，有时锤头线出现在上涨中途。因为价格到达重要的技术阻力位，所以空方乘机反击，随即遭到多方强力反击。这种情况下的锤头线所代表的盘中回落就是主力洗盘动作，也可视为上涨中继，其后走势一旦突破其高点，则意味着市场再度恢复上涨趋势，趋势将延续原先的长度，如图9-3-42所示的a锤头线。在突破最高点时，普通投资者可随之买入，以其下影线最低点为止损点。因为止损空间较大，而且不确定性依然较高，所以少量买入。

图9-3-42

总之，上涨趋势中的锤头线究竟如何，既要看其所在位置，还需要等待次日或日后检验。若为试盘，则即将上攻；若是洗盘，则为中继，日后会成为支撑；

若是出货，则开始筑顶。操作者要把K线分析与其他技术分析结合起来进一步揭示锤头线的市场意义或技术逻辑，提高锤头线技术分析判断的有效性。

6. 小阴线和小阳线

以上所认识的都是全天振幅巨大的K线，振幅大，意味着多空双方展开激烈对抗与争夺，也泄露了主力的行踪。但这些K线往往很难为投资者提供具有成本优势的价格，也很难为投资者提供设置较小空间的止损，所以不能提供低风险的操作机会。

那么，哪类K线代表多空双方没有发生激烈交锋呢？哪类K线能及时提供低风险的操作机会呢？答案是小阴线或小阳线，它们通常被称为纺锤体K线，简称纺锤体，又称星线。这是一类全天振幅很小的K线，即实体很小，上下影线很短，甚至没有影线。十字星可以看成是此类K线的特殊种类。它们往往伴随着很小的成交量，表示既没有大量积极买盘，也没有大量主动抛盘，市场筹码非常稳定，市场浮筹很轻。

星线本身表示当日多空双方处于势均力敌的平衡状态，而且双方都没有积极主动发动攻击，保持谨慎的观望状态，趋势暂时方向不明。星线的出现显示了市场处于观望状态，会进一步加重市场的观望氛围。其实，市场在积蓄新的趋势动能，孕育着新的大幅波动。

如果纺锤体出现在上涨趋势中，尤其出现在至少是中阳线之后，那么代表上涨暂停，当日市场方向不明，多方不敢进一步向上进攻，空方也没有积极反击。如果之前上涨动能没有得到充分释放，那么次日或其后继续向上是大概率事件。这种纺锤体的本质属于上涨中的震仓洗盘，市场强势格局没有受到影响。大多数情况下，只要纺锤体出现在明显趋势中，那么操作者就可以其高点或低点为止损位，然后在尾市按照已有趋势方向进场做短线操作。只要止损价在次日或其后不久没有被触及，即可暂时持有，反之，则执行止损离场。如图9-3-43所示，在上涨趋势中，多次出现纺锤体，在纺锤体当日买入，普通投资者都是获利的，也就是说在上涨趋势中途，在出现纺锤体当日买进，胜算很高。

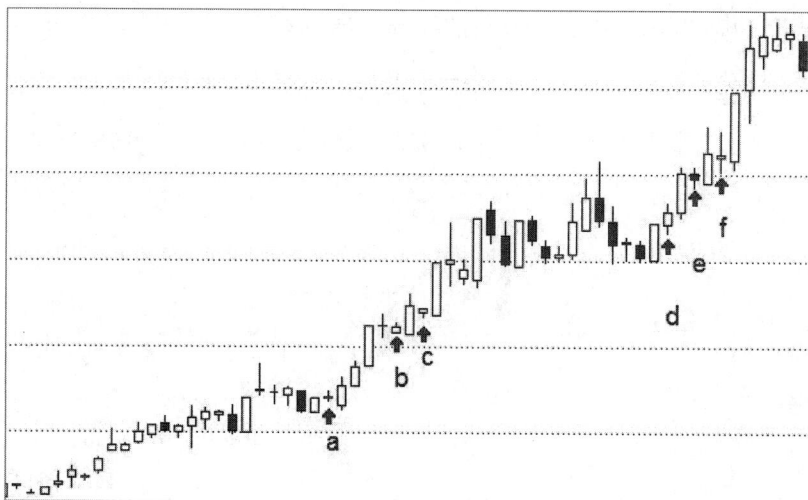

图9-3-43

如果纺锤体出现在上涨趋势中途的波段回落低位，表示市场由先前空方暂时占主导地位状态进入多空暂时均衡状态，接下来，多方主力将重新夺回主动权。或者说，此时星线意味着引起回落的短期下跌动能得到充分释放，短期获利浮筹已得到充分清洗，抛压近乎无，抑制上涨的沉重阻力已经解除，市场重拾升势不可避免。这是一个低风险进场做多和加仓良机，在设置好止损的前提下，要逐步进场。如图9-3-44所示，图中a纺锤体显示市场由短期空方占主导地位进入多空均衡状态，多方主力洞悉这个情况之后，会发动向上进攻。

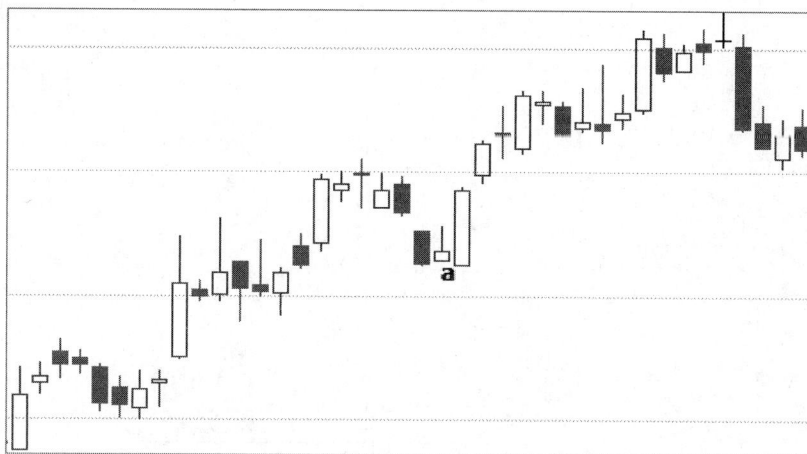

图9-3-44

纺锤体也会出现在连续上涨或大幅上涨之后的高位，也会出现在重要技术压力位，如出现在前高点水平线，之前相反趋势中跳空缺口的水平线，重要均线之下，在这种情况下，所出现的纺锤体意味着市场发生反转的概率比较大，如图9-3-45所示。

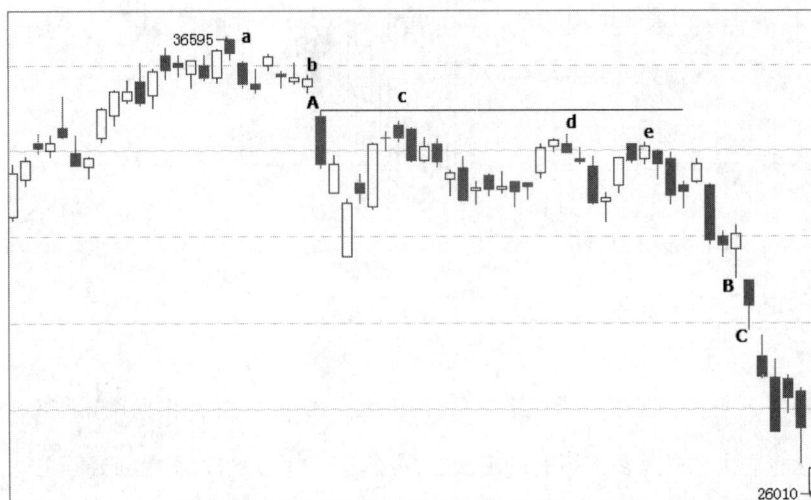

图9-3-45

纺锤体也会出现在连续下跌或大幅下跌之后的低位，对应前期低点支撑线上方，这意味着支撑初步有效，如图9-3-46所示。

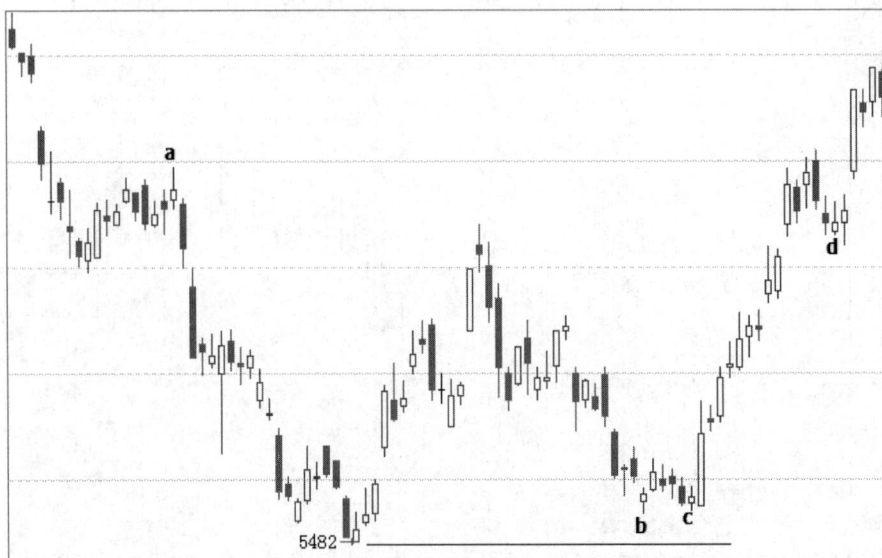

图9-3-46

　　总之，趋势中的十字星表示原先强势一方已衰弱到至少暂时不能推进趋势进一步发展的程度，因此导致趋势停滞不前，但这只是暂时的，接下来市场中的某一方主力会以阳线或阴线表态，引领市场向某个方向运动，况且控盘主力必须及时表态，否则，十字星的出现会引发普通人对原有趋势的看法发生分化，筹码就会进一步松动，局势就会变得难以控制，尤其是处于相对高位或低位的十字星。

　　十字星是纺锤体中的特殊类型，其上下影线很短，收盘价与开盘价几乎相同。全天收成十字星的情况说明全天振幅很小，表示当日趋势暂时停滞不前且方向不明，也代表当日多空力量势均力敌，博弈胜负不决，当日市场陷入胶着不动的僵持状态，这意味着市场进入迟疑不决、谨慎观望状态。投资者要把K线分析与其他技术分析结合起来，进一步揭示纺锤体或星线的市场意义或技术逻辑，提高技术分析判断的有效度。思路是寻找出现在一些特殊技术位的纺锤体或星线，无须在一般性纺锤体或星线上花费时间。

7. 缺口

　　缺口不是K线，是两根相邻K线之间的空间，由于价格大幅上涨或者下跌，导致在这段价格空间内没有发生任何买卖，又称跳空缺口。在这里，笔者将其视同K线。

　　可分为以下两种情况：其一，当前K线最低价高于前一根K线最高价，这叫向上跳空缺口；其二，当前K线最高价低于前一根K线最低价，这叫向下跳空缺口。有人把存在于相邻两根K线实体之间，但被自己影线所填补的空隙也视同跳空缺口，并称之为不完全跳空缺口或实体缺口，而把上述情况称为完全跳空缺口。显然不完全跳空缺口所包含的技术意义远没有完全跳空缺口重要。

　　如图9-3-47所示，图中的上升趋势中缺口，如a所示。跳空缺口是内外因素共同作用的结果，外因或许是利好或利空消息刺激，市场参与主体在积极买入或卖出，导致市场筹码供需严重失衡。

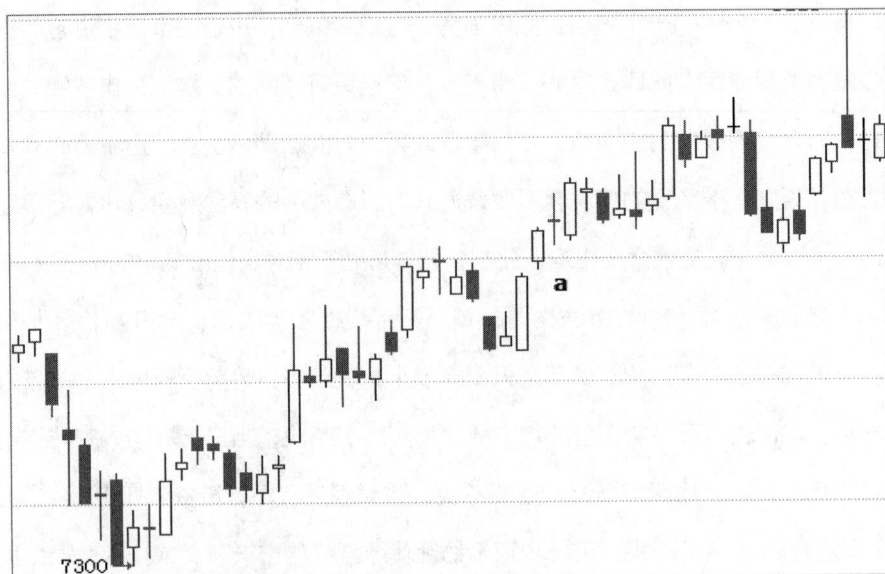

图9-3-47

如图9-3-48所示为下跌趋势，有向下跳空缺口，表示市场供远大于求，空方须以更低价才能找到买家，如a、b所示。

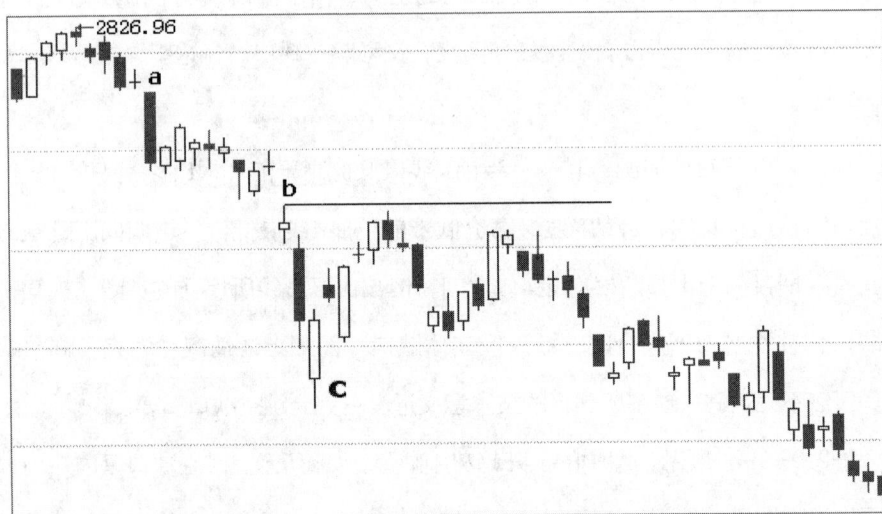

图9-3-48

缺口是当日市场做多或做空愿望异常强烈的表现，缺口通常是主力所为。

跳空缺口的出现意味着当日有人在急切地抛售离场或买入进场，所以才会不顾成本地抬价抢进或压价抛售，通过跳空拉抬或跳空砸盘，主力不仅可以迅速获得巨大的盈利空间，还可以快速突破阻力区域，稳定市场浮筹。从多空博弈角度讲，跳空缺口的出现说明当日博弈双方中的一方占据绝对优势，并向另一方发起快速攻击，企图立即战胜对手，彻底打消对方反击的念头。再也没有什么能比跳空缺口形态带给对手更大的威慑力，逼迫博弈对手认亏服输，引起市场大面积"叛变"，削弱对方力量，增强己方力量。

跳空缺口具有丰富的技术逻辑或市场意义。首先，暗示趋势将进一步持续发展，甚至加速运行。其次，缺口对其后的价格回撤具有很强的阻碍作用。具体来讲，就是下跌趋势中的向下跳空缺口，对其后反弹具有很强的压制作用；上涨趋势中的跳空向上缺口，对其后回落具有很强的支撑作用。可以说，缺口就是一个强力支撑区或压力区，有时在缺口附近发挥作用，有时在远离缺口的位置发挥作用，如图9-3-49所示，在上涨趋势反转为下跌趋势后，首次向下跳空缺口一旦确立，不仅意味着行情将进一步向下，也意味着其后不久趋势所发生的反弹在缺口附近被阻止，这是最后的卖出机会。

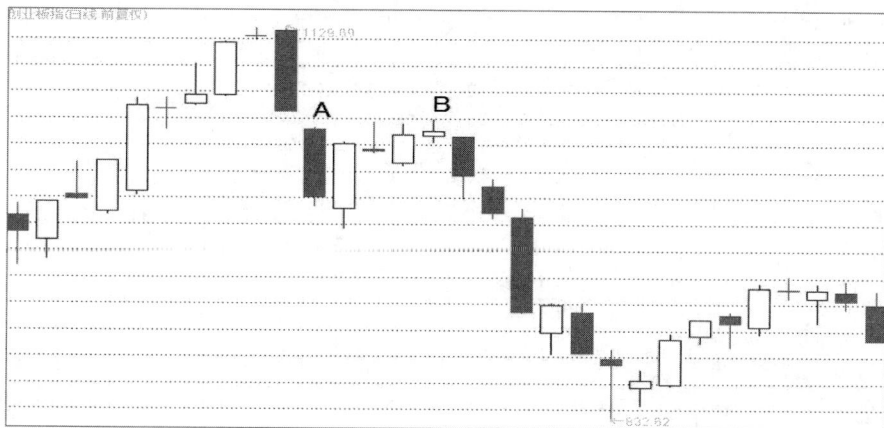

图9-3-49

如图9-3-50所示，在向上跳空缺口之后，股价回落，在缺口获得支撑，一次在缺口处掉头向上，另一次在远离缺口的上方就掉头向上，这都是技术型买入良机。即使这样，在买入后，也要做好止损准备。

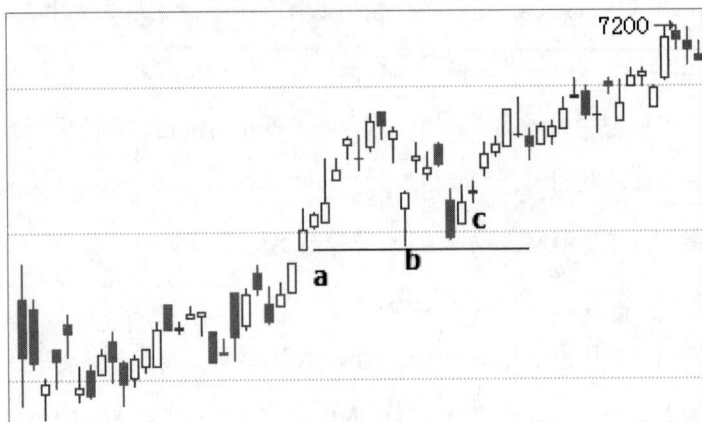

图9-3-50

缺口之所以具有很强的支撑或压制作用，是因为跳空缺口的出现代表维持现有趋势的动能非常强劲，这种强劲动能不仅能保证趋势继续保持，而且阻止其回撤。随着价格上涨或下跌，虽然维持趋势的动能在消解，但通常不会在短时间内就衰退到让位于相反方向的动能。只要引发缺口的市场动能占有优势，缺口就会阻碍与缺口方向相反的回撤，即缺口不容易被填补。如果被完全回补，则说明之前的跳空是最后一跳，如图9-3-51所示a处的缺口。

图9-3-51